KB107517

주식시장은
어떻게
반복되는가

주식시장은
어떻게
반복되는가

역사에서 배우는 켄 피셔의 백전불태 투자 전략

켄 피셔·라라 호프만스 지음

이건·백우진 옮김

에프엔미디어

이번에는 다르다? 이번에도 마찬가지다!

당신은 정상입니까?

요즘은 정치인들도 참 이상해. 요즘 같은 주식시장은 처음이야. 요즘처럼 취업하기 힘든 시절은 없었어. 요즘 아이들은 공부하느라 너무 불쌍해. 요즘 젊은이들은 이해할 수가 없어. 요즘은 말세야 말세.

사람들은 입만 열면 요즘이 문제라고 난리입니다. 한마디로 '이번에는 다르다'는 겁니다. 하지만 과거 역사를 살펴보면 '이번에는 다른' 것 같은 사건이 항상 반복되었을 뿐입니다. 고려시대에도 조선시대에도 노인들이 볼 때 젊은이들은 이해할 수 없는 한심한 세대였습니다. 옛날에도 먹고살기는 쉽지 않았습니다. 경제가 좋아서 태평성대를 이루었던 시절은 그리 많지 않았습니다. 정치인들은 입으로는 항상 백성을 위한다고 했지만 사실은 자신의 영달을 위해 온갖 나쁜 짓을 일삼았습니다. 한마디로 요즘 같은 세태는 최근에 새삼스럽게 일어난 어제오늘 일이 아닌 것입니다.

여기서 '이번에는 다르다'는 의미가 도대체 무엇일까요? 무언가 다르다고 하려면 어떤 기준이 있어야 하는데요. 이 책에서는 그 기준을 '노멀normal'로 보고 있습니다. 그래서 '이번에는 다르다'는 생각을 새로운 기준, 즉 '뉴 노멀new normal'로 보는 것입니다. 정말 그럴까요? 노멀은 우리말로 '정상'입니다. 그렇다면 정상의 반대말은 무엇일까요? 혹시 '이상'이라고 생각하는지요. 더 나아가 '정상'은 옳은 것이고 '이상'은 틀린 것으로 생각하는지요. 정상적인 상황에 대해 조금 더 살펴보겠습니다.

학생이라면 시험을 잘 볼 때도 있고 못 볼 때도 있지요. 사업가라면 사업이 잘될 때도 있고 안될 때도 있고요. 단기적으로 보면 다소 차이가 나는데요. 그래도 평가를 제대로 하려면 어떻게 해야 할까요? 조금 장기적으로 보면 좋겠지요. 즉 장기 평균값을 구해보면 정상적인 성적, 정상적인 실적을 알 수 있습니다. 그런 면에서 단 하루의 컨디션에 크게 좌우되는 수능 시험보다는 오랜 기간의 성적이 반영된 내신으로 입학 자격을 평가하는 편이 보다 정상적이라고 볼 수 있겠네요.

우리가 정상이라고 생각하려면 정상에 어울리지 않는 이상한 데이터, 즉 이상치를 제거해야 합니다. 예상치 못한 재해를 맞이해서 실적이 나빠지는 기업이 있는 반면 그런 재해 때문에 갑자기 특별한 수요가 발생해 매출이 급증하는 기업도 있습니다. 그러므로 이상치라고 해서 반드시 나쁘다고 할 수는 없습니다. 평범한 상황에서 반복될 가능성이 적을 뿐입니다. 이런 이상치를 포함해서 장기 평균값을 계산하면 크게 왜곡된 평가를 하게 됩니다. 그래서 평균을 구하기 전에 미리 이상치가 있는지 살펴보고 제거하는 것이 좋습니다.

그러므로 '이상치를 제거한 장기 평균값'을 정상이라고 볼 수 있습니다. 이렇게 접근하는 개념을 통계학에서 정규 분포라고 합니다. 그런데 뉴 노멀은 이러한 정규 분포에 대한 개념이 시대에 따라 바뀐다고 봅니다. 물론 시대에 따라 통계학의 개념이 달라질 이유가 없습니다. 비록 요즘의 세태가 특이하게 느껴질지라도 따지고 보면 장구한 인류 역사에서 수없이 반복해서 발생해온 흔해빠진 사례에 불과한 것입니다. 다만 그런 일이 일어났었다는 사실을 우리가 잊어버렸거나 누군가 의도적으로 은폐했을 뿐입니다.

제 아이가 친구에게서 "너는 참 비정상적이야"라는 말을 들었답니다. 그래서 자신이 무슨 대단한 잘못이라도 한 것처럼 의기소침해 있더군요. 정상적이라 하면 평균에 상당히 가깝다는 의미입니다. 그러니까 비정상적이라면 평범한 또래의 친구들과 다르다는 건데요. 그래서 평균에 가깝다면 정말 좋은 것일까요? 그렇다면 우등생이 될 이유도, 부자가 될 이유도 없겠네요. 오히려 개성이 뚜렷할수록, 사고방식이 독자적일수록, 즉 비정상적일수록 자존감이 있는 게 아닐까요? 그래서 저는 여러분께 이렇게 묻고 싶습니다. 당신은 정상입니까? 정상이 되고 싶습니까? 정상이라서 행복합니까?

역사를 알고 있습니까?

역사란 과거에 일어난 사건들입니다. 우리는 각자 나름대로 역사의 한 페이지를 차지하는 주인공입니다. 즉 우리는 역사의 산증인입니다. 몸소 체험까지 한 역사라면 똑바로 알고 있어야 하겠지요. 과연 그럴까요? 노인은 청년보다 더 많은 역사를 체험했습니다. 그렇다면 청년에 비해 보유하고 있는 역사에 대한 정규 분포의 데이터가 많다고 보아야 합니다. 다시 말해서 역사를 잘 모르는 청년들이 "이번에는 다르다"라고 말할 때 더 많이 알고 있는 노인들이라면 "이번에도 마찬가지다"라고 말해주어야 합니다. 그런데 실상은 반대입니다. 나이가 들수록 "요즘 젊은이들은"이란 말을 입에 달고 살지 않나요? 이 말은 "내가 젊었을 적에는"이란 말로 변형된 꼰대 버전으로도 자주 등장하지요. 체험한 데이터가 많기는 하지만 그보다 훨씬 기억력이 감퇴하셔서 그런지도 모르겠지만요.

장구한 인류 역사를 돌아볼 때 개인이 체험할 수 있는 기간은 매우 짧습니다. 그러므로 장기 평균값을 근거로 정상 여부를 논하려면 짧은 기간의 체험으로는 턱없이 부족합니다. 게다가 기억력마저 신통치 않다면 매우 부적절하겠지요. 그러므로 가급적 장기간의 역사가 기록되어 있는 책이나 자료에 근거해야 합니다. 다행스럽게도 우리의 관심사인 투자 분야는 비교적 자세하게 기록이 남아 있습니다. 다른 분야라면 색다른 주장이라고 재미 삼아 웃어넘길 수도 있겠지만, 투자 분야에서는 돈이 걸려 있으므로 훨씬 무거운 책임감이 요구됩니다. 나심 탈레브는 《스킨 인 더 게임》에서 '게임에 참가하려면 자신의 살갗이 까질 각오를 하라'고 강변하면서, 무책임한 개입을 일삼는 가짜 지식인을 비판합니다.

그런데 역사에는 생존 편향의 문제가 내재되어 있습니다. 전쟁에 관한 역사는 승자의 관점에서 정리가 됩니다. 그래서 한반도 역사는 고구려, 백제, 가야, 발해 등의 관점보다는 통일 전쟁의 승자인 신라의 관점에서 일방적으로 정리되어 있습니다. 주식시장은 보다 구체적입니다. 상장되었다가 부도나서 상장 폐지된 종목은 슬그머니 자취를 감추었습니다. 종합주가지수는 마치 부도난 사례는 전혀 발생한 적도 없다는 듯이 태연하게 생존한 종목들만으로 잘 이어지고 있습니다. 구체적으로 말해서 종합주가지수는 부도난 종목을 제거하기 때문에 상대적으로 상승 방향으로 편향되는 편입니다.

더구나 역사적인 실제 사건은 과거에 발생했지만, 해석과 기록은 수없이 반복됩니다. 다시 말해서 이미 과거에 발생한 역사는 오늘날 역사가의 입장과 요구되는 시대정신에 따라 재해석되면서 다시 발생하고 있다고 보아야 합니다. 이에 대해 유시민은 《역사의 역사》에서 역사서를 읽을 때는 역사가의 속마음을 알아채고 시대적인 맥락을 읽어내야 한다고 주장하고 있습니다. 그러므로 어떤 관점에서 역사를 해석하고 기억해야 하는지도 중요한 일입니다. 그래서 저는 여러분께 이렇게 묻고 싶습니다. 당신은 역사를 알고 있습니까? 당신이 알고 있는 역사가 제대로 해석된 역사가 맞습니까?

그래서 어쩌라고요

우리가 역사를 공부하는 것은 역사를 통해서 어떠한 교훈을 얻기 위해서입니다. 투자 분야라면 예전에 저질렀던 실수를 반복하지 않고 투자 성과를 개선하기 위해서입니다. 이는 "이런 점을 주의해라" 또는 "이런 점을 명심하라"라고 말로만 강조한다고 해결되는 문제가 아닙니다. 왜냐하면 인간의 기억력이나 실천력은 그리 믿을 만하지 못하기 때문입니다. 바람직한 방법은 대표적인 실수의 과거 사례들을 명확하게 정리해서 유사한 사건이 발생하면 작동하도록 시스템을 설계하는 일입니다.

이런 과정을 모델링이라고 부릅니다. 그리고 설계한 모델이 잘 작동하는지를 확인하는 작업을 백테스트라고 부릅니다. 즉 타임머신을 타고 과거로 다시 돌아가 보는 것을 말합니다. 또한 미지의 데이터로 미래를 미리 경험해보는 것도 포함합니다. 이만큼 적극적으로 역사를 활용하는 방법이 또 어디 있겠습니까.

한 차례의 큰 손실만 방지해도 전체 투자 성과는 상당히 개선됩니다. 지나간 역사 속에서 크게 손실을 끼친 몇 가지 사례만 잘 분석하더라도 투자 성과는 상대적으로 상당한 경쟁 우위를 갖게 됩니다. 다시 말해 21세기를 살아가는 투자자라면 글자로 기록된 역사서를 엑셀 또는 파이썬이 가동되는 시스템으로 변환할 수 있어야 합니다. 이렇게 하는 것이 책상 앞에 붙여놓고 마음속으로 수백 번 명심하는 것보다 훨씬 실천적입니다. 그래서 여러분께 이렇게 말하고 싶습니다. 역사를 잊지 말라고 말하지 않겠습니다. 역사를 시스템으로 변환하세요. 그렇게 해서 기억력과 실천력이라는 두 마리 토끼를 동시에 잡으세요.

성공한 투자 대가들은 대체로 좋은 책을 거의 쓰지 않습니다. 투자 업무에 너무 바빠서 책을 쓸 겨를이 없기 때문입니다. 반면 투자 도서를 많이 쓰는 작가들은 엄밀하게 투자 전문가로 볼 수는 없습니다. 그래서 늘 알맹이가 빠진 것처럼 허전한 느낌입니다. 그런데 켄 피셔는 투자 대가이면서도 많은 책을 쓰는 예외적인 분입니다. 그래서 상처투성이 손바닥을 가진 셰프처럼 그 진정성에 신뢰가 갑니다. 본인이 직접 투자를 하면서 몸소 겪었던 체험을 바탕으로 손수 알려주는 투자 버전의 '골목 식당'이라고 할 수 있습니다. 켄 피셔와 같은 투자 대가의 책을 이렇게 번역서로 접할 수 있다는 것도 우리에게는 행운입니다. 찾아온 행운을 어떻게 활용할지는 이제부터 여러분의 몫입니다. 그저 스쳐 지나가는 행운이 아니라 견고한 내공으로 승화되길 기대합니다.

신진오 (밸류리더스 회장)

'모 아니면 도'의 한국 주식시장에 대처하는 법

장기 불황이 닥칠 것이라던 주장

지난 10년 동안의 주식시장을 돌아보면 꿈만 같습니다. 2008년 글로벌 금융위기 때 크게 폭락하기는 했지만 단 한 해를 제외하고는 상승했기 때문입니다.

그러나 10년 전 누군가가 "향후 10년에 걸친 상승장이 시작될 것"이라고 이야기했다면 아마 비아냥거림의 대상이 되었을 것입니다. 그때는 이른바 '장기 불황'이 닥칠 것이라는 주장이 대세를 이루고 있었죠. 이 대목에서 잠깐 켄 피셔의 이야기를 들어보겠습니다.

사람들은 경기 침체 뒤에는 반드시 경기 확장이 온다는 사실을 잊는다. 그 결과 기억하지 못하면서 재잘대기만 하는 원숭이가 된다. 신경제New Economy라는 용어를 기억하는가? 1998년 말~2001년 초에 크게 유행했으며, 2000년 1월 31일 자 〈비즈니스 위크〉 커버스토리 "신경제: 미국에서는 통한다. 세계에서도 통할까?The New Economy: It

Works in America. Will It Go Global?"에 등장하면서 불후의 명성을 얻은 용어다.

신경제는 뉴 노멀의 정반대 개념으로, 역시 사람들이 최근 역사조차 기억하지 못하기 때문에 등장한 용어다. 신경제에서는 기술 업종 시가총액의 초고속 증가세가 영원히 지속될 수 있으며 다른 업종에서도 이러한 현상이 가능하다고 생각한다. 이익은 중요하지 않다. 크게 성공한 기술 회사들 중에도 이익을 전혀 못 내는 기업이 많기 때문이다. 신경제 지지자들은 언젠가 이익을 낼 것이라고 생각했다. 결국 이익을 못 내더라도, 투자자들의 돈이 끝없이 유입되기만 한다면 이익이 왜 필요하겠는가? (책 52~53쪽)

2000년대 당시에 신경제에 대한 칭송이 세상을 뒤덮었던 것처럼 2009년에는 뉴 노멀이라는 개념이 공감을 얻고 있었습니다. 쉽게 이야기해, 앞으로 경제는 회복되기 힘들며 디플레이션의 위험이 경제를 덮칠 것이라는 주장이었습니다.

그러나 상황은 반대로 흘러갔죠. 제일 먼저 중국과 한국이 2008년 금융위기 이전의 GDP 고점을 회복했고 곧이어 독일과 미국이 뒤따랐습니다. 특히 세계 주요국 기업들의 이익은 놀라운 수준으로 늘어났습니다.

어리석게도 사람들은 장기 약세장이 도처에 숨어 있다고 생각한다 (4장 참조). 실제로 장기 약세장이 도처에 숨어 있고 자본시장의 회복력이 강하지 않다면 세계 상장 주식의 시가총액이 어떻게 장기간 계속 증가할 수 있겠는가? 2010년 기준 세계 시가총액은 54조 달러였다. 2010년 세계 GDP는 63조 달러였는데 2000년에는 31조 달러였다(2000년대는 흔히 '잃어버린 10년'으로 불렸는데도 GDP가 두 배로 증가했다). 1990년에는 19조 달러였다.

2020년, 2050년, 2083년, 3754년에는 더 증가할 것이다. 정확하게 얼마나 증가할까? 나는 전혀 모른다. (책 38쪽)

불황 이후에 강세장이 출현한 이유

강세장이 나타난 데는 여러 이유가 있을 것입니다. 무엇보다 주식 가격이 폭락하면서 워런 버핏 같은 전설적인 가치투자가들이 저평가된 주식을 매집하며 수급 여건이 개선된 것이 제일 크겠죠. 더 나아가 연준 등 세계 주요 중앙은행이 경기를 부양하기 위해 금리를 낮춘 것도 영향을 미쳤을 것입니다. 마지막으로 기업들의 각종 요소 비용이 경감된 것도 큰 역할을 했으리라 짐작됩니다.

다음의 그림에서 파란색 선은 미국 기업들의 GDP 대비 이익인데, 단위 노동 비용(검은색 선)의 변화와 반대로 움직이는 것을 볼 수 있습니다. 단위 노동 비용이란 기업의 임금 상승률에서 생산성 향상률을 뺀 것입니다. 단위 노동 비용이 상승하면 기업의 체감 인건비가 상승한다고 할 수 있습니다. 그 역도 마찬가지입니다. 그림을 보면 2000년이나 2008년 같은 불황이 닥쳤을 때 단위 노동 비용 상승률이 급격히 떨어지며 이에 발맞추어 기업들의 이익이 개선되었습니다.

이 대목에서 한 가지 의문이 제기됩니다. 불황이 닥치면 왜 단위 노동 비용이 하락할까요? 바로 실업률이 상승하기 때문입니다. 불황

미국 기업 이익률과 단위 노동 비용 상승률(1980~2018년)

자료: 미국 세인트루이스 연준
* 음영으로 표시된 부분은 전미경제연구소(NBER)가 불황으로 판정한 시기.

이 닥치면서 기업들이 근로자들을 대량 해고해 실업률이 상승하면 근로자들의 임금 인상도 힘들 수밖에 없습니다. 또한 생산성이 낮은 근로자들의 비중이 줄어들고 노동 규율이 강화되는 것도 단위 노동 비용을 떨어뜨리는 요인으로 작용합니다. 따라서 켄 피셔가 지적하듯 "언론이 고용 없는 경기 회복이라고 정부를 비판할 때"야말로 주식을 매수할 절호의 기회라고 볼 수 있습니다.

언론은 '경기 침체는 아닐지 몰라도 분위기는 확실히 경기 침체다'라는 메시지를 '고용 없는 경기 회복'으로 포장한다. 사실 경기 회복기에 증가하는 취업자 수는 그다지 많지 않다. 이는 새삼스러운 현상도 아니다. 투자자, 전문가, 정치인 등 모두가 잊었을 뿐이다. 경기 침체를 두 번 이상 경험했다면 '고용 없는 경기 회복'을 들어보았을 것이다(그러나 잊었을 것이다). 세 번째 들을 때는 기억이 날 것이다. "정말이야? 늘 하던 소리잖아? 그 말은 항상 틀리더구먼."

(중략) 실업률은 경기 침체 시작 직전이나 시작 직후부터 증가한다는 사실에 주목하라. 그러나 지금까지 경제사를 통틀어 실업률은 경기 침체가 끝난 뒤에도 예외 없이 계속 상승했다. 실업률 상승 기간이 수개월~1년 이상 이어졌다. (책 56~57쪽, 62~64쪽)

결국 불황은 기업들의 실적을 개선시키는 전환점이라고 할 수 있겠죠. 피셔의 이야기는 여기에 그치지 않습니다. 그는 주식시장의 수익률은 항상 변동성이 크며 특히 안정적인 수익을 기록하는 시기는 극히 드물다고 주장합니다. 즉 투자자들이 꾸준한 성과에 매혹되어 주식시장에 진입할 때가 가장 위험할 수 있다고 지적합니다.

안정적인 성과가 아닌 '높은 수익률'을 기대하라

사실 이 주장은 한국 주식시장 참가자에게는 매우 뼈아픕니다. 다음의 그림에서 볼 수 있는 것처럼 한국 주식시장은 안정적인 성과를 기대하기 힘들기 때문입니다. 한국 주식시장은 연 8% 이상의 복리 수익률을 제공하는 매우 매력적인 시장이며 특히 배당까지 감안하면 연 10% 이상의 수익률을 기록했습니다. 그러나 정작 연 0~10%의 수익률을 기록한 해는 전체의 13.5%에 불과하며 연 10~20%를 기록한 해도 8.1%에 지나지 않습니다. 즉 연 0~20%의 수익률을 기록한 해는 20% 남짓이라는 이야기입니다.

반면 연 −30% 이하의 수익률을 기록한 해도 있고 연 80% 이상의 수익률을 기록한 해도 두 차례나 있습니다. 한마디로 말해 한국 주식시장은 '모 아니면 도'인 경우가 많다는 이야기입니다. 따라서 누군가가 "안정적인 수익률을 보장한다"라고 이야기하면 일단 의심할 필요가 있습니다. 누군들 안정적인 수익률을 내기 싫어 안 내고 있겠습니까. 그들은 어떻게 안정적인 수익률을 '보장'한다는 것일까요? 차라리 "주식과 채권 혹은 다른 대체 자산에 분산 투자해서, 수익률은 비록 주식에 미치지 못하겠지만 대신 안정적으로 운용하겠다"라고 말하면 더 신뢰가 갈 것 같습니다.

따라서 투자자들은 주식시장을 대할 때 두 가지 측면을 감안해야 합니다. 첫째, 최악의 수익률이 발생하는 불황에도 주식에 투자할 '배포'를 가져야 합니다. 둘째, 주식시장은 극단적 수익률이 비일비

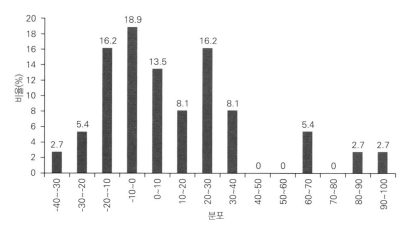

한국종합주가지수(KOSPI) 수익률 분포(1981~2018년)

자료: 한국은행 경제통계정보시스템(ECOS)

재하게 발생하는 곳이라는 것을 알고 안정적 성과를 기대하기보다 '높은 수익률'이 발생하는 시기에 주식시장에 머무를 수 있도록 노력해야 합니다.

물론 쉬운 일은 아닙니다. 그러나 켄 피셔의 책 《주식시장은 어떻게 반복되는가》를 읽고 그의 조언을 가슴에 새긴다면 실현 가능한 꿈이 아닐까 생각합니다. 과거를 잊지 말고 역사를 기억하라고 주장하는 이 책은 호황과 불황, 수익과 손실이 극단적으로 발생하는 한국 주식시장의 투자자들에게 '높은 수익률'을 안겨줄 것이라 믿어 의심치 않습니다.

끝으로 번역하느라 수고하신 이건 선생님과 백우진 선생님, 좋은 책 발간해주신 에프엔미디어에 감사하다는 말씀을 드립니다.

홍춘욱(이코노미스트)

역사를 바탕으로 확률을 추론하라

영원히 잊지 못할 밥 호프

내가 어렸을 때, 밥 호프(1903~2003, 미국 희극 배우)는 대단한 인물이었다. 정말 재미있었다. 그는 빙 크로스비와 함께 영화 '로드 투 Road to…' 시리즈에 출연했고(그는 총 52개 영화에 출연했다), 위험을 무릅쓰고 해외 분쟁 지역에 주둔한 미군 위문공연을 다녔으며, TV에 출연해 단독 코미디도 했다.

호프는 어디서나 등장했다. 1938년 이후에는 공연할 때마다 '기억에 감사하며Thanks for the Memory'라는 노래를 불렀다(호프가 셜리 로스와 함께 처음 녹음한 곡이다. 리오 로빈 작사, 랠프 레인저 작곡). 호프는 위대한 수준을 넘어서는 거물이었다. 호프에 대한 기억은 언제나 생생하게 떠오른다. 그러나 안타깝게도 우리의 기억은 제대로 작동하지 않을 때가 많다. 사실 경제와 시장에 관한 우리의 기억은 끔찍할 정도로 형편없다.

사람들은 잊는다. 매우 많이, 매우 자주, 매우 빠르게 잊는다! 얼마 지나지 않은 일도 자주 잊는다. 이 때문에 투자에서 실수를 저지른다. 터무니없는 실수를 자주 저지른다. 호프는 '기억에 희롱당하며 Pranks for My Memory'라고 노래하는 편이 나았을 듯하다. 실제로 시장에서 우리는 기억에 희롱당하는 탓에 전혀 나아지지 않는다.

우리는 사건, 원인, 결과, 심지어 기분까지도 잊는다. 이렇게 잊는 탓에 지금 이곳에서 벌어지는 일에 대해서만 외골수로 집중하는 경향이 생긴다. 행동주의 심리학자들이 말하는 이른바 근시안 행태다. 우리는 우리가 접하는 것이 새롭고 독특하다고 생각한다. 하지만 역사를 통해 그 대부분이 과거에 이미 똑같이 존재했다는 것을 알게 된다.

인류의 이러한 근시안 성향은 우연의 결과가 아니라 진화의 소산이다. 인류는 고통을 빨리 잊도록 진화했다. 이렇게 진화하지 않았다면 우리는 몽둥이와 돌을 들고 짐승 사냥에 나서지 않았을 것이고, 가뭄이나 우박으로 농사를 망친 후에는 밭을 갈지 않았을 것이며, 여성은 둘째 아이를 절대 낳지 않았을 것이다. 그러나 우리는 잊는다. 게다가 빠르게 잊는다.

고통을 잊는 습성은 생존 본능이다. 그런데 안타깝게도 우리는 교훈마저 잊는다. 그러나 시장은 잊지 않는다. 사실 역사가 똑같이 반복되는 것은 아니다. 모든 강세장과 약세장은 각각의 특수성을 가지고 있다. 그렇다 해도 사람의 행동은 바뀌지 않는다. 바뀌더라도 뒤늦게 조금 바뀔 뿐이다. 투자자는 과거에 커다란 공포감이나 도취감에 휩싸였던 사실도 기억하지 못한다. 과거에도 부채, 적자, 어리석은 정치인, 고유가, 저유가, 과도한 소비 지출, 빈약한 소비 지출 등에 대해 똑같은 공포를 느꼈다는 사실을 기억하지 못한다. 그러나 시장은 기억한다. 각각의 세부 사항은 바뀌어도 투자자의 전반적인 행태는 바뀌지 않는다는 사실을 분명하게 기억한다.

똑똑한 사업가조차 최근에 벌어지고 있는 현상이 얼마나 극단적인 것인지를 강조한다. 그러나 역사를 돌아보면 최근 현상은 극단적이지 않을 뿐 아니라 이례적이지도 않다. 이러한 사례는 이 책에 차고 넘친다. 우리가 누군가의 틀린 주장을 지적한다 해도 그는 전혀 받아들이지 않을 것이다. '대중매체와 인터넷에서 읽었고 친구도 동의한 내용'을 사실이라 믿기 때문이다. 우리가 그토록 쉽게 잊지 않았다면 누구든 금방 확인할 수 있는 내용인데도 말이다. 이렇듯 개인이 잊으면서 사회도 잊는다.

이것이 바로 투자자가 똑같은 실수를 되풀이하는 이유다. 'CXO 어드바이저리 그룹'은 이른바 전문가를 평가한다. 여기서 전문가는 다양한 토론에서 시장 예측치를 공표하는 사람을 일컫는다. 전문가 중에는 나 같은 펀드매니저도 있고(나도 평가 대상이다), 뉴스레터 발행자도 있으며, 칼럼 기고자도 있다. 이들 모두 시장 예측치를 공표하는 전문가다.

CXO가 평가한 이 전문가들의 평균 적중률은 얼마일까? 이 글을 쓰고 있는 2011년 현재 47%다(1장 참조). 내 기억으로 평균 적중률이 50%를 초과한 적은 없다. 이들은 전문가인데도 말이다. 유명한 시장 예측가의 평균 적중률이 절반에도 못 미친다는 뜻이다. 그렇다면 아마추어의 적중률이야 오죽하겠는가(실제로 아마추어 투자자의 적중률은 훨씬 낮다. 2장 참조).

우리는 잊는다는 사실조차 잊는다

왜 투자자의 적중률은 절반에도 못 미칠까? 결정적인 단 하나의 이유는 '잊는다는 것'이다. 이 때문에 우리는 과거에 저지른 실수에서 제대로 배우지 못한다. 투자자는 탐욕과 공포에 휩쓸려 실패하고 나서 '탐욕과 공포에 휩쓸리면 실패한다'는 교훈을 얻는다. 그러나 똑같은 상황이 벌어지면 또다시 탐욕과 공포에 압도당한다. '더 강하게 느껴지는' 탐욕과 공포가 과거에 얻은 교훈을 잊게 하기 때문이다.

사람들이 이례적이라고 인식했던 상황도 나중에 보면 대개 정상적인 변동성에 불과하다. 과거에 여러 번 경험한 변동성인데도 그 경험을 잊었기 때문에 이러한 인식이 생긴다. 사람들은 대중매체의 보도를 접하고 나면 낙관적으로든 비관적으로든 과민하게 반응한다. 그러나 이러한 보도는 흔히 과장이나 오보로 밝혀진다. 왜 이러한 일이 되풀이될까? 대중매체의 보도가 거듭 빗나간다는 사실을 잊기 때문이다. 대중매체 역시 잊기 잘하는 사람들이 만든다.

예를 들어 2008년 시장이 큰 변동성을 보이자 사람들은 공포를 느꼈다. 그러나 이는 2003년이나 1974년처럼 약세장이 바닥을 칠 때 나타나는 전형적인 모습이었다. 사람들은 시장이 그토록 빠르게 바닥을 치고 상승하리라고는 상상도 못했으므로 2009년의 커다란 반등장을 놓쳤다. 2003년에 비슷한 시장을 경험하고서도 말이다 (1975~1976년을 비롯해 과거 약세장과 강세장에서 수없이 나타난 모습이었다.

적어도 2002~2003년의 시장 흐름 정도는 기억했어야 마땅하다).

물론 2008년의 변동성은 보기 드물게 큰 경우였다. 하지만 과거를 더 거슬러 올라가 보면 그리 대단한 것도 아니었다. 사람들은 과거 흐름을 확인해야 한다는 사실 역시 잊는다.

역사에서 배우는 사람은 많지 않다. 첫째, 역사는 대부분 지루하다. 둘째, 사람들은 근시안적이어서 수십 년 전에 일어난 사건은 현재와 아무 상관이 없다고 생각한다. 실제로 시장이 작동하는 기본 원리는 그다지 바뀌지 않는다. 세월이 흘러도 시장을 구성하는 사람들의 상호 작용이 크게 바뀌지 않기 때문이다. 행동주의 심리학에서 얻을 수 있는 가장 기본적인 교훈은, 인간은 좀처럼 배우거나 변화하지 못한다는 사실이다.

다른 예도 있다. 사람들은 자신이 지지하는 정당이나 정치인이 집권하면 주가가 상승한다고 믿는다. 그러나 역사를 돌아보면 어느 정당이 집권하든 주가에 미치는 영향은 크게 다르지 않았다(7장 참조). 또한 사람들은 자신이 선호하는 자산군의 투자 수익률이 더 좋을 것이라고 생각한다. 자신의 생각이 틀린 것으로 밝혀져도 그것을 기억하지 못하기 때문이다(6장 참조). 사람들은 과거에 '고통을 견디지 못해 잊어버리고 만 것'조차 잊는다. 그래서 똑같은 오해와 착각을 저지르며 똑같은 실수를 되풀이한다.

다행스럽게도 적중률이 100%에 못 미쳐도 좋은 실적을 얻을 수 있다. 적중률 100%는 불가능하다. 장래에 적중률 100%가 달성될 것으로 기대한다면 몹시 실망하게 될 것이다. 적중률 100%는 누구에게도 불가능하기 때문이다. 차라리 적중률이 실패율보다 높기를 바라는 편이 낫다. 사상 최고의 투자가들도 틀릴 때가 엄청나게 많았다. 적중률이 60%에 이르면 투자계의 전설이 된다. 적중률이 70%에 이르면 신의 반열에 올라선다. 적중률이 50%를 조금만 웃돌아도 대부분 투자자는 물론 상당수 투자 전문가까지 넘어서게 된다.

실적을 개선하는 좋은 방법은 실패율을 낮추는 것이다. 투자자 대부분이 착각에 빠질 때 세상을 정확하게 본다면 실패율을 낮출 수 있다. 이것이 내가 저서, 〈포브스〉 칼럼, 기타 글에서 항상 주장하는 내용의 핵심이다. 다른 사람들의 견해를 무작정 따라가지 않고, 세상사를 정확하게 파악하고 나서 행동을 결정하면 실패율을 낮출 수 있다. 그렇게 해도 여전히 실수가 많겠지만, 괜찮다.

세상사를 정확하게 파악해 실패율을 낮추는 훌륭한 방법은, 시장의 역사를 꾸준히 공부하고 적용하면서 기억을 개선하는 것이다. 이 책이 그 방법을 보여줄 것이다.

역사는 훌륭한 연구실

당신이 내일 녹색 티셔츠를 입고 출근해 "나는 오늘 100만 달러를 벌 거야. 모두가 알다시피 화요일에 녹색 티셔츠를 입으면 100만 달러를 벌게 되니까"라고 말하면 동료에게 미친 사람 취급을 당할 것이다. 당신이 예측하는 사건은 역사상 전례가 없고, 현실적으로도 아무 근거가 없기 때문이다.

내가 "자본시장을 예측할 때는 역사가 강력한 도구"라고 말할 때마다 누군가는 꼭 "과거 실적이 미래 실적을 알려주지는 않아"라고 말한다. 그러나 우리는 미래 실적을 알려고 역사를 분석하는 것이 아니다. 역사는 합리적인 예측치의 범위를 가늠해보는 일종의 연구실이다. 예를 들어 사건 X가 발생할 때 주로 B, C, D가 나오고 전체적으로는 A~F가 나온다고 하자. 이 사건에서 우리는 A~F가 나올 확률이 크고 그중 B, C, D가 나올 확률이 더 크다는 것을 알 수 있다. 이외의 결과가 나올 확률은 매우 낮아서, 그러한 결과를 기대하려면 특별한 추가 정보가 있어야 한다.

경제, 정치, 심리 등 결과에 영향을 미칠 만한 다른 요소도 고려해야 한다. 예컨대 사건 Y가 동시에 발생하는 탓에 D가 나올 확률이 감소하고 B가 나올 확률이 증가할 수 있다. 또는 사건 Z가 발생하면 이상치(異常値)인 Q가 거의 틀림없이 나올 수도 있다. 이것이 확률적으로 생각하는 방식이다. 기본적으로 투자는 확신 게임이 아니라 확률 게임이다.

과거 실적이 미래 실적을 알려주지는 않는다며 화를 내는 사람들은 확신에 찬 어조로 다음과 같이 말하기도 한다. "과도한 부채 탓에 경제가 망가지고 주가는 하락할 수밖에 없어." 또는 "실업률이 높아서 경제가 회복될 수 없어." 정말 그럴까? 근거가 있을까?

어떤 사건이나 상태에 의해 어떤 결과가 발생할 것이라고 자신 있게 말하려면 과거에 그러한 현상을 목격했거나 역사에서 유사한 사례를 찾아낼 수 있어야 한다. 아니면 이를 뒷받침하는 견고한 경제 이론이라도 있어야 한다. 그렇지 않은가. 사람들이 사건 X 때문에 결과 Y가 나올 수밖에 없다고 주장할 때 과거에 실제로 그러한 사례가 있었는지 확인해서 나쁠 것은 없다.

이러한 주장이 사회적으로 수용되어가는 분위기에서 내가 "그러

주식시장은 어떻게 반복되는가

한 사례는 지금까지 전혀 없었다"라고 말했을 때 대중매체와 각종 SNS는 일제히 분노를 터뜨렸다. 이러한 사례는 이 책의 본문에서 충분히 다룰 것이므로 서문에서는 더 이상 언급하지 않겠다. 아무튼 사람들이 최초, 최대, 최악의 결과를 불러올 것이라고 생각하는 사건 대부분이 사실은 과거에 이미 여러 번 발생했던 것이며, 그들이 예상하는 결과로 이어지지도 않는다.

비평가들은 흔히 과거 사례를 이용해 다양한 주장의 진위를 밝혀낸다. 예컨대 누군가는 실업률이 너무 높아서 경제가 회복될 수 없다고 주장한다. 역사라는 연구실을 이용하면 이 주장의 사실 여부를 확인할 수 있다. 세계 곳곳에서 나타나는 실업률과 경기의 흐름을 비교 분석하면 된다. 사실 높은 실업률 탓에 경기가 둔화하고 주가가 하락한다고 주장하는 것은, 녹색 티셔츠를 입었으니 거금을 벌 것이라고 주장하는 것과 다름없다. 역사라는 연구실에는 그러한 사례가 없기 때문이다.

때로는 기묘한 일이 벌어지기도 한다. 녹색 티셔츠를 입었을 때 산 복권이 당첨될 수도 있다. 만세! 그러나 제정신인 사람이라면 또다시 녹색 티셔츠를 입고 복권을 사면서 당첨을 확신하지는 않을 것이다. 복권 당첨은 있을 수 있는 결과다. 확률은 제로에 가까울 정도로 낮지만 말이다. 하지만 녹색 티셔츠가 복권 당첨에 기여했다고 볼 만한 근거는 없다. 녹색 티셔츠를 입고 복권을 사면 기분이 좋아질 수는 있겠지만, 복권 당첨 확률은 전혀 바뀌지 않는다.

역사는 훌륭한 연구실이다. 앞에서 언급했듯이 투자는 확신 게임이 아니라 확률 게임이다. 어떤 일이 일어날지 확실하게 말할 수 있는 사람은 아무도 없다(어떤 일이 일어난다고 확실하게 말하는 사람은 당신에게 매우 나쁜 상품을 팔거나 사기를 치려는 것이다). 녹색 티셔츠를 입고 복권에 당첨되는 것은 가능한 일이다. 소행성이 지구와 충돌해 생명체가 절멸하는 것도 가능한 일이다. 당신이 산 저가 부실주가 제2의 마이크로소프트로 밝혀지는 것도 가능한 일이다. 이러한 가능성을 열거하자면 끝이 없다. 그러나 단지 가능성이 있다는 이유로 돈을 걸 수는 없는 노릇이다. 단지 가능성만으로 투자 포트폴리오를 구성할 수도 없다(모든 가능성에 대해 숙고하다 보면 잠잘 시간조차 없을 것이다).

유력한 결과의 범위를 고려해 확률을 근거로 예측해야 한다. 그래도 예측이 빗나가는 경우가 많을 것이다. 당연한 일이라고 받아들여야 한다. 그러나 확률을 합리적으로 추론할 수 있다면 장기적으로는 실적이 개선될 것이다(그렇더라도 빗나가는 경우가 여전히 많을 것이다).

기억력이 나쁜 사람이라면 실적을 개선하기가 매우 어렵다. 그러나 자신의 기억력이 나쁘다는 사실을 명심하고 역사를 바탕으로 확률을 추론하려고 노력한다면, 예측력이 향상되면서 실패율이 감소할 것이다.

이 책의 구성

나는 이 책에서 시종일관 과거 뉴스를 인용하며 설명을 돕는 사례로 사용할 것이다. 예를 들어, 경기 침체 초기 사람들이 우려하는 더블딥(double-dip, 경기 침체 후 일시적 회복기를 거쳐 다시 더 심각한 경기 침체가 일어나는 현상 – 역자 주)을 언급할 때는 관련 내용을 담은 과거 뉴스를 인용해 과거에도 같은 우려가 있었다는 것을 보여줄 것이다. 물론 더블딥에 대한 우려를 반박하는 과거 주장도 있다. 그러나 "더블딥은 절대 없다! 더블딥 주장은 미친 소리다"라는 주장을 인용한다면 학습에 유용하지 않다고 생각한다.

사람들은 자신의 생각과 일치하는 것만 받아들이는 경향이 있다. 행동재무학 등 행동주의 연구자들은 이러한 인지 오류를 '확증 편향'이라고 부른다. 사람들은 자신의 편견을 뒷받침하는 증거만 찾을 뿐 그것과 충돌하는 증거는 외면한다. 행동주의 연구자들은 인간의 이러한 행태가 진화의 소산이며, 이 덕분에 흔히 직면하는 극심한 난관 속에서도 자신감을 잃지 않고 거듭 더 열심히 노력할 수 있는 것이라고 설명한다. 그러나 시장에서는 이러한 행태가 역효과를 불러온다.

투자자 중에는 낙관론자보다 비관론자가 많다. 물론 단호한 비관론자마저 행복감에 젖어 낙관론자로 바뀔 때가 있지만(이는 흔히 시장에 위험 신호가 된다), 전반적으로 보면 비관론자가 낙관론자보다 압도적으로 많다. 그러나 주가는 하락할 때보다 상승할 때가 훨씬 많다(상승 빈도가 3분의 2 이상이다). 이 때문에 많은 사람들이 원하는 실적을 얻지 못한다. 그래서 "남들이 탐욕을 부릴 때는 두려워하고 남들이 두려워할 때는 탐욕을 부려야 한다"는 워런 버핏의 말이 유명해졌다.

대개 사람들은 역발상을 '모든 사람'과 반대로 행동하는 것으로 생각하는데, 나는 이러한 역발상을 지지하지 않는다. 단지 사람들을 맹목적으로 따라가서는 안 된다고 생각할 뿐이다.

낙관이든 비관이든 사람들은 자신의 기존 관점을 뒷받침하는 뉴스나 전문가의 주장을 믿는다. 물론 합리성을 유지하는 뉴스도 많이 찾아볼 수 있다. 예를 들면 다음과 같다.

- 경기 둔화 가능성은 높지 않다.
- 이번 하락은 조정에 불과할 듯.
- 세계 성장세는 양호.
- 기업의 수익성이 건전하므로 겁먹을 필요 없다.

그러나 역사를 기억하지 못하고 비관론에 자주 사로잡히는 사람이라면 비관적인 뉴스에만 이목을 집중하게 될 것이다. 마찬가지로 과도하게 낙관론에 빠지는 사람이라면 낙관적인 뉴스에만 관심을 기울일 것이다. 그래서 나는 이 책을 800쪽 분량의 학술서로 펴내는 대신 인용문을 중심으로 핵심만 간결하게 전달하기로 했다(역사를 돌아보면 사람들은 과거에도 현재의 우리와 똑같은 두려움에 시달렸으며 앞으로 1년, 3년, 7년, 23년, 189년 뒤에도 똑같은 두려움에 시달릴 것이다).

내가 인용하는 글이 마음에 들지 않는 사람도 있을 것이다. 나는 독자들 대부분의 견해를 바꿀 수 있을 것으로는 기대하지 않는다. 대부분 독자는 자신의 기존 견해를 뒷받침하는 증거만 받아들이고 상충하는 증거는 외면할 것이기 때문이다.

그렇더라도 과거의 스토리, 주요 뉴스, 인용문 등을 직접 검색해보기 바란다. 구글의 '타임라인' 기능은 유용할 뿐 아니라 기막히게 흥미롭기도 하다. 인터넷으로 〈뉴욕 타임스〉의 방대한 자료를 찾아볼 수 있다. 규모가 큰 도서관에는 수많은 책이 마이크로피시(microfiche, 책의 각 페이지를 축소 촬영한 마이크로필름 - 역자 주)로 보관되어 있다. 첨단 기술은 아니지만 대학 도서관 개인 열람실의 추억을 떠올려줄 정도는 된다. 말하고자 하는 것은, 내가 이 책에서 언급하는 내용 중 정말로 새로운 것은 전혀 없다는 사실이다. 어설픈 기억보다는 역사에 근거해 판단하는 편이 유리하다.

나의 여덟 번째 책이다. 나도 이 사실이 믿기지 않는다. 나의 12개월 전망은 해마다 바뀌지만 세계관은 그다지 바뀌지 않는다. 나는 자본주의 및 자본시장 가격 기능의 위력을 깊이 신뢰한다. 나는 주가를 결정하는 두 요소도 수요와 공급이라고 믿는다. 물론 수요와 공급에 영향을 미치는 요소도 수없이 많다.

내가 쓴 다른 책을 읽어본 독자라면 일부 차트가 중복된다고 생각할 것이다. 나는 일부러 같은 차트를 사용했다. 개념 설명에 효과적인 차트라면 다시 사용해도 좋다고 생각하기 때문이다. 그러나 차트를 설명하는 방식이나 맥락은 다를 것이다. 실제로 나는 1987년에 발간한 《90개 차트로 주식시장을 이기다》에서 사용한 차트의 다수를 다시 사용했다. 너무나도 훌륭한 차트가 많아서 다시 사용할 수밖에 없었다. 이 책은 역사의 유용성을 설명하고 있으므로 내 역사도 유용하게 사용하는 것이 합리적이라고 생각한다. 따라서 나의 다른 저서에서 본 차트가 다시 나오더라도 양해해주기 바란다. 일부 차트는 나의 40년 경력보다 훨씬 오래도록 타당성을 유지할 것이다.

이제 시작하자!

기억에 감사하며.

차례

1장

'이번에는 다르다'라는 생각은 언제나 틀렸다

높은 적중률은 정확한 세계관에서 나온다

"영어에서 가장 값비싼 한마디는 '이번에는 다르다This time it's different'이다." 존 템플턴 경(1912~2008)이 한 말로, 영원무궁토록 옳은 말이다. 물론 투자에 대해서 한 말이다. 어쩌면 영성에 대해서도 이렇게 말했는지 모르겠다.

템플턴 경에게는 '전설적 인물'이라는 표현도 부족하다. 그는 뮤추얼펀드 분야의 선구자로, 최초의 대형 뮤추얼펀드 회사를 설립했다. 글로벌 투자 분야에서도 가장 먼저 세계 시장으로 진출했다. 그는 군중의 영향을 전혀 받지 않는 지극히 냉정한 투자가였다. 버핏의 명언이 있기 전부터 그는 남들이 탐욕을 부릴 때 두려워했고 남들이 두려워할 때 탐욕을 부렸다. 차트가 유행했을 때도 그는 펀더멘털에 기초해 염가 매수 기회를 살폈다.

운 좋게도 나는 템플턴 경을 여러 번 만났고 항상 그를 주목했다

(게다가 우리는 생일이 같았다. 나이 차이는 50에 육박하지만). 그는 허물없이 나를 대해주었다. 겸손했고, 말을 삼갔으며, 침착했다. 상냥했고, 공손했으며, 품위가 있어서 어느 모로 보나 신사였다. 어느 누구에게나 이상적인 롤모델이었다.

템플턴 경은 그야말로 모든 면에서 위대한 인물이었다. 그는 종교 분야의 노벨상이라 불리는 템플턴상을 포함해 여러 재단을 설립했고 거금을 기부했다. 생활도 검소해서 허름한 중고차를 직접 몰고 다녔다. 비행기를 탈 때도 이코노미석을 이용했다. 그는 작위까지 받았지만 소탈했다. 포커 실력도 뛰어났는데, 실력을 발휘해 번 돈으로 예일대를 졸업했다. 그는 미국 정부가 국민의 재산을 제대로 관리해주지 못한다고 생각해(나도 같은 생각이다) 바하마에 귀화했다. 그는 기업의 지분을 계속 늘려나가면서 수많은 투자자의 재산을 불려주었을 뿐 아니라 양질의 고소득 일자리 수천 개를 창출했고 많은 인재들에게 사업에 대한 지식을 전수했다. 나 역시 그가 성공하는 모습을 보고서 대형 투자회사 설립을 구상하게 되었다.

템플턴 경은 탁월한 영적 사상가였다. 누구든 이미 오래 전에 절판된 그의 저서 《The Humble Approach 겸손한 다가감》를 읽어볼 기회가 있다면, 장담컨대 종교관에 상관없이 감동할 것이다. 그는 심원한 사상가였다.

그가 남긴 가장 소중한 유산은 맨 앞에서 언급한 그의 짧막한 경고다. 만일 당신이 '이번에는 다르다'라고 생각한다면 십중팔구 그 생각은 완전히 틀릴 뿐 아니라 값비싼 대가까지 치르게 될 것이다. 그렇다고 똑같은 역사가 되풀이된다는 주장을 펴는 것은 아니다. 템플턴 경의 경고는 그러한 의미가 아니다. 경기 침체를 예로 들면, '다소 차이는 있지만 과거에 우리가 경험한 것과 크게 다르지 않다'는 의미다.

신용위기도 새로운 사건이 아니며, 약세장이나 강세장 역시 마찬가지다. 지정학적 갈등 또한 인류의 역사만큼이나 뿌리 깊은 사건이며, 전쟁과 테러 역시 그러하다. 자연재해도 새삼스러운 것이 아니다. '최근 들어 자연재해가 더 크고 심각하며 잦아졌다'는 주장은 전혀 옳지 않다. 우리가 독특한 새 시대에 살고 있다는 믿음은 오만에 불과하다. 우리가 살아가는 시대도 이전 세대의 시대와 다르지 않다. 그래서 템플턴 경은 반드시 역사를 공부하고 기억해야 한다고 믿었다. 역사라는 기준점이 없으면 우리는 현재 자신의 위치를 파악할 수 없으며 미래를 합리적으로 예측할 수도 없다. 시장 참여자 대부분의 역사의식이 자신의 투자 기간을 벗어나지 못하던 시대에 그는 시장의 역사를 연구했다.

템플턴 경은 인간의 진화 속도가 느리다는 사실도 알고 있었다. 메소포타미아 문명 초기에 사람들을 흥분시켰던 사건들은 21세기에도 똑같이 사람들을 흥분시킨다. 인간의 본성은 좀처럼 바뀌지 않으며, 바뀐 환경에 반응하는 방식 역시 마찬가지다.

기억력이 신통치 않은 탓에 반응 방식이 바뀌지 않는 것이다. 우리 사회는 기억력도 없으면서 재잘대는 원숭이와 같다. 역사, 데이터, 분석도 외면한 채 마냥 재잘댄다. 그러나 역사, 데이터, 분석에 탁월했던 템플턴 경은 새로운 경기 침체를 맞이할 때마다 사람들이 느끼는 고통이 더 커진다는 사실을 알고 있었다. 우리는 신용위기를 겪을 때마다 그 위기가 사상 최악이라고 생각한다(2008년 신용위기가 역사상 최악이라고 생각한다면, 19세기 역사를 전혀 모르는 것이다). 행동주의 관점에서 보면 이것은 인류가 좌절해 포기하는 것을 막으려는 진화의 선물이다.

템플턴 경의 경고 "이번에도 절대 다르지 않다"가 영원무궁토록 유용한 것은 바로 이 때문이다. 아무리 심각하고 두려워 보이는 사건이어도 우리가 이미 경험한 것과 크게 다르지 않다. 이 사실을 기억하고서 과거 유사 사건을 찾아내 그 교훈을 얻을 수 있다면 우리는 더 잘 대응할 수 있을 것이다. 걱정했던 것만큼 심각하거나 두렵지 않다는 사실을 알게 될 것이기 때문이다.

오늘날 경제와 자본시장이 보여주는 강한 회복력 역시 과거와 다르지 않다. 특히 선진국의 회복력이 강하다. 사람들은 이 사실을 잊어왔지만 템플턴 경은 절대 잊지 않았다. 어리석게도 사람들은 장기 약세장이 도처에 숨어 있다고 생각한다(4장 참조). 실제로 장기 약세장이 도처에 숨어 있고 자본시장의 회복력이 강하지 않다면 세계 상장 주식의 시가총액이 어떻게 장기간 계속 증가할 수 있겠는가? 2010년 기준 세계 시가총액은 54조 달러였다. 2010년 세계 GDP는 63조 달러였는데 2000년에는 31조 달러였다(2000년대는 흔히 '잃어버린 10년'으로 불렸는데도 GDP가 두 배로 증가했다). 1990년에는 19조 달러였다.

2020년, 2050년, 2083년, 3754년에는 더 증가할 것이다. 정확하게 얼마나 증가할까? 나는 전혀 모른다. 템플턴 경 역시 지금까지 살아 있더라도 모를 것이다. 그러나 나는 그가 지난 10년 동안 약 40번이나 해왔던 말을 기억한다. "향후 GDP는 훨씬 성장할 것이며 성장률은 과거와 크게 다르지 않을 것이다." 하지만 그의 말을 믿은 사람은 거의 없었다. 특히 약세장이나 경기 침체기 한복판일 때에는 더 없었다. 그의 말이 항상 옳았는데도!

요즘 사람들이 이렇게 장기 비관론에 빠진 것은 언론이 죽었기 때문이라고 생각한다. 옛날에는 기자가 중량감 있는 직업이었다. 기자가 되려면 좋은 학교를 나와 인턴 과정을 거치면서 6하 원칙(언제, 어디서, 누가, 무엇을, 어떻게, 왜)을 배워야 했다. 글의 첫 단락에는 6하 원칙 관련 정보가 모두 포함되어야 했다. '털사시에서 개가 꽃등심 스테이크를 훔쳐가자 사람이 개를 물었다'라고 쓰고 세부 내용을 서술하면 편집자들이 구석구석을 뒤지면서 군살을 제거한다. 7번째 단락에 적힌 개의 품종과 상태(꼬리와 다리 하나가 없는 자주색 페키니즈)가 꼭 필요한 표현인가? 아니라면 삭제한다. 5번째 단락에서 그 남자가 생일 파티를 하고 있었다는 사실도 꼭 언급할 필요가 있는가? 아니라면 삭제한다.

과거에는 신문이나 잡지의 발행인란에 전속 기자 명단이 실렸다. 대부분 머리가 희끗한, 노련한 기자들이었다. 이들은 조직의 핵심을 구성하는 최고의 인재들이었다. 경험이 풍부한 백전노장들이었다. 젊은 기자가 "와! 이번 기술주 거품이야말로 사상 최대 규모네요. 세상이 끝장나겠어요!"라고 말하면 반백의 베테랑들은 대답한다. "자네는 아는 것이 없어. 1980년 에너지주 거품은 그 이상이었다네!" 이들은 경험이 풍부했다.

이제 전통 언론은 죽어가고 있다. 인터넷 탓이든 케이블 TV 탓이든, 그것은 중요하지 않다. 전통 언론은 적자에 허덕이고 있다. 신문이든 잡지든 발행인란이 사라졌다. 전속 기자는 아마 소수에 불과할 것이며 경력도 대부분 5년 미만일 것이다. 언론은 반백의 베테랑들을 이미 오래 전에 모두 내보내고 지금은 저임금 기자들을 쓰고 있다. SNS에서 공짜로 얻는 글도 부지기수다. 터무니없는 글도 마다하지 않는다. 공짜 SNS 글을 실으면서 양념 삼아 가끔 사설을 싣거나, 통신사 기사를 실으면서 가끔 외부 필자의 글로 구색을 맞추기도 한다.

요즘의 기자 대부분은 경험이 부족하다. 그래서 큰 흐름을 보는 눈이 없다. 과거의 유사 사례를 경험해본 적이 없으므로 이 난관을 과연 어떻게 헤쳐나갈 것인지 가늠하지 못한다. 세상이 끝날 것처럼 보이는 이유다. 물론 베테랑들도 여전히 남아 있다. 그러나 극소수에 불과하다. 그래서 언론은 최근의 사건조차 기억하지 못한다. 그 결과 언론마저 비관적인 기사를 쏟아낸다. 역사를 기억하지 못하는 애송이 언론 탓에 사람들은 잠시 숨을 돌리면서 '내가 전에도 비슷한 일을 겪지 않았던가?'라고 자문하기가 어려워졌다.

'이번에는 다르다'라고 믿으면 투자에서 심각한 실수를 저지를 수 있다. 자산운용업계 종사자들은 자신의 세계관에 기초해 돈을 건다. 자기 돈은 기본이고 보통 남의 돈도 건다. 물론 세계관이 완벽해야 하는 것은 아니다. 세계관이 완벽한 사람은 없다. 그러나 자산운용에 성공하려면 장기적으로 예측이 빗나갈 때보다 적중할 때가 더 많아야 한다. 적중률을 높이려면 세계관이 더 정확해져야 한다.

정확한 세계관으로 '이번에도 다르지 않다'는 사실을 기억한 사람들은 2009년과 2010년에 심각한 실수를 피할 수 있었다. 이들은 앞으로 다가올 폭락장, 거대 강세장, 투자 광풍에서도 심각한 실수를 피할 수 있을 것이다.

다행히 '이번에는 다르다' 식의 잘못된 사고방식을 찾아내기는 어렵지 않다. 흔히 다음과 같은 모습으로 치장하고 나타난다.

- '뉴 노멀'(new normal, 시대 변화에 따라 새롭게 떠오르는 기준), '신시대', '신경제': '이번에는 다르다'라는 생각이 항상 비관론으로만 나타나는 것은 아니다. 때로는 과도한 낙관론으로 나타나기도 한다.
- '고용 없는 경기 회복': 고용은 경기가 회복된 뒤에야 증가했다. 이 사실을 기억하는 사람이 없다.
- '더블딥'에 대한 공포: 더블딥에 대한 이야기는 항상 나오지만 실제로 더블딥이 나타나는 사례는 드물다.

새로울 것 없는 새 기준(뉴 노멀)

언론에서는 2009년 초부터 '뉴 노멀'('이번에는 다르다'의 다른 표현)이라는 용어를 사용했다. 뉴 노멀은 '최근 경기 침체 기간에 극복하기 어려운 난제가 등장한 탓에 평균을 밑도는 경제 성장, 낮은 시장 수익률, 심지어 더블딥이 불가피한 신시대가 시작되었다'는 뜻이다.

뉴 노멀의 근거는, 다소 과장된 면도 있지만 당시 겹겹이 등장한 난제들이었다. 예컨대 붕괴한 주택 가격이 회복되지 않았고, 연방 재정 적자가 과도했으며, 소비자 부채도 과중했다. 사람들은 탐욕스러운 은행들이 금융 시스템을 회복 불능 상태로 무너뜨렸다고 믿었다. 은행이 대출을 해주지 않으니 경기가 회복될 수도 없다. 소비자는 자금줄이 막혀서 지출할 수가 없다. 그러나 합리적인 사람이라면 소비자 부채가 과중하다고 걱정하는 동시에 은행이 대출을 해주지 않는다고 걱정하지는 않을 것이다. 실제로 소비자 부채가 과중하다면 은행이 대출을 해주지 않는 편이 낫기 때문이다! 마찬가지로 소비자의 자금줄이 막혔다고 걱정하는 동시에 소비자의 지출이 불충분하다고 걱정할 필요도 없다. 이렇게 걱정을 사서 하는 행태는 대부분 경기 침체와 약세장에서 흔히 나타나는 당찮은 정신병에 불과하다.

정치인도 이러한 분위기에 편승해 뉴 노멀을 내세우면서 세율 인상, 세율 인하, 의료 기관 사회화 등이 필요하다며 멋대로 아전인수 격 주장을 펼친다. 전문가와 언론인은 뉴 노멀이 마치 처음으로 등장한 새로운 용어인 것처럼 취급한다. 그러나 뉴 노멀에는 새로운 내용이 전혀 없다. 경기 순환 주기마다 우리가 경험하는 관념일 뿐이다. 다음은 대중매체에서 인용한 사례 몇 가지다.

- 2009년 9월: "뉴 노멀은 당연히 '새로운' 단어에 해당한다."[1]
- 2003년 12월 13일: "성장률은 낮지만 지속 가능한 뉴 노멀 상태로 자리 잡기 시작했다."[2]
- 2003년 4월 30일: "뉴 노멀 시대에 오신 것을 환영합니다. 이제 기업의 수익성이 도전받는 다소 어색하고 이상한 시대입니다."[3] 그러나 당시 기준약 1년 반 전에 경기 침체가 끝났고 거대 강세장이 시작되어 1개월째 진행중이었다.

- 1987년 11월 2일: "월스트리트가 힘든 한 주를 보내고 나서 세상이 달라졌다."[4] 그러나 세상은 1987년 10월 폭락에서 벗어나 이후 10년 동안 강세장을 이어갔다.
- 1978년 1월 7일: "지금 이곳이 뉴 노멀이다."[5]
- 1959년 6월 15일: "미국이 1930년대 대공황 시대의 뉴 노멀로 돌아갈 수도 있다!"[6] 그러나 그러한 일은 없었다. 연간 GDP 성장률이 1959년 7.2%, 1960년 2.5%, 1961년 2.1%, 1963년 4.4%였다. 성장률은 양호했다. 다소 변동성은 있었지만 뉴 노멀은 아니었다.
- 1939년 10월 20일: "현 상태를 뉴 노멀로 간주해야 한다."[7] 1939~1943년 동안 연간 GDP 성장률은 각각 8.1%, 8.8%, 17.1%, 18.5%, 16.4%에 이르렀다.

물론 뉴 노멀이 널리 사용되던 기간 이후 GDP 성장률이 항상 높았던 것은 아니다. 단지 경기 침체기 끝 무렵과 이후 경기 회복기 몇 년 동안, 즉 실제로는 경기가 개선되는 중인데도 사람들이 가장 비관적이었을 때 뉴 노멀이 널리 사용된 것은 분명하다. 아무튼 뉴 노멀은 전혀 새로운 개념이 아니다.

2009년과 뉴 노멀

이후에 등장한 뉴 노멀도 성격은 크게 다르지 않은 듯하다. 블룸버그, 로이터, 마켓워치, 〈비즈니스 위크〉가 모두 뉴 노멀을 주요 기사로 다루었던 2009년 5월부터 경기가 회복되었다. 그리고 그 시점부터 뉴 노멀에 대한 언급이 폭발적으로 증가했다. 구글 뉴스에서 '뉴 노멀'을 검색해보기 바란다. 수천 개가 등장할 것이다.

경제가 엉망이라면서 언론이 이구동성으로 뉴 노멀을 외치던 2009~2010년에 당신이라면 주가가 상승할 것으로 예측할 수 있었을까? 십중팔구 주가가 엉망이라는 언론의 잘못된 주장에 동의했을 것이다. 전미경제연구소(National Bureau of Economic Research, 이하 NBER)는 경기 침체가 끝난 시점이 2009년 6월이라고 공표했다. 그러나 이 공표가 공개된 시점은 2010년 9월이었다. NBER는 항상 상당한 시일이 지나고 나서야 경기 침체의 시작 및 종결을 공표한다.

NBER의 공식 발표가 없었어도 GDP 성장률에 주목했다면 경기 침체가 끝났다는 것을 감지할 수 있었을 것이다. 미국 GDP 성장률은 2009년 2분기에 제로였다. 이것이 첫 번째 신호였다. 이후 2009년 3분기에는 1.7%, 4분기에는 3.8%, 2010년 1분기에는 3.9%였다(모두 연간 성장률 기준이다). 물론 NBER이 경기 침체의 종료를 판단할 때 GDP 성장률만 들여다보는 것은 아니다. 그래도 GDP 성장률은 주요 지표에 해당한다. NBER 역시 2개 분기 성장률이 플러스인 상황에서 경기 침체를 주장하지는 않는다.

뉴 노멀이라는 주장에 겁먹고 주식을 매도한 사람들은 큰 손해를 보았다. 경기가 회복되기 이전인 2009년 3월에 주식시장이 바닥을 쳤기 때문이다. 이후 3개월 동안 주가가 급등했다. 세계 주식은 44.1% 상승했고, 미국 주식은 40.2% 상승했다. 이후 12개월 동안 세계 주식은 74.3% 상승했고 미국 주식은 72.3% 상승했다. 1932년 이래 3개월 상승률 및 12개월 상승률 최고 기록이었다. 시장의 바닥에서 2010년 말까지, 세계 주식은 93.3% 상승했고 미국 주식은 93.1%

상승했다.

이번에는 다르다고 생각하면서 경기 침체가 영원히 이어질 것으로 믿은 사람들은 급등장을 놓쳤다. 그러나 잘 분산된 포트폴리오를 계속 보유한 사람들은 지난 약세장에서 입은 손실 대부분을 빠르게 회복할 수 있었다.

이는 이례적인 시장 흐름이 아니다. 거의 항상 반복되는 지극히 정상적인 흐름이다. 주식은 악재를 선반영해 공식적으로 경기 침체가 시작되기 전에 하락한다. 시장은 최악의 상황이 지나갔다는 것을 알고 있지만 사람들은 최악의 결과만을 상상한다. 이러한 착각과 현실 사이의 괴리에 의해, 주식은 경기가 회복되기 전에 바닥을 치고 급등하기 시작한다.

표 1-1은 이러한 현상을 정확하게 보여준다. 약세장과 경기 침체 기간이 항상 겹치는 것은 아니지만, 대부분 겹친다. 대형 강세장과 약세장에서, 주식은 경기보다 앞서서 움직인다. 주식은 경기가 침체하기 전에 하락하고 경기가 회복되기 전에 상승한다. 약세장과 경기 침체가 겹칠 경우 주식은 거의 예외 없이 먼저 상승하며, 그것도 대폭 상승한다. 이것이 정상적인 모습이다.

이 표에 2001~2003년 약세장은 들어가지 않았다. 2001년 경기 침체는 기간도 짧고, 강도도 약했으며, 약세장이 더 오래 지속되었다. 1987년 약세장 기간에는 경기 침체가 나타나지 않았으며 1966년 약세장과 1961~1962년 약세장에서도 마찬가지였다(그 무렵 경기 침체는 1961년 2월에 끝났으므로 이후 약세장과 무관했다). 1937~1942년 대형 약세장도 1937년 5월~1938년 6월의 대공황보다 오랜 기간 지속되었다.

표 1–1 경기 침체 종료 시점과 주식의 수익률

약세장 시작	강세장 시작	경기 침체 종료일	수익률 (강세장 시작 ~ 경기 침체 종료일)	수익률 (강세장 전체 기간)
1929/09/07	1932/06/01	1933/03/31	32.57%	323.71%
1946/05/29	1949/06/13	1949/10/31	18.36%	267.10%
1956/08/02	1957/10/22	1958/04/30	11.44%	86.35%
1968/11/29	1970/05/26	1970/11/30	25.85%	73.53%
1973/01/11	1974/10/03	1975/03/31	33.85%	125.63%
1980/11/28	1982/08/12	1982/11/30	35.27%	228.81%
1990/07/16	1990/10/11	1991/03/31	27.00%	416.98%
2007/10/09	2009/03/09	2009/06/30	35.89%	–
평균 수익률			27.5%	
수익률 중앙값			29.8%	

자료: 글로벌 파이낸셜 데이터(GFD), S&P500, NBER

역사가 말해주는 바는 명확하다. 약세장과 경기 침체 기간이 겹치면, 경기 침체가 끝나기 전부터 주식을 보유하고 있어야 한다. 강세장이 시작되어 경기 침체가 공식적으로 끝날 때까지 평균 수익률이 무려 27.5%에 이른다. 이는 경제 성장의 기미가 보이기 전부터 다가오는 경기 회복이 주가에 반영되기 때문이다.

그러나 강세장이 오랜 기간 진행되고 나서 경기가 회복기에서 확장기로 접어들 때도 사람들은 여전히 "이번에는 다르다"라고 말한다. 경기가 이미 회복 중인데도 절대 회복되지 않을 것으로 믿기 때문이다. 이것도 정상적인 모습이다.

새로운 뉴 노멀

정상적인 모습이 또 있다. 경기가 그다지 나쁘지 않다는 사실이 명백해져도 뉴 노멀을 주장했던 사람들은 자신의 잘못을 인정하지 않는다. 대신 뉴 노멀의 정의를 바꾼다. 2009~2011년 동안 이러한 행태가 다수 나타났다. 먼저 뉴 노멀을 기업의 빈약한 이익으로 정의했다. 그러나 이러한 상황은 오래 지속되지 않았다. 기업의 이익 성장률이 사상 최고 수준으로 상승했기 때문이다(경기 침체 기간에 기업의 이익이 급감했던 덕분이다). 그러자 사람들은 이제 뉴 노멀을 높은 실업률로 정의했다("고용 증가 없는 고수익이라는 '뉴 노멀'을 두려워하는 오바마"[8], "실업률 상승이 뉴 노멀이 될 수도"[9], "강한 성장세가 실업률 상승을 동반할 수도"[10]). 이어서 소비 지출 감소라는 뉴 노멀이 등장했다("인플레이션 탓에 미국인이 소비를 중단하는가?"[11]). 이렇게 뉴 노멀의 정의가 변하는 모습 역시 정상이다.

사실 소비 지출이 회복되지 않으면 경기도 회복되지 않는다고 믿는 것 역시 부실한 기억력 탓이다. 미국의 소비 지출은 경기 침체 기간에도 절대 크게 감소하지 않으므로 이후 크게 회복될 필요도 없다. 소비 지출 중 필수 소비재의 비중이 가장 크기 때문이다. 경기가 아무리 침체해도 치약이나 심장약 소비를 중단하지는 않는다. 나의 2010년 저서《켄 피셔, 투자의 재구성》에서도 설명한 바 있다.

나는 이러한 현상을 '불신의 비관론pessimism of disbelief'이라고 부른다. 기업의 펀더멘털은 2009년 내내 개선되고 있었다. 대단한 수준까지는 아니었지만 예상보다는 훨씬 좋았다. 기업의 이익도 비관적 추정치보다는 훨씬 컸다. 그러나 사람들은 말했다. "워낙 많이 감소했으니까 증가한 것이겠지." 그렇다 치자. GDP도 예상보다 좋았다. "또다시 나빠지겠지." 사람들 모두 "그래, 하지만…"이라고 말했다. 사람들은 긍정적인 면을 보려고 하지 않았다. 설사 긍정적인 면을 보더라도 나쁜 방향으로 왜곡해서 받아들였다. 이것 역시 모든 경기 침체와 약세장 이후에 나타나는 정상적인 모습이다. 2009년처럼 이러한 모습이 무더기로 보이기 시작하면 약세장 바닥이 곧 다가오거나 방금 지나갔을 가능성이 크다. 아무튼 궂은 날이 영원히 이어질 수는 없다. 템플턴 경과 버핏도 알고 있듯이, 세상 사람들이 가장 비관적일 때가 탐욕스러워지기에 가장 좋은 시점이다.

세상은 늘 똑같다

나는 2009~2010년의 비관론이 잘못된 것을 이미 알고 있었다. 단지 주식시장이 강하게 반등했기 때문이 아니다(주가가 궁극적인 선행 지표이긴 하지만 말이다). 전에 이미 본 장면이었기 때문이다. 2010년 11월은 세계 주식시장이 바닥을 치고 1년 반이 지난 시점이자 세계 경기가 성장세로 돌아서고 1년이 지난 시점이었다. 그러한데도 주요 신문들은 여전히 파멸이 임박했다고 경고했다. 2010년 11월 4일 나는 〈포브스〉 칼럼 기고문 '속임수에 넘어가지 마라Don't Be Distracted by Monkey Business'에 다음 내용을 포함했다.

"대부분 비관론자는 과도한 부채 탓에 파국이 올 것이라고 생각한다. 일부 낙관론자도 마찬가지다. 그러나 지난가을 이후 비관적인 전망들은 하나씩 틀린 것으로 밝혀졌다. 그런데도 비관론자들은 과도한 부채가 문제라는 주장을 여전히 고수하고 있다.

이렇듯 비관론자들이 잘못된 주장을 고수하고 있으므로 강세장은 장기간 이어질 것이다. 부채 비관론자들은 스타일도 다양하다. 부동산시장 붕괴를 주장하기도 하고 금융위기를 주장하기도 한다. 이 둘을 연결해 '부동산 가격 폭락으로 은행들이 파산해 대혼란이 온다'고 주장하기도 한다. 대출을 받지 못한 소비자들이 지출을 늘리지 못해서 경기가 회복되지 않는다는 주장도 있다. 세련된 척하는 사람들이 즐겨 내세우는 더블딥 침체론도 있다."

그런데 이 글은 2010년 11월에 쓴 것이 아니다. 내가 1991년 8월 5일에 쓴 〈포브스〉 칼럼 '멍청한 비관론자들Dumb Bears'에서 가져온 글이다. 그러나 거의 20년이 지난 2010년 11월 4일 아침에 쓴 글처럼 읽힌다!

사람들은 여전히 똑같은 문제로 애를 태운다. 부채, 신용위기, 주택 가격 하락, 은행 부실화, 빈털터리 소비자들. 1991년에도 애를 태웠던 문제들이다. 했던 고민을 또 한다. 아무것도 기억하지 못하면서 재잘대기만 하는 원숭이들이다. 내가 그 글을 쓴 이후, 다음과 같은 일은 발생하지 않았다.

- 세계를 종말로 이끄는 대전쟁.
- 미국의 붕괴.
- 세계의 종말.
- S&P500이 제로로 추락.

대신 다음과 같은 일이 발생했다.

- 세계 경제가 10년 동안 활기차게 성장.
- 역사적인 대형 강세장.
- 미국이 세계 경제 성장과 강세장을 주도.

1991년에 이 글을 쓸 수 있었던 것은 나보다 수십 년 먼저 자산운용을 해온 아버지를 지켜보았기 때문이다. 나는 똑같은 일이 거듭 일어나는 모습을 보았다. 나는 역사를 열성적으로 좋아해 시장과 경제의 역사를 공부했으므로 세상에 새로운 현상 따위는 존재하지 않는다는 사실을 알고 있었다. 세상 사람 모두가 암울한 일만 일어날 것으로 생각해도 세상은 그렇게 돌아가지 않는다. 실제로는 십중팔구 머지않아 좋은 일이 일어난다.

그렇다고 1990년대에 역사적인 대형 강세장이 펼쳐질 것을 알았다는 말은 아니다. 다만 모두가 두려워하던 일이 벌어지지 않을 것은 알았다. 그러한 두려움은 이미 시장 가격에 반영되었을 터이니까. 가격은 예상 못했던 사건이 발생할 때만 큰 폭으로 움직인다.

2009~2010년에 사람들은 우리가 경기 침체, 신용위기, 과도한 부채 문제를 이미 여러 번 경험했다는 사실을 잊고 있었다. 세상이 창조된 이래로 경기 침체는 끝없이 발생했다. 사람들은 낙담해 상황이 절대로 호전될 수 없다고 생각한다. 그러나 호전된다. 성장세가 이전 고점을 넘어서서 계속 이어진다. 그러다가 어느 시점에 이르면 다시 경기 침체가 발생한다. 이러한 일이 수없이 반복되지만, 대개 성장 기간이 예상보다 더 길며, 불규칙하게나마 GDP는 고점을 계속 경신한다.

2011년 언론이 전혀 주목하지 않은 중요한 사실이 있다. 2011년 중반 세계 GDP가 역사상 고점을 기록했다는 사실이다. 이 사실을 아는 사람은 거의 없다. 앞으로도 GDP는 또 고점을 기록할 것이며, 이는 정상적인 모습이다. 그러나 언론은 여전히 주목하지 않을 것이다. 이 또한 정상적인 모습이다.

'이번에는 다르다'라고 믿는 사람들은 인간의 본성을 제대로 보지 못하는 것이 분명하다. 이번에 다른 일이 벌어지려면 인간의 본성에서 이윤 동기가 사라져야 하기 때문이다. 이윤 동기는 정말로 훌륭한 본성이다. 이윤 동기 덕분에 생명을 구하는 약과 의료 장비가 개발되고, 컴퓨터와 스마트폰은 갈수록 더 작고 강력해지며, 주택은 더 쾌적해진다. 이 동기 덕분에 자동차는 더 안전해지며 더 싸고 좋은 운동화도 나온다. 이윤 동기가 불러오는 금융 혁신 덕분에 사람들은 더 쉽게 돈을 빌려 주택을 장만하고, 대학에 가며, 자동차도 구입할 수 있다. 이윤 동기가 주는 혜택은 끝이 없다. 인간의 창의성에 한계가 없기 때문이다. 템플턴 경은 이 말을 수십 년에 걸쳐 수없이 되풀이했다. 우리는 난관(경기 둔화, 규제, 질병, 악법)에 부딪치면 결국 혁신적인 해결책을 찾아낸다. 그러나 이번에는 다르다고 생각하는 사람들은 문제 해결을 포기한 채 참담한 미래를 기다린다.

언론은 '이번에는 다르다'면서 뉴 노멀이 시작되었다고 끝없이 주장하지만 결국은 과거와 마찬가지로 성장세가 회복된다. 변덕스럽긴 해도 예상보다 강한 성장세가 나타난다. 사람들이 잊지 않게 된다면 그토록 놀랄 일도 없어질 것이다. 값비싼 실수도 줄어들 것이다. 예컨대 역사적인 강세장을 빈손으로 구경하는 일도 없을 것이다.

독자들 중 일부는 내가 경기 침체나 약세장에 개의치 않는 극단적 낙관론자라고 생각할지 모르겠다. 그렇지 않다. 나 역시 경기 침체와 약세장을 두려워한다. 하지만 이러한 현상들은 뉴 노멀이 아니라 정상적인 흐름이다. 우리 생활의 한 부분이라는 말이다. 물론 고통스럽다. 그러나 어떤 이유에서인지 사람들은 경기 확장과 강세장이 따라온다는 사실을 받아들이지 못한다. 썰물 뒤에 밀물이 오듯이 경기 침체 뒤에는 경기 확장이 온다. 경기 확장은 경기 침체보다 거의 예외 없이 기간도 길고 강도도 높다. 곤경이 두려워서 평생 웅크리고 산다면 훨씬 더 자주, 더 길게, 더 강하게 나타나는 경기 확장과 강세장을 놓치게 된다.

다음 경기 침체가 언제 나타날지 나는 모른다. 예측도 못한다. 그러나 경기 침체가 오고 나서 변형된 뉴 노멀 개념이 다시 돌아다닐 때면, 장담컨대 주식시장은 이미 바닥을 치고 강하게 반등할 것이며 경기 침체는 거의 끝나갈 것이다. 그러고도 1~3년이 지난 뒤에야 비로소 경기 침체가 끝났다는 공식 발표가 나올 것이다. 세상은 이러한 식으로 돌아간다. 늘 그렇다.

신경제

사람들은 경기 침체 뒤에는 반드시 경기 확장이 온다는 사실을 잊는다. 그 결과 기억하지 못하면서 재잘대기만 하는 원숭이가 된다. 신경제New Economy라는 용어를 기억하는가? 1998년 말~2001년 초에 크게 유행했으며, 2000년 1월 31일 자 〈비즈니스 위크〉 커버스토리 "신경제: 미국에서는 통한다. 세계에서도 통할까?The New Economy:

It Works in America. Will It Go Global?"에 등장하면서 불후의 명성을 얻은 용어다.

신경제는 뉴 노멀의 정반대 개념으로, 역시 사람들이 최근 역사조차 기억하지 못하기 때문에 등장한 용어다. 신경제에서는 기술 업종 시가총액의 초고속 증가세가 영원히 지속될 수 있으며 다른 업종에서도 이러한 현상이 가능하다고 생각한다. 이익은 중요하지 않다. 크게 성공한 기술회사들 중에도 이익을 전혀 못 내는 기업이 많기 때문이다. 신경제 지지자들은 언젠가 이익을 낼 것이라고 생각했다. 결국 이익을 못 내더라도, 투자자들의 돈이 끝없이 유입되기만 한다면 이익이 왜 필요하겠는가?

마침내 실체가 드러났다. 신경제는 1970년대 말 에너지주 붐과 거의 판박이였다. 그러나 사람들은 이 사실도 잊었다. 나는 2000년 기술주 거품이 1980년 에너지주 거품과 기분 나쁠 정도로 비슷하다고 썼다(〈포브스〉 칼럼 '1980년을 다시 돌아보다1980 Revisited'를 참조하라). 나는 정점에 이르렀거나 임박했을 것으로 추정했다. 그러고서 며칠 후 실제로 정점을 기록했다(이는 순전히 우연이었다).

온 세상이 신경제나 뉴 노멀을 떠들어댄다면, 이는 십중팔구 사회 전반에 기억 상실증이 만연했다는 뜻이다. 물론 이것도 정상적인 모습이다.

그림 1-1은 자주 들여다보아도 될 정도로 훌륭한 차트다. 1790년까지 거슬러 올라가 과거의 기업 활동을 보여준다. 여기에 우리가 얻어야 할 교훈이 있다. 때로는 경기 침체가 심각해지기도 하며 경기 확장 역시 변화가 매우 크다. 그러나 미국에서든 다른 나라에서든 경

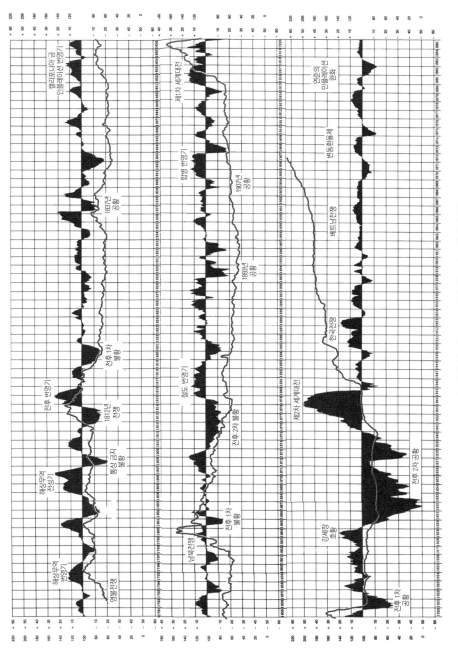

그림 1-1 미국의 기업 활동(1790~1986년)   자료: 아메리트러스트

기는 순환한다. 경기가 영원히 침체한 적은 한 번도 없다. 미래에도 없을 것이다.

'고용 없는 경기 회복'이 아니라 '경기 회복 후의 고용 개선'이다

합리적인 사람들이 모두 경기 침체가 끝났다고 인정하고서 상당 기간이 지난 후에도 다음과 같은 뉴스가 등장한다. "경기 침체는 아닐지 몰라도 분위기는 확실히 경기 침체다."

경기 침체 분위기란 무엇인가? NBER에 의하면 경기 침체는 분위기의 문제가 아니다.

"경기 침체는 전반적인 경제 활동이 수개월 이상 심각하게 위축되는 현상으로, 일반적으로 실질 GDP, 실질 소득, 고용, 산업 생산, 도소매 매출에서 명백하게 드러난다."

NBER은 분위기에 대해 전혀 언급하지 않는다. 물론 경기가 침체하면 사람들의 기분이 엉망이 되는 것은 당연하다. 그렇다면 사람들은 왜 경기가 회복될 때도 여전히 경기 침체 시점과 다르지 않은 느낌을 가지는 것일까?

나는 그 이유가 주로 실업에 있다고 추측한다. 경기 침체 기간에는 항상 실업이 증가한다. 심지어 경기 침체가 끝난 뒤에도 실업이 증가한다. 이는 분명한 사실이다. 실업은 몹시 괴롭다. 미래가 불확실하기 때문에 더 괴로울 수도 있다. 따라서 실업자가 증가하면 몹시 괴로워하는 사람들도 증가한다. 게다가 실업자가 증가하면 자신도 실업자가 될까 봐 두려워하는 사람들도 증가한다. 이들도 괴로워한다.

흥미롭게도 NBER이 경기 침체 기간을 추정할 때 고용은 분석 대상에 포함하지만 실업은 포함하지 않는다. 사람들은 흔히 고용과 실업이 완벽한 대칭 관계라고 생각하지만 통계적으로는 전혀 그렇지 않다. 실업은 항상 뒤늦게 나타나는 후행 지표이며 고용과 직접적인 관계조차 없다. 실업 통계를 공식적으로 산출하는 방식이 특이하기 때문이다. 고용 통계를 산출하는 목적은 취업자 수를 측정하는 것이며, 고용률은 취업자 수를 전체 노동 인구로 나눈 비율이다. 그러나 공식 실업 통계를 산출하는 목적은 실업자 수를 측정하는 것이 아니다. 정부는 단지 특정 시점에 취업을 원하는 사람들의 수를 측정할 뿐이다.

경기 회복 초기에 몇몇 사람이 취업을 하면 다른 사람들도 고무되어 취업을 시도한다. 이 때문에 경기 확장이 장기간 지속되어도 실업률이 높게 유지된다. 따라서 취업자 수와 실업률이 동시에 증가할 수도 있다. 사실 이러한 현상은 경기 확장기마다 항상 나타난다(언론은 이 사실을 전혀 기억하지 못하는 듯하다).

따라서 경제가 활발하게 성장하는 기간에도 실업률은 높을 수 있다. 그리고 실업자들은 여전히 몹시 괴롭다. 그러므로 분위기는 유용한 경제 지표라고 보기가 어렵다. 그러한데도 언론은 '경기 침체는 아닐지 몰라도 분위기는 확실히 경기 침체다'라는 메시지를 '고용 없는 경기 회복'으로 포장한다. 사실 경기 회복기에 증가하는 취업자 수는 그다지 많지 않다. 이는 새삼스러운 현상도 아니다. 투자자, 전문가, 정치인 등 모두가 잊었을 뿐이다. 경기 침체를 두 번 이상 경험했다면 '고용 없는 경기 회복'을 들어보았을 것이다(그러나 잊었을 것이다). 세 번째 들을 때는 기억이 날 것이다. "정말이야? 늘 하던 소리잖아? 그 말은 항상 틀리더구먼."

구글에는 대헌장(영국 헌법의 기초, 1215년) 시대까지 거슬러 올라가며 용어를 검색해주는 '타임라인'이라는 흥미로운 도구가 있다. 이 도구로 특정 용어의 인기도와 사용도를 확인할 수 있다. 물론 전혀 터무니없는 용어가 튀어나올 때도 있다. 그러나 '고용 없는 경기 회복'은 충분히 검색해볼 만한 용어다. 실제로 검색해보면, 과거 어느 시점까지 거슬러 올라가든, 경기 침체가 끝날 때마다 급증하는 모습을 보게 될 것이다.

예를 들어 2009년 6월 경기 침체가 끝난 이후 시점을 살펴보자.

- 2010년 2월 5일: 헤드라인, "애널리스트: 지금이 이른바 고용 없는 경기 회복이다."[12]
- 2010년 6월 10일: "노동시장이 강하게 회복되리라는 희망이 서서히 사라지고 있다. 또다시 '고용 없는 경기 회복'이 오는지도 모른다."[13] 이 기자는 '고용 없는 경기 회복'이 한 번도 없었다는 사실을 모르는 듯하다. '또다시'는 잘못된 표현이다.

2001년 경기 침체 이후는 다음과 같다.

- 2002년 7월 6일: 헤드라인, "실업률 상승은 경기 회복 지연을 반영. (…) 어

제 정부 발표에 의하면 지난달 실업률은 다소 상승한 5.9%였다. 경제가 1990년대 초와 유사한 '고용 없는 경기 회복' 상태로 빠져드는 듯…. 경기 침체는 끝났어도 경기 회복은 시작되지 않았다."[14] 이 기사는 1990년대가 끔찍했다는 착각마저 불러오므로 독자를 이중으로 호도한다.

- 2002년 11월 2일: "연방준비은행 총재들 중 일부는 기업들의 성장 속도가 기대에 못 미치며 미국이 이른바 '고용 없는 경기 회복' 상태에 빠졌다고 우려한다."[15]

- 2003년 10월: "우리 회원들의 견해에 의하면 '뉴 노멀'은 취업자 수가 조금만 증가하는 경제 성장이라고 볼 수 있다."[16] 뉴 노멀과 '고용 없는 경기 회복'을 동시에 언급했다.

그러나 '고용 없는 경기 회복'이 아니었다. 실업률은 늘 그랬듯이 뒤늦게 하락했다. 사람들이 잊었을 뿐이다. 심지어 연방준비은행 총재들도 잊었다.

1991년 경기 침체 이후는 다음과 같다.

- 1993년 1월 19일: "두 달 실적을 종합해보면 우리가 이미 알고 있던 사실이 확인된다. 지금까지 '고용 없는 경기 회복'이었다."[17] 1990년대는 고용 없는 기간이 아니었다.

- 1993년 5월 8일: "금요일 노동부 장관 로버트 라이시의 말에 의하면 4월 고용 데이터는 경제가 여전히 '고용 없는 경기 회복' 상태임을 뒷받침하는 명백한 증거다."[18]

특히 노동부 장관들은 잘 잊는 경향이 있다. 어떤 유형이든 정치인들은 거의 모두 최악의 범죄자다. 나는 정치인들이 의도적으로 잊는다고 생각한다.

이번에는 이러한 말이 나온다. 일자리는 다시 증가했지만 양질이 아니다.

- 1993년 9월 7일: 헤드라인. "일자리는 늘었지만 양질이 아니다. (…) 처음에는 '고용 없는 경기 회복'이었다. 지금은 '기쁨 없는 경기 회복'이다. 이것이 경제정책연구소가 발표한 새 보고서의 제목이다. 1990년대에 창출되는 일자리에 대해 기뻐할 이유가 없다는 의미."[19]

그러면 물어보자. 어떤 일자리가 좋은지 나쁜지를 왜 경제정책연구소에서 평가해야 하는가? 그들이 당신 일자리는 좋다고 평가할까? 당신이라면 그러한 평가에 관심이 있을까? 다른 정책연구소에서 역사적인 글로벌 경기 확장기가 시작된다고 주장하면서 상반된 평가를 내놓으면 그들은 모욕감을 느끼지 않을까? 나는 그들도 잊었다고 생각한다. 정책연구소도 잊는다. 흔히 정책연구소들은 연구를 너무 안 해서 망한다.

1990년대에도 일자리가 다시 증가했다. 1990년대 내내 실업률이 감소해서 2000년 9월에는 3.9%까지 내려갔다. 이 10년은 전반적으로 주식시장과 경제에 훌륭한 기간이었다(앞에서도 언급했듯이 고용과 실업은 직접적인 관계가 없지만 가끔 관계가 있는 것처럼 보인다. 대개 경기 확장기 말부터 다음 경기 침체기 직전까지다).

이번에는 경기 침체를 두 번 겪은 뒤인 1980년대 초를 살펴보자.

■ 1983년 6월 4일: 당시 테네시 하원의원 짐 쿠퍼가 한 말을 인용했다. "하원의원은 현재 경기 회복세가 약하다고 평가하면서 '고용 없는 경기 회복이라고 불러도 무방할 정도'라고 말했다."[20] 그렇지 않다. 앞에서도 말했지만 특히 정치인들은 기억력이 나쁘다.

이러한 사례는 수없이 많다. 1938년 11월 27일 자 〈뉴욕 타임스〉도 그 사례 중 하나다. "옵서버들은 현재가 고용 없는 경기 회복이 아닌지 의심하고 있다Observers wonder if we're experiencing a 'jobless recovery'."

지금까지 모든 경기 침체 사례를 보면(경기 순환과 실업률에 관해 타당한 데이터가 존재하는 모든 사례를 보면), 경기가 회복된 뒤에야 고용이 개선되었다. 이것 역시 이상하고 걱정스러운 모습이 아니라 건전하고 정상적인 모습이다. 과거 경기 침체 사례를 기억하기만 해도 언론은 이렇게 불안한 헤드라인을 그토록 많이 싣지 않을 것이고 투자자들도 그토록 불안에 시달리지 않을 것이다.

고용은 언제 증가하는가?

이번에는 NBER이 경기 침체 기간을 결정할 때 고려하는 주요 지표인 고용에 대해 생각해보자. 당신이 CEO라고 가정하자. 요즘 제품 매출이 감소하고 있다. 경기 침체가 다가오는 중이거나 이미 왔는지도 모르겠다. 경기 침체에 관한 공식 통계는 뒤늦게야 발표되므로 지금은 확실하게 알 방법이 없다.

매출이 급감한다. 그래도 해고는 하고 싶지 않다. 해고를 좋아하는 CEO는 없다. 그래서 경기 침체 대비 태세를 갖춘다. 각종 비용을 절감한다. 항공편 출장을 모두 전화 회의로 대체한다. 제품의 제조 원가 절감 방안도 모색한다. 그러나 매출은 계속 감소한다. 비용 절감 방안이라면 무엇이든 실행한다. 1~2분기 후, 이제는 해고가 필요하다고 깨닫게 된다. 해고를 계속 미루면 회사가 무너진다. 회사를 지키고, 고객을 지키고, 핵심 직원들을 지키려고 해고를 실행한다.

이후에도 상당 기간 상황이 계속 악화한다. 그러나 핵심 직원들이 혁신적인 방법으로 생산성을 계속 높여나간다. 회사가 가까스로 굴러간다. 그러던 어느 날 매출이 더는 감소하지 않는다. 아마도 최악의 상황은 지나간 듯하다. 그래도 모두가 말하는 더블딥이 여전히 걱정된다. 이 시점에 직원을 채용해야 할까?

이때 직원을 채용한다면 미친 짓이다. 이사회에서 당신을 해고할 것이다. 핵심 직원들이 이미 생산성을 높였으므로 고용할 필요가 없다. 그 무렵 매출이 증가하기 시작한다. 당신은 장래를 조심스럽게 낙관하면서도 고용은 하지 않는다. 그동안 생산성이 향상되었으므로 직원들은 매출 증가를 잘 처리한다. 이제 비용이 낮은 상태에서 매출이 증가하므로 수익성이 매우 높아진다. 하지만 경기 침체 기간에 바닥난 금고를 다시 채워야 하므로 고용을 여전히 미룬다.

이제 매출이 본격적으로 증가하기 시작한다. 직원들이 다소 스트레스에 시달리는 모습이다. 그래도 아직 확신이 서지 않는다. 경기 침체가 정말로 지나갔을까? 몇 분기가 더 지나자 마침내 상황이 확실히 호전되었다는 확신이 선다. 매출로 판단하건대 경기 침체는 3분기 전에 분명히 끝났다. 판매 관리자가 찾아와서 말한다. "지금 우리는 쏟아지는 돈을 주워 담지도 못하고 있습니다. 직원이 부족해서 들어오는 주문조차 처리가 안 됩니다. 판매원들이 주문 전화도 제대로 못 받는다고요." 좋다. 이제 고용하기로 결심한다.

그러나 고용이 하루아침에 되는 것은 아니다. 지금은 상황이 좋아 보여도 언제 갑자기 나빠질지 모르므로 우선 비정규직을 고용한다. 비정규직은 급여도 낮고 고용하기도 쉽다. 게다가 상황이 악화하면 해고하기도 쉽다. 여전히 신중한 태도가 사리에 맞다. 정규직은 몇 분기 더 지켜보고 나서 고용할 생각이다. 급여도 높고 해고하기도 어렵기 때문이다. 이렇게 비정규직 고용에 착수해도 모집, 인터뷰, 교육 훈련 때문에 시간이 걸린다.

대부분 CEO가 이러한 식으로 고용한다. 다음과 같이 생각하는 CEO는 없다. "경기가 엉망이고 매출도 감소 중이지만 대통령이 원하니 고용을 늘려 시민의 의무를 다해야겠어. 나는 해고당하더라도 대통령은 인기를 얻게 될 거야." 기업이 이렇게 해주길 바라는 사람은 정치인뿐이다. 대부분 회사를 경영해본 적이 없기 때문이다. 그러나 현실 세계는 이렇게 돌아가지 않는다.

그림 1-2와 1-3은 월간 데이터 발표가 시작된 1928년 12월 이후 경기 침체(짙은 막대)와 실업률(곡선) 사이의 관계를 보여준다. 나는 보통 두 데이터를 그래프 하나에 표시하지만 여기서는 시차를 명확하게 보여주려고 그래프를 둘로 나누었다.

실업률은 경기 침체 시작 직전이나 시작 직후부터 증가한다는 사

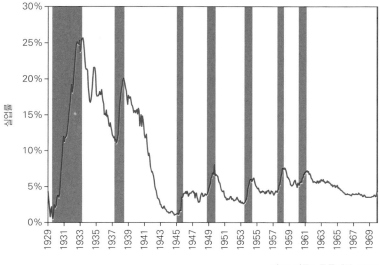

그림 1-2 실업률과 경기 침체(1929~1969년)

자료: 미국노동통계국, NBER

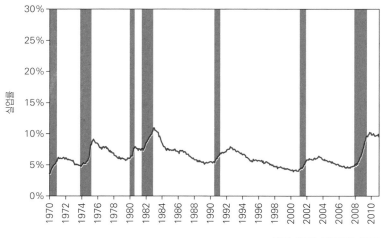

그림 1-3 실업률과 경기 침체(1970~2010년)

자료: 미국노동통계국, NBER

실에 주목하라. 그러나 지금까지 경제사를 통틀어 실업률은 경기 침체가 끝난 뒤에도 예외 없이 계속 상승했다. 실업률 상승 기간이 수개월~1년 이상 이어졌다. 그래서 사람들은 경기 침체 기간이나 이후에 공식 실업률이 가짜라고 불평했다. 사람들은 실제로 실업 상태였거나 취업을 해도 양질의 일자리가 아니었기 때문이다. 그러나 이것이 늘 정상적인 모습이었다. 심지어 활황기에도 실업자는 많았으며 정부에서 발표하는 공식 실업 통계는 항상 미덥지 않았다. 당신이 이 사실을 받아들이든 허공에 대고 주먹을 휘두르든 결과는 달라지지 않는다.

　장담하건대 다음 경기 침체에서도 실업률은 침체 기간 종료 후 계속 상승할 것이다. 그리고 언론은 고용 없는 경기 회복이라고 불평을 늘어놓을 것이다. 내 말이 맞을 것이다.

　이렇듯 사람들은 실업률이 높으면 경제가 성장하지 못한다고 착각하는데, 이러한 행태를 잘 기억해둘 필요가 있다. 이러한 착각이 논리적인 것처럼 보이지만 실제로는 그러한 사례가 한 번도 없었다. 그리고 사람들은 경제가 성장해야 주가가 상승할 수 있다고 생각한다. 이러한 생각도 논리적인 것처럼 보이지만 역시 그러한 사례는 한 번도 없었다. 모두 값비싼 대가를 치르게 하는 어리석은 착각이다. 실업 문제가 해결되었는지 확인하려고 기다리다 보면 기회를 놓치게 된다. 일반적으로 확인에는 많은 비용이 들어가며 특히 자본시장에서는 더 많은 비용이 들어간다.

　표 1-2는 실업률과 S&P500 수익률 사이의 관계를 보여준다. (1)은 실업률이 고점을 기록했을 때(실업률이 감소세로 돌아서기 직전)

표 1-2 실업률과 S&P500 수익률 사이의 관계 - 실업률은 후행 지표

실업률 정점	(1) 이후 S&P500 12개월 수익률	실업률 정점 6개월 전	(2) 이후 S&P500 12개월 수익률
1933/05/31	3.0%	1932/11/30	57.7%
1938/06/30	−1.7%	1937/12/31	33.2%
1947/02/28	−4.3%	1946/08/30	−3.4%
1949/10/31	30.5%	1949/04/30	31.3%
1954/09/30	40.9%	1954/03/31	42.3%
1958/07/31	32.4%	1958/01/31	37.9%
1961/05/31	−7.7%	1960/11/30	32.3%
1971/08/31	15.5%	1971/02/26	13.6%
1975/05/30	14.4%	1974/11/29	36.2%
1980/07/31	13.0%	1980/01/31	19.5%
1982/12/31	22.6%	1982/06/30	61.2%
1992/06/30	13.6%	1991/12/31	7.6%
2003/06/30	19.1%	2002/12/31	28.7%
2009/10/31	16.5%	2009/04/30	38.8%
평균	14.8%	평균	31.2%

자료: 미국노동통계국, GDF, S&P500

S&P500을 매수해서 12개월 동안 보유했을 경우 나온 수익률이다 (실업률 공식 통계는 일정 시차를 두고 나중에 발표되므로 실업률 고점은 사후적으로만 알 수 있다. 따라서 이렇게 투자하기는 불가능하다). (2)는 실업률이 고점을 기록하기 6개월 전(사람들이 고용 없는 경기 회복을 논하면서 분위기는 여전히 경기 침체라고 말하는 시점)에 S&P500을 매수해서 12개월 동안 보유했을 경우 나온 수익률이다. 보다시피 실업률 고점 전에 매수한 경우의 수익률이 압도적으로 높다. (1)은 12개월 수익률 평균이 연 14.8%였고 (2)는 두 배 이상 높은 연 31.2%였다.

당신이 이 사실을 알고 있다면 경기 회복기에 실업률이 하락하지

않더라도 겁먹지 않을 것이다. 실업률이 하락할 때까지 투자를 미루면 값비싼 대가를 치른다는 사실도 알 것이다. 그러나 투자자 절대다수는 이 사실을 알지 못한다. 이미 여러 번 경험한 사실을 잊었기 때문이다. 하지만 이 사실을 기억하는 당신은 실업률이 상승해도 경기는 회복되고 주가는 상승한다는 것을 안다. 과거에도 항상 그랬기 때문이다. 이 사실을 기억하지 못하는 전문가와 정치인은 계속해서 비관론을 쏟아내겠지만 말이다.

항상 두려워하지만 거의 발생하지 않는 더블딥

더블딥에 대한 공포처럼 갑작스레 기억 상실을 유발하는 허구도 드물다. 2010년에 그러한 헤드라인이 끊임없이 쏟아졌다. 2011년에도 다시 등장했다. 2010년 중반에는 세계 주식시장에서 대규모 조정이 발생했다. 유로존 주변 국가들의 부채 문제가 확산될지 모른다는 두려움에 미국이 더블딥에 빠질지 모른다는 공포까지 가세했기 때문이다.

물론 더블딥은 발생하지 않았다. 포르투갈, 이탈리아, 아일랜드, 그리스, 스페인(이른바 PIIGS)이 시장을 망가뜨린 유럽에서도 더블딥은 나타나지 않았다. 대규모 조정을 두 번이나 겪고서도 2010년 미국 주식은 15.1%, 세계 주식은 11.8% 상승으로 마무리했으며 미국과 세계는 4개 분기 모두 GDP 성장을 기록했다. 2010년 더블딥이 두려워 주식을 매도한 투자자들은 값비싼 대가를 치렀다. 역사를 조금만 공부했어도 이러한 실수를 방지할 수 있었다.

　사람들은 뉴 노멀에 대한 공포를 기억하지 못하듯이 더블딥에 대한 공포도 기억하지 못한다. 새삼스러운 모습도 아니다. 경기 침체 뒤에는 늘 튀어나오는 말들이다. 2001년 짧고도 가벼운 경기 침체를 거친 미국 경제는 2007년 12월까지 끊임없이 성장했다. 더블딥이 없었다는 말이다. 그러한데도 여전히 다음과 같은 헤드라인들이 등장했다.

- 2002년 7월 13일: "주식시장 폭락이 더블딥에 대한 우려 촉발."[21]
- 2002년 8월 1일: "빈약한 실적이 더블딥에 대한 공포 유발."[22]
- 2002년 8월 2일: "더블딥 가능성에 겁먹은 시장."[23]

　2001년 12월 〈뉴욕 타임스〉에 경고가 실렸다. "경기 침체가 지나가면 활황이 올까? 어쩌면 이번에는 다를지도 – 이제는 경기 회복의 공식이 바뀐 듯하다. 9·11 테러 때문이 아니라 경제의 펀더멘털이 바뀌었기 때문이다."[24]

　펀더멘털이 어떻게 바뀌었다는 말인가? 이 기사에 의하면 최근 수십 년 동안 경기 확장기는 더 길어졌지만 경기 수축기는 빈도와 강도가 모두 감소했다. 따라서 경기 확장기가 장기간 이어지기에는 동력이 부족하다는 말이다. 혼란스러운 주장이다.

　최근 수십 년 동안 경기 침체의 빈도가 20세기 전반보다 감소했다는 말은 맞다. 우선, 빈도는 간혹 평균보다 증가하기도 하고 감소하기도 하니 이는 통계상의 우연에 불과할지 모르며 평균이 절대적인 기준이 되는 것도 아니다. 그러나 경영에서 정보 기술의 역할이 커진 덕분에 경기 확장기가 증가한 면은 분명히 있다. 이제 기업은 정보 기술을 이용해서 문제에 더 빨리 대응할 수 있다. 예를 들어 경기 침체의 기미가 보이면 재고 자산을 재빨리 줄이고 경기 확장이 감지되면 신속하게 다시 늘린다. 이렇게 해서 우리 경제의 펀더멘털은 항구적으로 더 건전하게 바뀐다.

1991년 3월 경기 침체가 끝난 뒤 그해 7월 다음과 같은 경고가 등장했다. "우려되는 더블딥 가능성 – 설사 더블딥이 발생하지 않더라도 은행 시스템 손상부터 과도한 가계 부채에 이르기까지 다양한 문제에 직면한 탓에 이번 경기 확장은 미국 역사상 가장 약한 모습이 될 것으로 애널리스트들은 예상한다."[25] 이어서 GDP 성장률을 약 2%로 낮게 추정했다. 그러나 이후 미국은 최강, 최장 수준의 경기 확장을 기록하면서 거대 강세장에 돌입했다.

이 무렵 등장한 다른 헤드라인들은 다음과 같다.

- 1991년 8월 11일: "더블딥을 우려하는 연준."[26]
- 1991년 8월 13일: "소매 판매 회복. 이코노미스트들은 더블딥 전망."[27] 이른바 '불신의 비관론'을 보여주는 대표적인 사례다. 소매 판매 회복 같은 호재가 무시당한다. 물론 더블딥은 발생하지 않았다.
- 1991년 12월 4일: "더블딥 직전까지 내려간 국가 경제."[28]

그러한데 실제로 더블딥으로 간주할 만한 기간에는 정작 더블딥을 다루는 헤드라인이 거의 보이지 않았다. 1980년 7월~1981년 7월의 12개월을 사이에 두고 1980년대 초에 발생한 경기 침체 두 건이 바로 그 사례다. 내가 발견한 1981년 2월 헤드라인에서는 더블딥이 오지 않는다고 말했다. "이코노미스트들, 경기 침체 예상을 철회."[29] 이후 1981년 3월, 루이스 루케이저는 다음과 같이 썼다.

"더블딥은 하늘 속 꿈의 나라로 사라져버린 듯하다. 일류 이코노미스트 44명의 최근 추정치 컨센서스를 보면 1981년 1분기는 2%가 넘는 견실한 실질 성장이 예상되고, 2분기는 0% 이상으로 전망되며, 하반기에는 강력한 경기 확장이 재개되어 연말까지 4% 성장을 달성해 최근 몇 년간 유지한 성장률을 훨씬 웃돌 것으로 보인다."[30]

그러나 실제로는 1981년 7월~1982년 11월 더블딥이 발생했다. 나는 루케이저를 비난할 생각이 전혀 없다. 경기 예측은 지극히 어렵기 때문이다. 이코노미스트들이 과거 경기 침체 2개 중 11개를 예측해냈다는 농담이 있을 정도다. 글을 쓰거나 TV에 출연해서 많은 예측을 하는 사람들은 많이 틀릴 수밖에 없다.

나는 2011년 현재 27년 동안 매달 〈포브스〉 칼럼을 써봐서 잘 안다. 나는 매우 비관적인 기간을 제외하고는 거의 매달 유망 종목을 몇 개씩 선정했다. 시장이나 산업이 흘러갈 방향에 대해서도 예측했다. 물론 빗나갈 때가 많았다. 그러면 각종 SNS나 전문가들에게 어김없이 두들겨 맞았다. 하지만 예상했던 바이므로 신경 쓰지 않았다.

주식, 경제, 미식축구, 밀 수확 등 어느 분야에서든 예측을 공개하는 사람들은 잘 안다. 예측이 적중하면 철저하게 무시당하고 예측이 빗나가면 한없이 두들겨 맞는다는 사실을 말이다. 예측이 적중했을 때 사람들에게 축하받고 싶다면 예측 기사를 쓰거나 자산운용업계에 진출해서는 안 된다. 나는 축하받고 싶은 마음이 없었으므로 오랜 기간 글도 쓰고 자산운용도 할 수 있었다.

다행히 나의 예측은 빗나갈 때보다 적중할 때가 많았다. CXO는 전문가의 예측을 평가해 순위를 매기는 회사다. 이 회사는 오랜 기간 나를 예측이 가장 정확한 전문가 중 한 사람으로 평가했다. 그 평가 근거는 내가 〈포브스〉에서 추천한 종목들이었는데, 이 종목들은 내 회사 고객의 포트폴리오와 대체로 일치한다. 내가 〈포브스〉에서 종목을 추천하기 시작한 1996년부터 15년 동안 내 추천 종목의 수익률이 S&P500보다 뒤처진 해는 3번뿐이었다. 같은 해가 한 번이었고 앞선 해가 열한 번이었다. 그다지 초라한 실적은 아니다.

2010년의 누적 수익률은 S&P500이 연 5.2%, 내 추천 종목이 연 10.5%였다(같은 기간 내 추천 종목과 S&P500 인덱스 펀드의 실적을 비교했는데, 내 추천 종목에서는 가상 수수료 1%를 차감했지만 인덱스 펀드에서는 가상 수수료를 차감하지 않았다). 내 회사가 운용하는 모든 주식 포트폴리오는 장기간 S&P500과 모건 스탠리 캐피털 인터내셔널MSCI 월드 지수를 앞섰다.[31] 내가 운용을 맡은 기간 내내 매우 좋은 실적을 기록했다. 그동안 나는 실수를 많이 했고 앞으로도 매우 많이 하겠지만 장기적으로 고객과 독자에게 좋은 실적을 제공했다는 사실에 만족한다.

나는 루케이저를 비난하지 않는다. 그는 훌륭한 신사이며 TV 금융 언론 분야의 선구자다. 그는 내가 전혀 알려지지 않았던 시절 자신의 쇼에 출연하게 해주었다. 매우 친절한 분이었다. 그러나 아이러니하게도 1981년 중반에는 더블딥에 대한 언급이 거의 없었다. 실제로 더블딥이 발생한 거의 유일한 시점이었는데도 말이다. 당시 유명인이었던 그는 더블딥 가능성에 대해 노골적으로 코웃음을 치고 있었다. 주식시장에서 전문가의 삶은 정말이지 기구하면서도 역설적이다.

그러나 경기 침체가 끝나고 나서 곧바로 또 경기 침체가 발생하지 않으면 대개 더블딥에 관한 헛소리가 끝없이 쏟아진다. 1975년 2월, 포드 행정부의 일원이 "지금은 더블딥 가능성이 큽니다"라고 말했듯이 말이다. 물론 1개월 뒤 경기 침체가 끝나고 1980년 1월까지 경기 확장이 이어졌다. 이러한 모습이 계속해서 되풀이된다.

더블딥의 정확한 정의는?

"더블딥이 언제 발생했는가?"라고 묻는 것보다 "더블딥의 정확한 정의가 무엇인가?"라고 질문하는 편이 낫다.

NBER이 정의한 더블딥이란, 농담이다. NBER은 더블딥을 정의한 적도 없고 확인한 적도 없다. 단 한 번도 없다. 더블딥은 '스태그플레이션(경기 불황 중에도 물가는 계속 오르는 현상 – 역자 주)'과 성격이 비슷한 용어다. 공식 정의도 없는데 언론에 주요 기사로 자주 오르내리며, 사람들은 금방이라도 발생할까 두려워하지만 실제로는 발생하지 않기 때문이다. 지금도 사람들은 더블딥이 발생하면 그 사실이 공식적으로 발표될 것이라고 생각한다.

사람들에게 더블딥이란, 경기 침체가 끝나 미약한 성장세로 들어

섰지만 경기 침체를 유발한 온갖 문제에서 벗어나지 못한 탓에 다시 경기 침체로 빠져든다는 의미다. 더블딥에 대한 공식 정의가 없으므로 우리가 정의해보자. 두 차례 경기 침체 사이의 기간은 얼마가 되어야 하는가? 일각에서는 12개월을 제시한다. 그러나 12개월 이내에 경기 침체가 발생하지 않으면 이 기간을 18~24개월까지 은근슬쩍 늘리는 사람들이 있다. 아예 3~4년으로 늘리면 어떨까? 이렇게 기간을 늘리면 2007~2009년 경기 침체는 1930년 대공황 이후 14번째 딥이 된다!

기준 간격은 12개월이 적당해 보인다. 그리고 1980년 1월과 1981년 7월에 시작된 두 차례 경기 침체의 간격이 바로 12개월이었다(표 1-3은 NBER이 측정한 경기 순환 주기들이다). 그런데 첫 번째 경기 침체는 겨우 7개월 이어졌고 두 번째 경기 침체는 14개월 이어졌다. 경기 침체의 평균 기간은 16개월이다(NBER이 데이터를 발표한 1854년 이후 기준이다). 두 차례 경기 침체 기간을 더하면 21개월이므로 평균보다 약간 길다. 그러한데 이후 펼쳐진 경기 흐름이 눈에 띈다. 거의 10년 동안 대형 강세장과 대형 경기 확장이 이어졌다. 1990년대에도 거의 똑같은 흐름이 반복되었다. 따라서 더블딥은 장기적으로 주식시장에 악재가 아니었다.

이제 1980년 이전 기간을 살펴보자. 대공황은 더블딥이 아니었다. 뚜렷이 구분되는 두 개의 경기 침체였다(그리고 뚜렷이 구분되는 두 개의 약세장이었다). 대공황 중 첫 번째 경기 침체는 잔혹했다. 1929년 8월부터 무려 43개월이나 이어졌으므로 평균보다 훨씬 길었다. 그러고는 50개월 동안 성장세가 계속되었다. 전체 경기 순환 주기 중 경기

표 1-3 1854년 이후 미국의 경기 순환 주기

경기 순환		기간(개월)	
고점	저점	수축(고점~저점)	확장(직전 저점~고점)
	1854/12	–	–
1857/06	1858/12	18	30
1860/10	1861/06	8	22
1865/04	1867/12	32	46
1869/06	1870/12	18	18
1873/10	1879/03	65	34
1882/03	1885/05	35	36
1887/03	1888/04	13	22
1890/07	1891/05	10	27
1893/01	1894/06	17	20
1895/12	1897/06	18	18
1899/06	1900/12	18	24
1902/09	1904/08	23	21
1907/05	1908/06	13	33
1910/01	1912/01	24	19
1913/01	1914/12	23	12
1918/08	1919/03	7	44
1920/01	1921/07	18	10
1923/05	1924/07	14	22
1926/10	1927/11	13	27
1929/08	1933/03	43	21
1937/05	1938/06	13	50
1945/02	1945/10	8	80
1948/11	1949/10	11	37
1953/07	1945/05	10	45
1957/08	1958/04	8	39
1960/04	1961/02	10	24
1969/12	1970/11	11	106
1973/11	1975/03	16	36
1980/01	1980/07	6	58
1981/07	1982/11	16	12
1990/07	1991/03	8	92
2001/03	2001/11	8	120
2007/12	2009/06	18	73
평균(경기 순환 주기 전체)			
1854~2009(33개 주기)		16	42
1854~1919(16개 주기)		22	27
1919~1945(6개 주기)		18	35
1945~2009(11개 주기)		11	59

자료: NBER

확장의 평균 기간이 38개월이므로 1930년대 중반에 나타난 이 경기 확장 기간은 평균보다 훨씬 길었다. 전반적으로 참혹한 기간이었지만 계속해서 침체만 이어지지는 않았다.

12개월보다 짧은 간격의 더블딥을 찾아내려면 1918년까지 거슬러 올라가야 한다. 이 더블딥의 첫 번째 경기 침체는 1918년 8월부터 불과 7개월 이어졌다. 그리고 10개월 뒤인 1920년 1월부터 두 번째 경기 침체가 18개월 이어졌다. 간격이 짧은 점을 고려하면 당시 데이터가 지금처럼 정확하지 않은 탓에 장기 침체를 더블딥으로 기록한 것이 아닌지 의심된다(나는 NBER를 비난하려는 생각이 아니다). 사실 확인을 할 수 없으나, 중요한 문제는 아니다.

그 이전에 발생한 더블딥도 있다. 첫 번째 경기 침체는 1910년 1월부터 24개월 이어졌고, 두 번째 경기 침체는 12개월 경기 확장 기간을 거쳐 1913년 1월부터 23개월 이어졌다. 참고로 연준은 1914년에 설립되었다. 연준 설립 전에는 통화 정책이 전무했으므로 경기 침체가 더 많이 발생했다. 그러한데도 앞에서 언급한 것 외의 더블딥은 없었다. 경제 규모가 세계 최대인 미국에서 나는 더 이상의 더블딥을 찾아내지 못한다.

이제 정리해보자. 1854년 이래로 더블딥은 3회 발생했다. 그중 둘은 연준 설립 전후에 발생했다(둘 중 하나는 데이터 오류까지 의심된다). 나머지 하나는 1980년에 시작되었다. 33회 경기 순환 중 더블딥이 3회 발생했으므로 10%에 해당한다.

간격이 18개월인 경우도 더블딥으로 간주한다면 2회가 추가된다. 하나는 1893년에 시작되었고 나머지 하나는 1865년에 시작되었다.

둘 다 연준 설립 이전이다.

향후 더블딥을 예측하는 사람을 만나거든 발생 확률이 10%인 사건에 큰 내기를 할 생각인지 물어보라. 게다가 더블딥 대부분이 연준 설립 전에 발생했다. 그렇다고 확률이 낮아서 발생할 수가 없다는 말은 아니다. 얼마든지 발생할 수 있다. 하지만 경기 순환 중 대다수가 더블딥이 아닌 이유도 설명할 수 있어야 한다. 만일 설명할 수 없다면 결함투성이 기억에 속아 승산 없는 도박을 벌이기 쉽다.

요약하자면 이렇다. 사람들은 거의 발생하지 않는 일에 대해서도 과도하게 우려하는 경향이 있다. 또 한편으로는 과거에 자주 경험했던 사실조차 잊어버리기도 한다. 사람들은 경기 회복기마다 뉴 노멀 등을 떠올린다. 경기 확장기마다 항상 실업률을 걱정한다. 거의 발생하지 않는 더블딥을 항상 두려워한다. 결국 문제의 근원은 우리 기억이 결함투성이라는 사실이다. 우리는 정확하게 기억하지 못하는 탓에 템플턴 경이 말한 가장 값비싼 한마디 '이번에는 다르다'를 거듭 내뱉게 된다.

2장

평균에 속지 마라

강세장을 평균 관점으로 접근하면 안 된다(약세장도 마찬가지다). 실제로 평균 수익률이 나오는 사례는 대단히 드물다. 당연한 소리처럼 들리겠지만 투자자들이 금방 잊어버리는 사실이다. 주식시장 수익률은 매우 다양하며 평균 수준의 수익률이 나오는 해는 드물다.

시장 수익률은 변동이 매우 심한데도 사람들은 강세장에서 주가가 꾸준히 상승할 것이며 뚜렷한 투자 신호가 나올 것으로 기대한다. "야! 이제 강세장이 시작되었네. 들어갈 시점이군!" 그리고 약세장에서는 주가가 공손한 태도로 매일 조금씩 하락할 것으로 기대한다. 그러면 우리는 약세장이 시작되었다는 사실을 파악하고서 큰 손해 없이 느긋하게 빠져나올 수 있으리라 짐작한다.

"멍청한 소리! 시장이 변덕스럽다는 사실은 누구나 알아"라고 말하는 사람도 있다. 그러면 사람들은 수익률 변동성에 왜 그렇게 흥분할까? 강세장에도 주가가 대폭 하락하는 날이 자주 나온다. 그러한데도 단 며칠만 폭락세가 이어지면 사람들은 흥분한다. 본격적인 조정도 아니고 10~20% 급락했다가 곧바로 반등하는데도 사람들은 강세장이 끝났다고 확신한다. 그리고 약세장에서는 단기 반등에 속아 긴장의 끈을 늦춘다.

이는 '모욕의 달인' 주식시장이 부리는 농간이다. 아무리 오랜 기간 투자한 사람들도 이 사실을 여전히 잊어버린다. 강세장에도 일간, 월간, 연간 수익률 변동 폭이 매우 크다는 사실을 도무지 기억하지 못한다. 이 사실을 기억하지 못하는 사람은 소중한 수익 기회를 놓치게 된다.

시장 평균은 유용한 분석 도구이지만, 일간, 월간, 연간 수익률은 평균과 전혀 상관없다. 강세장에서든 약세장에서든 마찬가지다. 2장에서는 사람들이 흔히 잊어버리는 사실들을 다루기로 한다.

- 강세장 수익률은 평균보다 높다.
- 강세장 초기 수익률은 평균보다 훨씬 높다.
- 수익률은 지극히 다양하게 나온다.
- 강세장 안에서도 연간 수익률은 매우 다양하게 나온다. 소폭 상승이나 소폭 하락도 나온다.
- 평균 수익률 달성은 이론적으로 쉬워 보여도 심리적으로는 대단히 어렵다.

강세장 수익률은 평균보다 높다

강세장 초기(첫해나 이듬해)에 어김없이 나타나는 헤드라인은 "지금은 강세장이 아니다"라는 주장이다. 전문가들은 지나치게 낙관적이면 어리석어 보인다고 생각한다. 그래서 이들은 강세장의 시작이 아니라 장기 약세장에서 나타나는 단기 반등이라고 주장한다. 주가가 약세장 바닥을 치고 급반등하는 시점과 강세장 초기에 이들은 "단기 반등에 불과하다"라고 주장한다. 이는 지극히 정상적인 모습이다. 그러나 이후 뒤늦게 발표되는 경제 지표까지 경기 확장을 확인해주는 시점에도 이들은 여전히 비관론을 고집한다.

강세장에서 정상적으로 나타나는 급등을 두려워하는 나머지 전문가들은 아무 때나 약세장의 단기 반등에 불과하다는 주장을 펼친다. 이러한 사례는 차고 넘친다.

- 2009년 3월 26일: 금융회사 CEO가 던진 경고다. "지금은 약세장의 단기 반등에 불과하다."[1] 저런! 17일 전에 세계가 일제히 약세장 바닥을 치고 강세장에 진입해 오랜 기간 상승세가 유지되었다.

- 2003년 5월 8일: "엘리엇 웨이브의 스티븐 하크버그도 지금이 약세장의 단기 반등에 불과하다고 말한다."[2] 사실은 2개월 전 이미 세계가 약세장 이중 바닥을 쳤다. 이후 4년여가 지나서야 약세장이 시작되었다.

- 1996년 8월 3일: "내 느낌상 지금은 약세장일 뿐이다."[3] 이상한 느낌이다. 당시는 10년간 이어진 강세장의 한복판이었다. 약세장 기미는 전혀 보이지 않았다. 7월에 주가가 조정 수준에도 못 미칠 정도로 소폭 하락했지만 곧

강하게 반등했다. 약세장이 아니라 강세장의 정상적인 변동성이었다.

- 1990년 12월 28일: "9~10월 바닥 이후 시장은 우리 예측대로 약세장의 단기 반등에서 대체로 벗어나지 않았다."[4] 사실은 2개월 전인 10월에 1990년대의 대형 강세장이 시작되었다.

- 1985년 5월 6일: "경기 침체가 여전히 숨어 있다고 생각한다. 그러나 지속적인 금리 하락이 경기 침체에 대한 공포를 완화해 약세장의 단기 반등 정도는 나타날 수 있다."[5] 실제로는 1982년 8월 강세장이 시작되어 1987년 8월까지 이어졌고, 1987년 짧은 약세장을 거쳐 1990년 7월까지 다시 강세장이 유지되었다.

- 1962년 11월 1일: "이러한 유형의 갑작스러운 폭등은 전형적인 약세장의 단기 반등이다."[6] 새로운 강세장의 전형적인 모습이기도 하다. 새로운 강세장은 1962년 6월에 시작되어 1966년 2월까지 이어졌다.

흥미롭게도 사람들은 새로운 강세장을 의심하는 태도가 신중하다고 생각한다. 지나치게 낙관하다가 틀리는 것보다는 지나치게 비관하다가 틀리는 편이 낫다고 믿는다. 그러나 역사를 돌아보면 성장 투자자는 지나치게 비관하다가 틀렸을 때 더 큰 기회 손실을 입는다 (7장 참조).

대형 강세장에서는 어느 시점에서도 수익률에 놀라거나 겁먹으면 안 된다. 이유가 뭘까? 강세장 수익률은 평균 수익률보다 높기 때문이다. 당연한 말처럼 들릴 것이다.

그러나 내가 이렇게 말하면 사람들은 큰 소리로 웃으면서 나를 외골수 종신 낙관론자 취급한다. 나는 종신 낙관론자가 아니다. 내가 주식을 낙관할 때가 더 많은 것은, 주가는 하락할 때보다 상승할 때가 더 많은 데다가 장기적으로 다른 어떤 유동자산보다 수익률이 높기 때문이다. 가끔은 나도 시장을 비관할 때가 있다. 대표적인 예가 1987년, 1999년, 2001~2002년 약세장이다. 때로는 일부 분야를 낙관하면서 다른 분야를 비관하기도 했다. 물론 나의 낙관이 가끔 빗나가기도 했지만 아무튼 나는 종신 낙관론자가 아니다.

사람들은 강세장 수익률이 평균 수익률보다 높다는 사실을 여전히 기억하지 못한다. 사람들은 주식의 장기 수익률이 연 10% 수준이라는 사실은 기억한다. 다소 차이는 있겠지만 말이다. 배당을 포함해야 그 정도라고 투덜거리는 사람도 있다(굳이 배당을 제외할 이유가 있겠는가). 인플레이션을 고려해야 한다고 말하는 사람도 있다(하지만 인플레이션은 모든 자산군에 영향을 미치며 수익률에 미치는 악영향도 비슷한 수준이다). 주식의 장기 수익률이 높다고 믿지 않는 사람들은 대개 종신 비관론자들이다.

실제로 1926~2010년 S&P500 수익률은 연 9.8%였다. 주식 데이터가 정확해진 1970~2010년 수익률만 보더라도 연 9.6%였다. 이 장기 수익률에는 강세장뿐 아니라 약세장 실적도 포함된다는 사실을 명심해야 한다. 심지어 대형 약세장 실적도 포함된다! 그러나 사람들은 이 사실을 간과한다. 강조하는데, 여기서 평균은 모든 기간의 평균을 가리킨다. 이는 지극히 당연한 사실인데도 1~2년 손실이 발생하면 사람들은 그 1~2년 탓에 망했다고 좌절하면서 다시는 높은 장기 수익률을 얻지 못할 것이라고 생각한다.

물론 얻지 못할 수도 있다. 그러나 십중팔구 그 1~2년 탓은 아니다. 나중에 다시 설명하겠지만 주된 원인은 엉뚱한 시점에 시장에 진입·퇴출하면서 한 전략을 고수하지 못하는 데 있다. 장기 수익률에는 항상 손실 연도가 포함되었으며 앞으로도 손실 연도가 계속 포함될 것이다. 손실 연도는 피할 수 없는 현실이다. 그래도 잘 분산된(몇몇 종목이나 업종 비중이 과도하지 않은) 포트폴리오를 유지하면서 적정 투자 전략을 고수하면, 손실 연도의 실적은 나중에 만회된다. 이후 찾아오는 강세장은 기간도 더 길고 수익률도 훨씬 높기 때문이다. 따라서 성장 지향형 장기 투자자는 적절하게 분산된 포트폴리오를 유지해야 하며, 가끔 찾아오는 손실 연도에 지나치게 관심을 기울이지 말아야 한다. 강세장은 더 길고 강하며, 평균보다 훨씬 높은 수익률을 안겨주기 때문이다.

표 2-1과 2-2는 각각 과거 13개의 약세장과 12개의 강세장을 나타낸다. 평균 기간의 차이가 크다는 점에 주목하라. 약세장 기간은 평균 21개월이었다. 그러나 평균은 단지 평균일 뿐이다. 약세장 중에도 장기 약세장과 단기 약세장이 있다. 약세장의 평균 실적은 누적 수익률 약 40% 하락이었다. 강세장 기간은 평균 57개월이었으며, 누적 수익률은 무려 164%였다. 이 164%에는 배당이 포함되지 않았으므로 배당을 포함하면 더 높아진다(1926년까지 거슬러 올라가면 배당 데이터가 정확하지 않으므로, 여기서는 배당을 포함하지 않았다. 이 데이터만으로도 충분히 납득할 수 있을 것이다).

평균보다 훨씬 높은 강세장 수익률

강세장 초기에 수익률이 급등하면 사람들은 기겁한다. 이전 약세

표 2-1 13개 약세장의 S&P500 수익률

시작	종료	기간(개월)	연 수익률	누적 수익률
1929/09/07	1932/06/01	33	-51.5%	-86%
1937/03/06	1942/04/28	62	-16.3%	-60%
1946/05/29	1949/06/13	36	-10.9%	-30%
1956/08/02	1957/10/22	15	-18.1%	-22%
1961/12/12	1962/06/26	6	-45.7%	-28%
1966/02/09	1966/10/07	8	-31.7%	-22%
1968/11/29	1970/05/26	18	-26.0%	-36%
1973/01/11	1974/10/03	21	-31.7%	-48%
1980/11/28	1982/08/12	20	-16.9%	-27%
1987/08/25	1987/12/04	3	-77.1%	-34%
1990/07/16	1990/10/11	3	-60.6%	-20%
2000/03/24	2002/10/09	30	-23.3%	-49%
2007/10/09	2009/03/09	17	-44.7%	-57%
평균		21	-35.0%	-40%

* 1개월은 30.5일.   자료: GFD, S&P500

표 2-2 12개 강세장의 S&P500 수익률

시작	종료	기간(개월)	연 수익률	누적 수익률
1932/06/01	1937/03/06	57	35.4%	324%
1942/04/28	1946/05/29	49	26.1%	158%
1949/06/13	1956/08/02	85	20.0%	267%
1957/10/22	1961/12/12	50	16.2%	86%
1962/06/26	1966/02/09	43	17.6%	80%
1966/10/07	1968/11/29	26	20.0%	48%
1970/05/26	1973/01/11	32	23.3%	74%
1974/10/03	1980/11/28	74	14.0%	126%
1982/08/12	1987/08/25	60	26.6%	229%
1987/12/04	1990/07/16	31	21.0%	65%
1990/10/11	2000/03/24	113	19.0%	417%
2002/10/09	2007/10/09	60	15.0%	101%
2009/03/09	–	–	–	–
평균		57	21.2%	164%

* 1개월은 30.5일.   자료: GFD, S&P500

장에서 겪은 충격이 채 가시지 않은 상태라서 수익률 상승 속도와 상승 폭이 과도하다고 생각한다. 주가가 해마다 10%씩 안정적으로 상승하지 않는다는 사실을 잊어버리면, 사람들은 강세장 초기에 근시안적 공포감에 휩쓸리게 된다. 사람들은 본능적으로 고소 공포증을 느끼므로 약세장 이후 주가가 기대 이상으로 상승하면 다시 하락할까 두려워한다. 게다가 사람들은 이익에서 얻는 기쁨보다 손실에서 겪는 고통이 두 배 이상 크므로 고소 공포증으로 겪는 고통이 배가된다.

사람들 대부분이 알고 있듯이 주가가 25% 하락한 뒤 원금이 회복되려면 25%가 아니라 33% 상승해야 한다. 하락률이 40%라면 67%가 상승해야 원금이 회복된다. 세계 주가는 2007년 10월~2009년 3월에 57.8% 하락했는데, 이전 고점을 회복하려면 137%가 상승해야 했다. 2009년 바닥 시점에 사람들은 말했다. "주가가 평균 연 10% 상승해도 8년이 지나야 겨우 원금이 회복될 터이니, 어느 세월에!" 정말 암울한 이야기다. 표 2-2에서 보듯이 전형적인 강세장 평균 수익률은 연 10%가 아니라 연 21.2%였다. 특히 약세장 직후 기대수익률은 10%보다 훨씬 높다.

과거를 돌아보면 약세장 하락세가 더 깊고 빠를수록 이후 바닥을 치고 올라오는 강세장 상승세도 더 높고 빨랐다. 예를 들어 2009년 3월 9일 바닥 이후 12개월 동안 미국 주가는 72.3%, 세계 주가는 74.3% 급등했다. 괴로운 약세장 바닥 이후 수익률은 누가 상상한 것보다도 훨씬 높았다. 사람들은 약세장 동안 초조감에 시달린 탓에 강세장의 높은 수익률을 상상할 수 없었던 것이다. 기억력 나쁜 우리의 이러한 행태도 정상적인 모습이다.

약세장 막바지의 하락세를 압도하는 V자 반등

경기 순환 주기를 몇 번 경험해본 사람이라면 갑작스러운 주가 급등에 놀라서는 안 된다. 약세장의 단기 반등으로 착각해서는 안 된다는 말이다. 사실은 강한 반등을 기대하고 있어야 마땅하다(그러나 사람들 대부분은 그러지 못한다). 나는 2009년 2월 16일 〈포브스〉 칼럼에 'V자 반등을 기대하라Anticipate the V'라는 제목으로 다음과 같이 썼다.

약세장이 끝나면 대개 V자 패턴의 강세장이 찾아온다. 약세장 하락세가 더 크고 가파를수록 이후 찾아오는 강세장 상승세도 더 크고 가파르다. 지난 세기에는 이러한 일반적인 흐름에 예외가 몇 번 있었는데, 약세장의 원인과는 전혀 다른 악재가 발생한 경우였다.

예를 들어 1932년 7월부터 1937년 3월까지 주가가 324% 상승했다. 이어서 경기가 침체해 대형 약세장이 찾아왔고 이후 21개월 동안 주가가 일부 회복되었으나, 1939년 성격이 전혀 다른 문제가 발생했다. 제2차 세계대전이 발발해 주가가 1938년 저점 밑으로 내려간 것이다. 마른하늘에서 소행성이 떨어지는 수준으로 충격적인 사건이 발생한다면 이 같은 상황이 다시 발생할 수 있다. 하지만 그 정도 충격적인 사건이 없다면 V자 반등을 기대할 수 있다. 항상 그랬듯이 이 V자 반등세는 약세장 막바지의 하락세를 압도할 것이다.

실제로 V자 반등이 나타났다. 내가 글을 발표하고서 3주 뒤 시장이 바닥을 쳤다. 단지 운이 좋았을 뿐이다. 나는 V자 반등을 기대했지만 그 시점은 알지 못했고 알 수도 없었다. 나는 왜 V자 반등을 기대했을까? 나는 40년 동안 투자하면서 약세장을 경험했고 역사를 공부했다. 나는 늘 역사를 기억하려고 노력했다. 나는 항상 독자와 고객에게 평균 뒤에 숨어 있는 실체를 꿰뚫어 보아야 한다고 말했다. 그러면 약세장을 겪어본 경험이 부족하거나 기억력이 나쁜 사람도 강세장 상승세가 크고 가파르다는 사실을 알 수 있다.

표 2-3은 미국 강세장 초기의 3개월 수익률과 12개월 수익률을 보여준다. 강세장 초기의 3개월 수익률 평균은 23.1%였다. 단 3개월에 나온 수익률이다! 1년 수익률 평균은 46.6%였다. 강세장 초기 1년 수익률은 강세장 평균 수익률의 약 2배이며, 그 1년 수익률의 절반이 흔히 초기 3개월에 나온다. 물론 항상 그렇다는 말은 아니다. 하지만 강세장 초기 흐름을 절대 놓쳐서는 안 된다. 약세장에서 입은 손실 대부분을 일거에 만회할 절호의 기회이기 때문이다.

투자자들은 2002년 10월 바닥에서 나타난 급등을 기억할 것이다(2003년 3월 저점을 다시 테스트하고서 또 급등했다). 6.7%에 불과했던 1990년 급등에는 사람들이 속았을 것이다. 그러나 1990년대 전체 실적은 두말할 필요도 없고, 1990년 1년 실적만으로도 손실이 충분히 만회되었을 것이다. 나이가 지긋한 투자자라면 1982년과 1987년 약세장 종료 후 나타난 급등도 기억할 것이다.

표 2-3 미국 강세장 초기의 3개월 수익률과 12개월 수익률

시작	종료	초기 3개월 수익률	초기 12개월 수익률
1932/06/01	1937/03/06	92.3%	120.9%
1942/04/28	1946/05/29	15.4%	53.7%
1949/06/13	1956/08/02	16.2%	42.0%
1957/10/22	1961/12/12	5.7%	31.0%
1962/06/26	1966/02/09	7.3%	32.7%
1966/10/07	1968/11/29	12.3%	32.9%
1970/05/26	1973/01/11	17.2%	43.7%
1974/10/03	1980/11/28	13.5%	38.0%
1982/08/12	1987/08/25	36.2%	58.3%
1987/12/04	1990/07/16	19.4%	21.4%
1990/10/11	2000/03/24	6.7%	29.1%
2002/10/09	2007/10/09	19.4%	33.7%
2009/03/09	–	39.3%	68.6%
평균		23.1%	46.6%

자료: GFD, S&P500

　그러나 과거에 나타난 강력한 사례만으로는 부족하다. 과거 사례가 아무리 강력해도 그 뒤에 숨어 있는 근본적인 이유를 파악하지 못하면 소용이 없다. 약세장 바닥에서 V자 반등이 나타나는 데는 근본적인 이유가 있다. 약세장 초기에는 악화하는 펀더멘털이 시장 분위기를 주도한다. 예컨대 기업의 매출과 수익성이 악화하면서 경기가 둔화한다. 주가는 둔화하는 경기를 반영해 천천히 하락하면서도 가끔 상승 흐름을 보여 사람들을 착각에 빠뜨린다. 헤드라인은 흔히 "단지 조정일 뿐이다. 주가가 하락할 때 매수하라"라고 주장한다.

　약세장 말기에는 심리가 펀더멘털을 압도한다. 대개 유동성도 고갈된다. 2008년처럼 신용 경색이나 신용위기가 발생할 수도 있다. 약

세장 말기에는 정치인도 주가 하락 문제를 어떤 방식으로든 해결하고 자 하므로 강력한 정치적 권고를 쏟아내는 경향이 있다(하늘도 무심하 시지). 안타깝게도 무분별한 법안이나 규정이 약세장을 불러오기도 한 다. 이후 약세장과 신용위기의 주요인이 된 2007년 10월 FAS 157조 (시가 평가 회계 기준)가 그러한 사례다. 사람들은 이러한 악성 정치 공 작에 대해서도 위협을 느낀다. 심리는 더 어두워지고 주가 하락세는 펀더멘털보다도 더 크고 가팔라진다. 역사를 돌아보면 약세장 전체 손실 중 약 3분의 2가 약세장 말기에 발생한다. 바로 V자 하락의 왼 쪽 사면에 해당한다. 약세장 말기에 발생하는 손실은 약세장 평균 손 실보다 훨씬 크다는 말이다.

그림 2-1은 가상의 약세장 바닥을 보여주는 V자 곡선이다. 대부분 약세장은 이중 바닥이나 삼중 바닥을 형성하지만 시간이 흐르면 차 츰 V자로 바뀐다. 그러면 V자의 오른쪽 사면은 어떻게 만들어지는 가? 이 무렵 펀더멘털은 훌륭한 수준은 아니지만 사람들이 생각하는 것처럼 나쁘지도 않다. 그러다가 예측이 전혀 불가능한 어느 시점 크 고 가팔랐던 하락세가 크고 가파른 상승세로 바뀐다. 고갈되었던 유 동성도 갑자기 풍부해지면서 주식시장에 윤활유를 공급한다. 이제 약세장 말기 V자의 왼쪽 사면과 거의 대칭을 이루는 V자 오른쪽 사 면이 등장한다.

이는 약세장 하락세가 클수록 강세장 상승세도 크다는 뜻이다. 따 라서 약세장에서 입은 막대한 손실도 예상보다 빨리 회복될 수 있다. 그림 2-2, 2-3, 2-4, 2-5는 각각 1942년, 1974년, 2002년, 2009년 약세장 종료 후 실제로 나타난 V자 반등이다.

그림 2-1 가상의 V자 반등

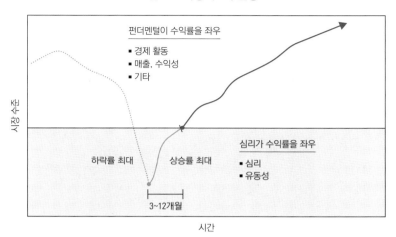

* 예시 목적으로 만든 가상의 자료임.

그림 2-2 실제 V자 반등(1941~1943년)

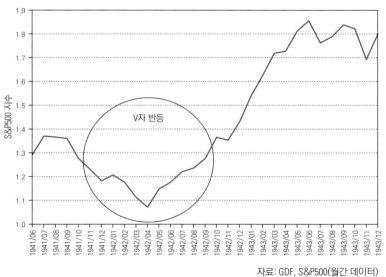

자료: GDF, S&P500(월간 데이터)

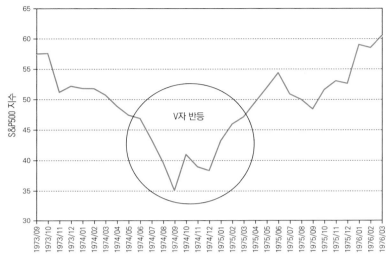

그림 2-3 실제 V자 반등(1973~1976년)

자료: GDF, S&P500(월간 데이터)

그림 2-4 실제 V자 반등(2002~2004년)

자료: GDF, S&P500(월간 데이터)

　　　주식시장은 어떻게 반복되는가

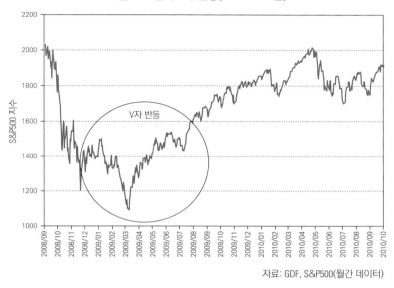

그림 2-5 실제 V자 반등(2008~2010년)

자료: GDF, S&P500(월간 데이터)

이러한 모습은 수없이 되풀이되었다. 그림 2-6은 1987년 출간된
《90개 차트로 주식시장을 이기다》에서 가져온 그래프로, 1907년 공
황 이후 산업주와 철도주의 주가 흐름을 보여준다. 주가 흐름이 거의
완벽한 V자 모습이다. 회복세 초기 상승세와 약세장 하락세의 폭과
속도가 거의 대칭을 이룬다. 전문가들은 2008~2009년 금융위기가
"이번에는 다르다"라고 말하면서 과거 1907년 금융위기에 더 가깝
다고 주장했다. 따라서 이러한 금융위기 이후에는 수익률이 더 하락
한다고 결론지었다. 하지만 이들이 1907년 이후 주가 흐름도 분석했
다면 결국 완벽한 V자 반등이 나타난다고 결론을 변경했을 것이다.

그렇다고 약세장 이후 V자 반등 출현 시점에 주목해야 한다는 것

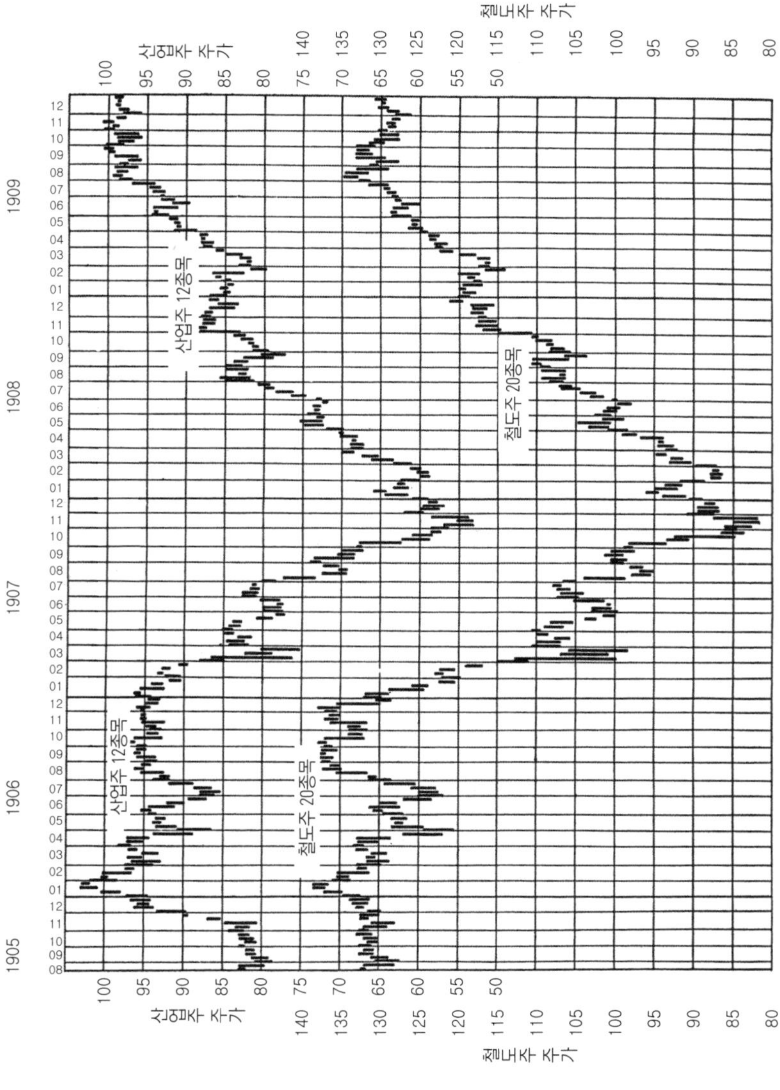

그림 2-6 1907년 공황에 등장한 V자 반등 자료: 필립 캐럿, '투자의 기술', 〈배런스〉(1927)

주식시장은 어떻게 반복되는가

은 아니다. 그러한 의미가 전혀 아니다. 장기 성장 투자자라면 손익 분기점, 고점, 특정 지수대 등 자의적인 기준에 집착해서도 안 되고 지난주, 지난달, 지난해 주가 흐름에 주목해서도 안 된다. 자신의 전략이 장기 성장 투자에 타당한지에 주목해야 한다.

이러한 V자 반등을 보면 주식시장에서 평균 수익률 따위는 큰 의미가 없음을 알게 된다. 약세장 기간에는 시장에서 빠져나왔다가 정확히 바닥 시점에 다시 들어가고 싶다면, 그러한 생각을 접기 바란다. 시장은 눈 깜짝할 사이에 바닥에서 무섭게 급등하므로 놓치기 십상이기 때문이다. 다만 강세장 전반의 수익률은 평균보다 높아서, V자 반등을 놓치더라도 약세장 손실을 만회하고도 남는다는 사실은 기억하기 바란다.

V자 반등

역사를 돌아보면 강세장은 대개 요란하게 시작된다. 강세장 시작 시점을 놓치면 이후 약세장을 지나 다음 강세장이 시작될 때까지 기다려야 할까? 그래서는 절대 안 된다.

첫째, 강세장이 모두 요란하게 시작되는 것은 아니다. 1990년대 대형 강세장은 비교적 조용하게 시작되었다. 다음 강세장까지 기다리면, 그때는 강세장 시작 시점을 제대로 찾아낼 수 있을까? 아마 그때도 찾아내지 못할 것이다. 어두운 약세장 기간에 짓눌린 심리 탓에 반등을 거쳐 강세장이 한참 진행된 다음에야 강세장이 눈에 들어오기 때문이다. 지난 약세장에서 어떤 이유로든 겁에 질렸다면 다음 약세장에서도 어떤 이유로든 겁에 질리기 마련이다.

강세장은 대개 사람들이 생각하는 것보다 더 길고 강하게 이어진다. 따라서 강세장 시작 시점을 놓치더라도 지나친 자책감에 빠져 투자를 포기해서는 안 된다.

상승세가 지나치게 강하고 빠르다?

강세장 수익률이 원래 높다는 사실을 기억하고 있으면 어떤 점이 유리할까? 강세장에 흔히 쏟아지는 "상승세가 지나치게 크고 빠르다"라는 말에 현혹당하지 않게 된다. 이 말은 특히 주가가 대폭 반등하는 강세장 1년 차와 2년 차에 자주 튀어나온다. 그러나 이러한 말이 많이 쏟아져도 강세장은 멈추지 않는다. 왜 그럴까? 강세장은 본래 사람들이 생각하는 것보다 더 오래, 더 강하게 지속되며 강세장 수익률은 평균보다 높기 때문이다.

주가는 원래 장기간 급상승할 수 없다. 주가는 단숨에 대폭 상승하며, 그래도 아무 문제가 없다. 물론 대폭 상승했다가 반락하는 경우도 있다. 1980년 에너지주 거품이나 2000년 기술주 거품이 그 사례다. 대개 과도하게 치솟은 주가를 펀더멘털이 뒷받침하지 못한 경우다. 하지만 대폭 상승한 주가가 모두 하락하는 것은 아니다. 사실은 불규칙한 모습으로 상승세를 계속 이어가는 경우가 더 많다. 그러나 사람들은 이 사실을 기억하지 못한다. 다음은 그 사례들이다.

- 1958년 10월 18일: "미국 일류 기업가들은 지나치게 낙관적인 경기 전망을 우려하며 경기 회복세가 지나치게 크고 빠르다는 점에 불안감까지 느낀다. (⋯) 주식시장은 이미 미친 듯이 날뛰고 있다."[7] 아니올시다! 이 강세

장은 이미 1년 전에 시작되어 3년 더 이어졌다.

- 1959년 4월 19일: "증권거래위원회SEC 의장 에드워드 갓스비는 주가 상승세가 지나치게 크고 빠르다고 경고했다."[8] 이 강세장은 1957년에 시작되어 1961년까지 유지되었다.

- 1962년 7월 13일: "여러 통계를 근거로, 일부 애널리스트는 그동안 주가 상승세가 지나치게 크고 빨랐다고 생각한다."[9] 바로 1개월 전 강세장이 시작되어 1966년까지 이어졌다.

- 1975년 1월 29일: "그동안 주가 상승세가 지나치게 크고 빨랐다고 확신한 트레이더들이 주가 하락을 기대하고 공매도 했다."[10] 약 3개월 전에 시작된 이 강세장은 74개월 더 이어지면서 126% 상승했다.

- 1982년 8월 14일: "애널리스트들에 의하면, 트레이더들은 최근 주식시장 및 채권시장 급등세가 지나치게 크고 빨랐다고 판단했다."[11] 과연 그럴까? 이 강세장은 겨우 이틀 전에 시작되어 그 유명한 1987년 폭락장이 올 때까지 229% 상승했다.

- 1984년 8월 13일: "애널리스트들에 의하면, 트레이더들은 지난 2주간 주가 반등세가 지나치게 크고 빨랐다고 믿는 듯하다."[12]

- 1986년 1월 2일: "그동안 주식시장과 채권시장 상승세가 지나치게 크고 빨랐으므로, 곧 반락할 것이라고 존슨이 말했다."[13] 틀렸다. 이 강세장은 이후 1년 반 더 이어졌다. 1986년 미국 주가는 18.6% 상승했고 세계 주가는 41.9% 상승했다.

- 1992년 5월 20일: "투자자들은 주가가 고평가되었다고 믿으면서 고민 중이다. 주가 상승세가 지나치게 크고 빨랐다고 걱정하고 있다."[14] 이 유명한 강세장은 8년 더 이어졌으며, 미국 주가는 546% 상승했고 세계 주가는

242% 상승했다.

- 1995년 3월 29일: "특히 기관투자가들은 지난 이틀간 주가 상승세가 지나치게 크고 빨랐다고 생각하면서 갈수록 불안해하고 있다."[15]
- 1997년 2월 27일: "지난 수요일 연준 의장 앨런 그린스펀은 최근 2년간 주가 급등세가 지나치게 크고 빨랐다고 시사했다."[16] 앨런 그린스펀은 주가가 '비이성적 과열irrational exuberance' 상태라고 말해 사람들의 신뢰를 얻었다. 문제는 그 말을 한 시점이 1996년 12월 5일이라는 사실이다. 이후 강세장이 3년 더 이어지면서 미국 주가는 115.6% 상승했고 세계 주가는 75.7% 상승했다.
- 2003년 7월 1일: "주가 상승세가 지나치게 크고 빨랐으므로 7~8% 조정이 예상된다."[17] 이미 4개월 전에 강세장이 시작되어 1년 동안 세계 주가가 33.1% 상승했다. 2002~2007년 고점까지 세계 주가는 161% 상승했다.
- 2009년 9월 19일: "주가가 치솟는 중이다. 상승세가 지나치게 크고 빠른지도 모르겠다."[18] 아니다. 3월에 강세장이 시작되어 오랜 기간 이어졌다.
- 2009년 10월 15일: "지난 수요일 월스트리트는 축하 분위기였지만 애널리스트들은 상승세가 지나치게 크고 빨랐다고 말한다."[19]

똑같은 말이 수없이 되풀이되는데도 사람들은 항상 새로운 말로 생각하는 듯하다.

'지나치게 크고 빠른 상승세' 같은 것은 없다. 강세장에 허용되는 주가 상승 한계선 따위는 존재하지 않는다는 말이다. 물론 주간, 월간, 연간 허용되는 주가 상승 한계선도 존재하지 않는다. 어떤 해든 단 몇 주나 며칠 만에 주가가 폭등할 수 있다. 그 시점은 아무도 모른다. 막상 그 시점이 오면 사람들은 상승세가 지나치게 크고 빠르다고 생각한다. 시장은 한 치 앞도 예측할 수 없다. 이것도 정상적인 모습이다. 약세장에 대해서도 마찬가지다.

만일 주가가 꾸준히 안정적으로 상승한다면, 크게 상승하지 못할 것이다. 크게 상승할 수가 없다! 주식이 안전 자산으로 인식되어 상승 잠재력이 감소하기 때문이다. 예측 가능한 수익을 원하는 사람은 위험이 낮은 자산을 선택해야 한다. 그러한 자산은 수익률도 낮다. 예컨대 국채를 사서 만기까지 보유하면 된다(국채도 단기간에 손실이 발생할 수 있으므로 만기까지 보유해야 한다).

게다가 약세장 수익률조차 평균보다 높을 수 있다. 2007~2008년 약세장이 그 예다. 흥미롭게도 약세장에서는 '주가가 영원히 하락할 수밖에 없다'거나 적어도 '상승할 수 없다'는 공감대가 광범위하게 형성된다(강세장에는 그러한 낙관론이 거의 형성되지 않는다). 사람들이 하나같이 극단적인 비관론에 빠진다면, 이는 강세장이 멀지 않았다는 좋은 신호다.

주가는 상승했다가 하락할 수 있다. 그러나 단지 상승했다는 이유로 하락하지는 않는다. 사람들은 여러 번 목격하고도 잊는다. 누군가 "상승세가 지나치게 크고 빨랐다"라고 말하면 무시하라. 펀더멘털이 악화했다는 근거를 제시하지 못하면서 "상승세가 지나치게 크고 빨랐다"라고 말하는 사람은 자신의 기억력이 나쁘다는 사실만 드러낼 뿐이다.

고소 공포증

인류의 진화 과정을 돌아보면 사람들이 높은 수익률을 왜 두려워하는지 이해할 수 있다. 행동재무학에서는 이러한 인지 오류를 고소 공포증이라고 부른다. 먼 옛날 우리 조상은 높은 곳에서 떨어지면 죽거나 장애인이 된다는 사실을 알았다. 따라서 우리는 지나치게 높은 곳을 두려워하게 되었다. 이러한 본능은 자연 세계에서 인류의 생명을 구해주는 유용한 속성이었다. 그러나 시장에서는 유용하지 않다.

사람들은 수익률이 높으면 떨어져 다칠 수 있다고 생각한다. 주가는 특정 수준까지 상승할 수 있으며 이후 불규칙하게 오르내리다가 전고점을 뚫고 계속 상승할 수 있다. 그러나 주가가 특정 수준에 도달하면 사람들은 그 지점을 '높은 곳'으로 인식하게 된다. 우리 두뇌는 높은 곳에 오르면 추락 위험을 두려워하도록 진화했다. 그러나 이러한 사고방식 탓에 다양한 실수를 저지를 수 있다. 예컨대 주가가 수개월 더 상승할 수 있는데도 지나치게 서둘러 매도해 좋은 기회를 상실하기도 한다.

극단적인 수익률은 정상적인 모습이다

변동성이 큰 기간에는 시장 흐름이 정상적인 모습으로 바뀔 때까지 투자를 미루어야 한다는 말을 들어보았을 것이다. 나는 자산운용 경력이 거의 40년이다. 내가 앞으로 투자할 기간보다 지금까지 투자해온 기간이 훨씬 길다. 나는 2011년 현재 〈포브스〉 칼럼을 27년째

쓰고 있다. 논문과 책도 다수 저술했고 운용 중인 개인과 기관 자금이 수백억 달러에 이른다. 나는 강연, 세미나, TV 대담에도 참여하고 있다. 지금은 여덟 번째 투자 서적을 집필하는 중이다. 나는 온갖 방식으로 주식시장과 인연을 맺고 있다. 그런데도 나는 지금까지 시장 흐름이 정상적인 모습을 한 번도 보지 못했다.

사실은 표현이 틀렸다. 시장 흐름은 항상 정상적이다. 심하게 변동하는 모습이 정상적인 시장의 흐름이라는 말이다. 그러나 사람들이 생각하는 정상적인 시장 흐름은 이와 다르다. 사람들은 시장에서 명확한 신호가 나오기를 바란다. 예컨대 "이제 안전하니 모두 들어오세요" 또는 "지금은 위험하니 나갈 때입니다" 같은 신호를 원한다. 그리고 신호 후에는 시장이 안정적으로 흘러가길 바란다. 수익률 변동성이 더 낮아서 더 확실해지기를 바란다. 하지만 이러한 모습이 나타날 때까지 기다리고자 한다면, 매우 오래도록 기다리게 될 것이다. 시장 흐름은 원래 예측이 어려운 데다가 안정적인 모습을 보이는 해는 매우 드물기 때문이다.

표 2-4는 내가 고객과 독자에게 자주 제시하는 자료다. 나는 투자 수익률을 높은 수익률(20% 초과), 평균 수익률(0~20%), 마이너스 수익률(0% 미만)로 분류한다. 나는 평균 수익률의 범위를 넉넉하게 잡았는데, 사람들 대부분이 10%를 평균 수익률로 본다고 간주했다.

주식 수익률은 플러스일 때가 마이너스일 때보다 훨씬 많아서 약 2.5배에 이르는데도 사람들은 이 사실을 놀라울 정도로 빠르게 잊는다. 종신 비관론자들은 기억력이 매우 나쁘거나 수익률 측정 방식을 왜곡하는 사람들이다.

표 2-4 수익률 범위와 발생 횟수(1926~2010년)

S&P500 연 수익률	1926년 이후 발생 횟수	발생 확률	
〉40%	5	5.9%	높은 수익률(37.6%)
30% ~ 40%	13	15.3%	높은 수익률(37.6%)
20% ~ 30%	14	16.5%	높은 수익률(37.6%)
10% ~ 20%	17	20.0%	평균 수익률(34.1%)
0% ~ 10%	12	14.1%	평균 수익률(34.1%)
-10% ~ 0%	12	14.1%	마이너스 수익률 (28.2%)
-20% ~ -10%	6	7.1%	마이너스 수익률 (28.2%)
-30% ~ -20%	3	3.5%	마이너스 수익률 (28.2%)
-40% ~ -30%	2	2.4%	마이너스 수익률 (28.2%)
〈 -40%	1	1.2%	마이너스 수익률 (28.2%)
횟수 합계	85		
단순 평균	11.8%		
연평균	9.8%		

자료: GFD, S&P500

빈도가 가장 높은 수익률은 20%가 넘는 높은 수익률로, 비중이 37.6%다. 그다음은 평균 수익률로, 비중이 34.1%다. 그러나 평균 수익률의 범위를 9~11%로 좁히면 1926년 이후 미국에 나타난 횟수는 3회에 불과하다. 1968년 11%, 1993년 10.1%, 2004년 10.9%다. 1970년 이후 세계에 나타난 횟수는 겨우 두 번이다. 2005년 10%와 2007년 9.6%다.

빈도가 가장 낮은 수익률은 마이너스 수익률로, 비중이 28.2%다. 이 중에서도 수익률이 대폭 하락한 해는 매우 드물다. 실제로 수익률이 대폭 하락하면 사람들은 이후에도 수익률이 또 대폭 하락할 것으로 예상하지만, 역사를 돌아보면 이후 매우 오랜 기간 그러한 일이 일어나지 않는다. 연 수익률이 -20% 미만인 해는 겨우 여섯 번으로, 비중이 7.1%에 불과하다. 물론 실제로 발생한다. 그리고 몹시 고통스럽다. 그러나 시간이 흐르면 수익률 높은 해가 더 자주 찾아와 그 손실을 거뜬히 메워주고도 남는다.

모욕의 달인이자 사악한 협잡꾼인 주식시장

강세장 수익률은 확실히 평균 수익률보다 높다. 그러나 강세장이라고 해서 모든 해의 수익률이 평균보다 높은 것은 아니다. 연도별 수익률은 천차만별이어서, 평균 뒤에 숨은 실제 수익률을 확인해보아야 한다. 강세장 기간에도 수익률이 평균보다 낮은 해가 나온다.

모욕의 달인 시장은 사악한 협잡꾼이기도 해서, 최대한 많은 사람들을 최대한 오랫동안 최대한 심하게 모욕하려고 한다. 약세장이야말로 모욕의 달인이 제 솜씨를 잘 발휘하는 기간이다. 시장은 항상 온갖 방법으로 사람들을 모욕하려고 시도한다. 조정도 사람들을 위협해서 손실을 떠안기는 훌륭한 방법이다. 주가는 단기간에 10~20% 급락하지만 곧 반등해서 신고점을 만들어간다. 그러나 사람들은 급락세에 겁먹고 헐값에 팔아버린다.

시장이 사람들을 손쉽게 모욕하는 또 다른 방법은 쉬는 기간을 만들어내는 것이다. 강세장 기간에 해마다 주가가 대폭 상승한다면 모욕의 달인은 심심해질 것이다(강세장 내내 주가가 상승한다면 장기적으로 강세장 수익률이 낮아질 것이다). 특정 기간에 주가는 대폭 상승할 수도 있고 소폭 상승할 수도 있으며, 소폭 하락할 수도 있고 대폭 하락할 수도 있다. 대폭 상승하면 강세장이고 대폭 하락하면 약세장이다. 그러나 강세장 기간에도 주가가 소폭 하락하는 해가 나온다. 때로는 강세장 말기에 약세장을 앞두고 심리가 흔들리면서 주가가 소폭 등락하기도 한다.

다소 하락해도 겁먹지 마라

향후 12개월 동안 주가의 소폭 하락이 예상될 때 장기 성장 투자자라면 주식 비중을 대폭 줄여야 할까? 아니면 소폭 줄여야 할까? 고민할 필요 없다. 강세장이 계속 이어진다고 믿는다면, 심지어 약세장도 의심되지만 확신할 수 없다면 대개 주식을 계속 보유하는 편이 낫다.

왜 그럴까? 우선 당신의 판단이 틀릴 수 있다. 주식을 매도했는데 주가가 소폭 상승한다면? 또는 대폭 상승한다면? 장기 성장 투자자에게는 좋은 기회를 놓치는 것이야말로 가장 심각한 손실이다. 15% 수익 기회를 놓쳤다고 가정하자. 이 기회 손실을 만회하려면 이후 15년 동안 비용 차감 후 초과수익률 연 1%를 달성해야 한다.

주식의 비중을 줄이려면 당신의 예측이 아주 정확하게 적중해야 한다. 예측이 적중하기는 지극히 어렵다. 게다가 거래 비용과 세금까지 고려하면 비중 조절은 그다지 실속이 없다. 게다가 이후 절호의 진입 시점을 놓친다면 미래 수익 기회를 날려버릴 수 있다. 비중 조절은 대개 소용이 없다.

3년 차

역사를 돌아보면 쉬는 기간은 흔히 강세장 3년 차에 나타났다(2년 차, 4년 차, 5년 차에 나타날 수도 있다). 1960년, 1977년, 1994년, 2005년 이 그 예다. 이후 강세장이 다시 이어졌다. 표 2-5는 강세장 3년 차의 주가 흐름을 보여준다.

표 2-5 3년 차 쉬는 기간

강세장					강세장 총수익률
시작일	종료일	1년 차	2년 차	3년 차	
1932/06/01	1937/03/06	121%	-4%	1%	324%
1942/04/28	1946/05/29	54%	3%	25%	158%
1949/06/13	1956/08/02	42%	12%	13%	267%
1957/10/22	1961/12/12	31%	10%	-5%	86%
1962/06/26	1966/02/09	33%	17%	2%	80%
1966/10/07	1968/11/29	33%	7%	-10%	48%
1970/05/26	1973/01/11	44%	11%	-2%	74%
1974/10/03	1980/11/28	38%	21%	-7%	126%
1982/08/12	1987/08/25	58%	2%	13%	229%
1987/12/04	1990/07/16	21%	29%	-7%	65%
1990/10/11	2000/03/24	29%	6%	14%	417%
2002/10/09	2007/10/09	34%	8%	7%	101%
2009/03/09	-	69%	15%	-	-
평균		47%	11%	4%	164%

자료: GFD, S&P500

이 표에서 보다시피 1932년 이후에는 강세장 3년 차에 주가가 소폭 상승하거나 하락했다. 대폭 상승하거나 하락한 해는 거의 없었다. 이어서 4년 차 이후에는 다시 강세장이 계속되었다. 쉬는 기간이 나타나는 것은 정상적인 흐름이므로 놀랄 필요가 없다. 그런데도 사람들은 이 사실을 잊기 때문에 혼란에 빠진다. "상승세가 지나치게 크고 빠르다"라고 주장했던 전문가들은 잠시나마 오명을 씻는다. 그러나 약세장이 두려워서 시장에서 발을 빼면 엄청난 기회를 놓쳐버릴 수도 있다. 표 2-5에서 강세장 전체 수익률을 보라. 역사를 돌아보면 강세장 3년 차 쉬는 기간에 겁먹고 발을 뺀 사람들은 엄청난 수익률을 놓쳐버렸다.

낙관론자와 비관론자를 동시에 모욕

쉬는 기간을 이용하면 낙관론자와 비관론자를 한꺼번에 모욕할 수 있으므로 이는 모욕의 달인에게 만족스러운 방법이다. 게다가 이 무렵에는 펀더멘털이 대체로 양호하므로 투자자들은 더 좌절하게 된다. 경기 지표를 보면 수익률이 평균 수준일 이유가 없다. 경제 성장세가 양호하다. 하지만 경제 성장세가 양호하거나 매우 강할 때도 평균 수익률이 나올 수 있다. 사람들은 이 사실도 쉽게 잊는다. 일반적으로 쉬는 기간은 심리가 현실을 따라잡은 이후 나타난다. 강세장 초기에는 심리가 현실과 벌어진 커다란 격차를 메우면서 주가가 대폭 상승한다. 약세장 손실로 암울해졌던 심리가 현실을 따라잡으면서 V자 반등을 주도하는 것이다.

그러나 주가가 대폭 상승한 다음에는 상황이 바뀐다. 사람들의 심리가 개선된다. 큰 수익을 얻고 나서 사람들은 장래가 그다지 어둡지 않다고 생각한다. 낙관론자 집단이 새로 등장하기도 한다. 사람들이 도취감에 빠질 정도는 아니지만 전반적으로 분위기가 나아지면서 현실에 근접한다. 이제 심리와 현실 사이의 격차가 크지 않으므로, 주가도 상승 동력을 상실한다.

이것이 쉬는 기간이다. 나쁘지 않은 기간이다. 심리가 제자리를 찾는다. 펀더멘털도 바뀐다. 쉬는 기간이 끝나면 대개 주도주도 바뀐다. 예를 들어 그동안 소형주가 시장을 주도했다면 이후에는 대형주가 시장을 주도한다. 그동안 경기 순환주가 시장을 주도했다면, 이제는 강세장 초기에 소외당했던 대형 우량주가 바통을 넘겨받는다. 이제 심리와 현실 사이의 괴리는 크지 않다.

쉬는 기간을 거치면서 사람들은 과도한 낙관론을 떨어낸다. 이제 강세장은 끝났고 약세장이 찾아올지 모른다고 걱정한다. 기업들의 실적이 기대를 뛰어넘지 못하기 때문이다. 그러나 이렇게 쉬는 기간이 찾아온 것은 기업들의 실적 개선과 높은 시장 수익률에 사람들이 익숙해졌기 때문이다. 쉬는 기간 역시 정상적인 변동성의 일부다.

수익률이 평균 수준으로 드러남에 따라 사람들의 낙관론은 약해지거나 심지어 비관론으로 바뀌기도 한다. 이에 따라 심리와 현실 사이의 격차가 다시 벌어지면서 이후 강세장 주가 상승을 주도하는 동력이 축적된다.

강세장 기간에 평균 수익률이 나오는 해는 드물지 않다. 사람들이 기억하지 못할 뿐이다. 마이너스 수익률인 해가 있어도 주식의 장기 수익률은 훌륭하듯이, 평균 수익률인 해도 주식의 장기 수익률을 크게 떨어뜨리지는 않는다. 소폭 상승이나 소폭 하락은 어느 해에나 나올 수 있는 결과다. 항상 예상하고 있어야 한다.

평균 수익률 달성은 매우 어렵다

수익률은 변덕스럽다는 사실만 뼛속 깊이 명심해도 공포나 탐욕에 휘말리지 않을 수 있다. 장기 시장 수익률이 평균 약 10%이고 강세장 수익률이 이보다 더 높으면 연 수익률 10%를 달성하기는 쉬워 보인다. 과연 그럴까? 실제로는 매우 어렵다. 이론적으로는 매우 쉽다. 그러나 심리적으로는 지극히 어렵다.

사람들은 흔히 시장 초과수익률을 목표로 삼는다. 그러나 대부분은 초과수익률은커녕 시장 수익률 근처에도 미치지 못한다. 시장 수익률조차 달성하지 못하는 이유를 제대로 이해할 때 우리는 비로소 장기적으로 실적을 개선해갈 수 있다.

"나는 초과 실적을 내고 있소"라고 말하는 독자도 많을 것이다. 실제로 그럴지도 모른다. 그러나 보통 사람들이 자신이 평균 이상이라고 생각하는 것처럼 투자자들도 대부분 자신의 실력이 평균 이상이라고 믿는다. 스스로 인정하든 안 하든(정확한 수익률 평가 방법을 모르는 경우도 많다), 독자 대부분은 아마 시장 수익률 근처에도 미치지 못할 것이다.

믿기 어려운가? 보스턴 소재 시장 조사 회사 달바는 매년 투자자들의 실적 분석 자료를 발표한다. 2011년 발표 자료에 의하면 투자자들이 2010년까지 20년 동안 주식형 뮤추얼펀드에서 얻은 평균 수익률은 연 3.83%(모든 거래 비용 포함)였다.

달바가 비교 기준으로 삼아 분석한 S&P500 지수의 수익률은 연 9.1%였다. 이번에는 금액으로 환산해서 비교해보자. 20년 전 10만 달러를 S&P500에 투자해서 계속 보유했다면 원리금은 약 57만 1,000달러가 되었을 것이다. 그러나 사람들이 20년 동안 주식형 뮤추얼펀드에 투자해서 얻은 원리금은 겨우 21만 2,000달러로 S&P500 원리금의 37%에 불과했다.

투자자들의 평균 실적이 S&P500보다 크게 뒤처지는 이유는 무엇일까? 잘못된 시점에 주식을 사거나 팔기 때문이다. 달바의 추산에 의하면 뮤추얼펀드 투자자들의 평균 보유 기간은 3.27년에 불과하다. 대부분 장기 성장 투자자들은 장기 보유 개념을 받아들인다. 물론 장기 보유의 정확한 의미와 방법에 대해서는 여전히 논란이 있다. 그러나 평균 보유 기간 3.27년이 장기 보유라고 주장하는 사람은 거의 없을 것이다.

내가 만나본 사람들은 말한다. "손쉽게 S&P500 ETF를 사서 묻어두면 되는데 왜 자산운용사에 돈을 맡겨야 하죠? 그냥 사서 묻어두면 그만이죠!" 나도 동의한다. 그러나 내 경험을 돌아보면 실제로 그렇게 할 수 있는 사람은 극소수에 불과하다. 달바가 발견한 사실도 바로 이것이다. 즉 사람들은 사서 묻어두기가 쉽다고 생각하지만 절대다수가 그렇게 하지 못한다는 말이다.

모든 펀드매니저가 초과수익을 내는 것은 아니다. 시장 수익률조차 따라가지 못하는 펀드매니저도 적지 않다. 장기간 초과수익을 유지하는 펀드매니저는 드물다. 그러나 훌륭한 펀드매니저는 적절한 장기 전략을 제시하며 투자자들이 목표를 고수하도록 도와준다. 그러면 전망이 어둡다고 주식을 함부로 매도하거나 대박을 잡으려고 성급하게 인기 주식을 매수하는 실수를 피할 수 있다. 그래도 평균 수익률 연 10%에는 못 미칠 것이다. 하지만 전문가의 도움을 받아 전략을 고수할 수 있다면 장기적으로 연 7~8%는 가능할 것이다. 이 정도만 해도 달바가 조사한 투자자들의 평균 실적보다 훨씬 낫다.

솔직히 말하면, 뮤추얼펀드 투자자들이 원하던 방식은 소극적 투자가 아니었을 것이다. 사람들은 초과수익을 얻으려고 적극적으로 이런저런 펀드를 선택해서 매수한다. 그 펀드의 실적이 부진하다고 생각하면 더 근사한 펀드를 선택해서 묻어둔다. 하지만 이러한 방식으로는 초과수익을 얻지 못한다. 십중팔구 시장 수익률도 못 따라간다. 그러나 직접 주식을 매매하는 것보다는 나을 것이다.

사람들은 빈번하게 매매할 뿐 아니라 그 시점도 잘못 선택한다. 주가가 폭락하는 해에는 겁에 질려 장기 평균 수익률을 얻지 못할 것이라고 생각한다. 그래서 위험을 낮추려고 보유 주식을 대폭 줄인다(장기 목표에서 이탈한다). 주가가 폭등하는 해에는 탐욕과 과신에 휩쓸려 보유 주식을 늘려 위험을 높인다(역시 장기 목표에서 이탈한다). 그러나 이후 찾아오는 주가 하락세에 큰 손실을 본다. 이러한 행동을 수없이 되풀이한다. 결국 실적이 나빠진다.

설상가상으로 이러한 실수까지 잊어버린다. 사람들은 1990년대 말 기술주 열풍을 좇다가 타격을 입고 겁에 질려 2002년 강세장을 놓쳤다. 그리고 다시 투기 열풍에 휘말렸다가 또 타격을 입고 겁에 질려 2008년 이후 역사적 반등장을 놓쳤다. 사람들은 과거 실수로부터 배우지 못한다. 시장 수익률이 평균과 다르다는 사실을 잊어버리기 때문이다. 시장 수익률은 변동성이 크다. 이것이 정상적인 모습이다. 이 사실만 기억해도 일반 펀드 투자자들보다 좋은 실적을 얻을 수 있다.

3장

변동성은 정상이며, 그 자체로 변동적이다

'오늘날'은 전보다 더 변동성이 심한가? 신문을 읽거나 TV를 보면 누군가 그렇게 주장할 공산이 크다. 거의 매년 그래왔다. 이 주장은 '이번에는 다르다'를 살짝 비튼 유형이며 투자자들의 기억력에 결함이 있음을 보여준다. 그러나 만약 당신이 타임머신을 타고 과거 아무 때로나 돌아간다면, 그해가 1년 전이든 5년, 10년, 17년, 32년, 147년 전이든 당신은 아마 이러한 이야기를 들을 것이다. "지금이 이전 어느 때보다 더 변동성이 크다!"

이 믿음, 즉 주식의 변동성이 점점 더 확대된다는 생각은 약세장 바닥에서만 생기는 것이 아니다. 물론 주식의 속성상 등락이 더 심해졌다는 두려움은 약세장이 바닥을 형성하며 극도로 요동치는 시기에 커진다. 그러나 상대적으로 변동성이 덜한 시기에도(변동성은 그 자체로 유동적이다) 사람들은 주가가 점점 통제 불능의 영역으로 내달린다고 느낀다.

주가는 등락하기 마련이다. 피할 수 없다. 변동성은 우리를 겁에 질리게 하지만 주식시장이 크게 흔들린다는 사실은 놀랄 일이 아니다. 주식시장은 오늘날 요동치고 있고, 지금까지 그래왔으며, 앞으로도 영원히 그러할 것이다. 아멘. 그리고 당신은 그러한 속성을 원한다. 조금 더 설명하겠다.

이 책의 독자는 공포에 눌렸던 2008~2009년 초반의 시장 환경을 기억할 것이다. 나쁜 소식의 행렬은 끝이 없을 듯했다. 은행들은 파산했고 정부의 대응은 엉망인 데다 예측할 수 없었다. 주가는 벼랑에서 곤두박질쳤으며 실업률은 치솟았다. 몇 달 동안 세계가 종말에 이를 것 같았다. 물론 2009년은 놀라운 회복을 보인 해였고(미국 주가는 26.5% 상승했고 세계 주가는 30% 올랐다) 2010년에도 추세는 이어졌다(미국 주가는 15.1%, 세계 주가는 11.8% 상승했다).

그러나 2010년에도 시장이 크게 후퇴했고 이어서 제대로 된 조정이 왔다. 유럽 주변국의 경제가 널리 받아들여진 것보다 더 약하다는 사실이 드러났고, 그 결과 유로의 존재가 위태로워졌다. 그러던 중 5월 6일에 이른바 '플래시 크래시(flash crash, 이른바 2분 24초 크래시)'가 덮쳤다. 일련의 기술적인 결함 탓이라고 분석된 이 사태에 주가는 장중 일순간에 10% 가까이 급락했다가 재빨리 반등해 낙폭을 대부분 회복했다(여전히 마이너스 상태에서 장을 마감했다). 엄청나게 겁나는 사태였다.

이러한 일련의 상황은 오늘날 주가의 변동성이 본질적으로 더 커졌다는 증거일까? 시장은 더 불안정해졌을까? 그렇지 않다. 물론 2008년은 정말 변동성이 큰 해였다. 그러나 2009년에도 그러했다. 여러 해가 지나면 사람들은 그렇게 기억하지 않는다. 사람들은 그저

2008년이 끔찍했고 2009년은 크게 올랐다고 기억한다. 그러나 올랐건 내렸건 변동성은 모두 컸다.

어느 해가 다른 해보다 변동성이 큰 것은 사실이다. 늘 그래왔다. 어느 주나 어느 달의 변동성이 다른 주나 다른 해보다 더 크거나 작게 나타난다. 그러나 현재의 변동성이 과거보다 더 크다는 주장은 이와 무관하다. 지난 수십 년 동안 통용되어온 주장이지만 시장이 전반적으로 더 크게 변동하고 있다는 추세는 눈에 띄지 않는다.

변동하는 정도는 늘 동일한 정규 변동성을 따랐다. 또 한 해의 변동성이 평균보다 더 크거나 작다는 것이 혼란의 조짐이 되는 것도 아니다. 주가는 평균 변동성에 비해 크거나 작게 등락할 수 있다. 여기에는 예측 가능한 양상이 없다. 언제나 그랬는데, 사람들은 으레 잊어버린다. 이러한 기억 손상을 바로잡기 위해 역사를 약간 끌어오자. 우리는 다음의 사실을 알 수 있다.

- 변동성은 정확히 말해 무엇인가(사람들이 늘 아는 것은 아니다).
- 변동성은 그 자체로 꽤 변동한다.
- 기간을 어떻게 잡더라도 주가 등락의 변동성이 더 커지는 것으로 나타나지 않는다.
- 시간이 좀 주어지면 주식은 채권보다 변동성이 덜하다.
- 마지막으로, 당신이 장기 성장을 원한다면 변동성은 좋은 변수다. 나쁘지 않다.

나쁠 것도 없고 좋을 것도 없는 변동성

2008~2010년에 주가 변동성이 더 커졌다고 불평을 늘어놓는 사람이 많았다. 당시 주가가 변덕스럽기는 했지만 그때의 변동성은 과거의 약세장과 뒤이은 큰 반등의 표준에서 많이 벗어나지 않았다(이 장의 뒷부분에서 더 다룬다).

- 2010년 10월 1일: "게다가 시장은 여느 때보다 더 변동이 심하다. AP통신과 CNBC가 8월과 9월에 설문 조사한 결과 투자자 다섯 명 중 세 명 정도가 변동성 때문에 개별 주식 매매에 대해 자신감이 줄었다고 응답했다."[1] 이와 관련해 기억할 사실이 있다. 주가는 2009년에 엄청나게 올랐고 2010년에도 괜찮았다. 설문 조사는 느낌을 물어본 것이고 느낌은 주식시장의 선행 지표로 좋지 않다.
- 2009년 7월 31일: "떠들썩하게 거론되는 이 모든 혁신이 시장을 더 효율적으로 만든 것은 부인할 수 없다. 하지만 시장의 변동성이 더 커지고, 덜 안정적이고, 덜 공정해진 것도 사실이다."[2] 나는 '덜 공정하다'가 무슨 뜻인지 모르겠다. 주가의 변동성이 내재적으로 더 커졌다는 증거는 없다. 이는 "이번에는 다르다"의 다른 표현일 뿐이다.

사람들이 '지금'을 변동성이 더 큰 시기라고 생각하는 이유 중 일부는 변동성이 무엇인지 이해하지 못하는 데서 비롯된다. 대개 사람들은 주가가 하락하는 것은 나쁜 변동성으로 여기고 상승하는 것은 변동성으로 보지 않는다. 상승장의 변동성은 그저 '좋다'고 본다. 그러나 변동성은 나쁜 것도 아니고 좋은 것도 아니다. 변동성은 변동성일 뿐이다.

증권업계의 '쟁이'들은 대개 표준편차를 써서 시장 변동성을 측정한다. 이에 대해 대학 통계학 시간에 배운 것을 기억한다면 다음 부분은 건너뛰어도 된다. 표준편차는 말 그대로 어떤 변수가 '기대되는 평균에서 얼마나 떨어져 분포되었는지'를 나타낸다. 표준편차를 활용하면 개별 종목, 업종, 시장 전체의 역사적인 변동성을 계산할 수 있다. 또 데이터 요소가 충분하다면 어느 변수에 대해서도, 예컨대 샌프란시스코의 맑은 날이나 포틀랜드의 비 오는 날에 대해서도 표준편차를 구할 수 있다. 표준편차가 작다는 것은 그 변수가 평균에서 많이 벗어나지 않았다는 뜻이다. 표준편차가 크다는 것은 변동성 역시 크다는 의미다.

1926~2010년 S&P500의 연간 표준편차 평균은 19.2%였다(월간 수익률로 계산한 것이다. 연간 수익률로 계산할 수도 있는데 그렇게 하면 데이터 요소가 줄어든다). 이렇게 높은 수치가 나온 것은 두 차례의 대공황 약세장에 기록된 극심한 변동성 때문이다. 1926년 이후 표준편차의 중간치는 12.9%다(그림 3-1 참조).

기억할 것이 몇 가지 있다. 표준편차는 과거를 되돌아볼 때 사용하는 지표다. 유용한 수단이기는 하지만 가까운 미래의 변동성을 가늠하는 데는 전혀 도움이 안 된다. 주가의 경우 과거에 평균적으로 어떻게 움직였는지만 나타낸다. 훌륭한 길잡이지만 유용한 예측 도구는 아니다.

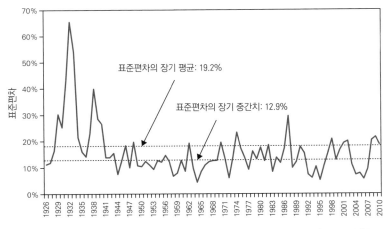

그림 3-1 변동적이기만 할 뿐 상승 추세는 보이지 않는 변동성

표준편차의 장기 평균: 19.2%

표준편차의 장기 중간치: 12.9%

자료: GFD, S&P500

**표준편차
계산하기**

통계학 개론을 듣지 않은(또는 거의 기억하지 못하는) 독자를 위해 간단한 표준편차 계산법을 설명한다. 계산법을 이해하면 표준편차가 무엇인지 그리고 무엇이 아닌지를 알 수 있다.

1. 일련의 데이터 요소를 취해 평균을 계산한다(단순하고 오래된 산술 평균).

2. 각 데이터 요소와 평균의 차이를 낸 뒤 그 수치를 제곱한다.

3. 제곱을 더한 합계를 데이터 요소의 수로 나눈다. 그 수의 제곱근이 바로 표준편차다.

더 나은 방법이 있다. 일련의 데이터 요소를 엑셀 스프레드시트에 넣어 돌린다.

주식시장은 어떻게 반복되는가

표준편차가 0인 경우는 수익률이 전혀 움직이지 않았다는 의미다. 매트리스 밑에 현금을 쌓아둔 것과 비슷할 것이다(물가 상승이 현금의 가치를 갉아먹는 효과를 무시할 경우). 망할 놈의 변동성이 꽤 크다는 것을 알기 위해 역사적인 표준편차가 필요하지는 않다. 내가 지금 표준편차를 끌어온 것은 주식시장 변동성은 원래 변동적이라는 것을 강조하기 위해서다. 어떤 해에는 시장 변동성이 평균보다 매우 높다. 다른 해에는 평균보다 한참 낮다. 또 다른 해에는 두 양상이 모두 나타난다. 평균은 평균이고, 그 안에 담긴 변동성이 얼마나 큰지는 별개의 문제다.

변동성은 확대되지 않는다

역사상 가장 극심한 변동성(표준편차로 측정한 것)을 기록한 해는 1932년이었다. 미국 사상 최악의 약세장 바닥을 포함한 해였다. 놀라운 사실은 아닐 것이다. 표준편차는 65.24%였다. 월간 수익률이 심하게 변동했다. 그렇다면 주가가 크게 떨어졌을 듯한데, 맞을까? 틀렸다. 그해 주가는 단지 8.41% 하락했다. 훌륭한 주가는 아니었지만 시장이 망한 것도 아니었다. 전반적으로 최악이었던 해가 끝나가는 시점에서, 하강을 마친 롤러코스터가 종착지로 돌아가는 상황일 뿐이었다.

두 번째로 큰 변동성을 기록한 해는 1933년이었는데, 표준편차가 53.8%였고 주가는 무려 54.4% 급등했다! 큰 변동성이 꼭 주가 하락을 의미하지는 않는다. 2009년의 변동성도 표준편차 21.3%로 중간치보다 훨씬 컸는데, 그해 주가는 26.5% 상승했다. 1998년의 표준편차도 20.6%로 컸는데, 주가는 중반에 큰 조정을 겪고도 28.6% 상승했다. 2010년 역시 표준편차는 18.4%였는데 주가 상승률은 15.1%였다. 물론 큰 변동성은 약세장으로 이어지기도 했다. 그러나 늘 그러한 것은 아니었다. 우리는 평균보다 큰 변동성을 반사적으로 두려워할 이유가 없다.

물론 그 반대의 경우도 마찬가지다. 작은 변동성이 큰 수익을 의미하는 것은 아니다. 1977년 표준편차는 평균보다 낮은 9%였는데 주가는 7.4% 하락했다. 1977년의 수익률은 1932년과 거의 같았는데 놀랍게도 변동성은 훨씬 작았다. 1953년 표준편차는 9.1%였는데 주가는 1.2% 떨어졌고, 2005년 표준편차는 7.6%였는데 주가는 단지 4.9% 올랐다. 표준편차가 장기 중간치 언저리(12~14%)에 있을 때도 수익률 차이는 컸다! 1951년 표준편차는 12.1%였고 미국 주가는 24.6% 급등했다. 1973년 표준편차는 13.7%였는데 미국 주가는 14.8% 하락했다. 우리 뇌는 이 사실을 받아들이기 어려워하지만, 변동성은 미래 수익률을 예측하는 지표 같은 것이 결코 아니다.

칵테일파티에서 거의 모든 사람, 투자 전문가의 99%를 당황하게 할 수 있는 사실이 있다. 2008년과 2009년 중 어느 해의 변동성이 컸을지 물어보는 것이다. 아마 대부분이 2008년이라고 답할 것이다. 그러나 사실 주식시장은 2009년에 더 요동쳤다. 비록 2008년은 끔찍했고 2009년은 훌륭했지만 말이다. 2008년의 표준편차는 20.1%였고 2009년의 표준편차는 21.3%였다(만약 그들이 당신을 믿지 못한다면 이 책을 언급하라). 2009년에 미국 주가 지수가 26.5% 상승했다는 것을 기억한다면 이 사실은 매우 이상하게 여겨질 것이다. 그러나 2009년 미국 주가가 3월 9일 바닥에 이른 뒤 연말까지 무려 67.8% 급등했다는 것을 기억한다면 전혀 이상하지 않을 것이다. 변동성은 전반적으로 상승하거나 크게 오른 경우에도 커진다.

칵테일파티 참석자들을 격분시킬 수도 있다. 우리의 변동성 계산 방식이 파티에 참석한 학자, 금융 전문가, 언론인이 정확하다고 여기는 방식을 그대로 따른 것이라고 이야기하는 것이다. 이 분석은 색다른 것이 아니다. 그러나 우리가 그렇게 느끼는 것은 우리의 기억이 형편없기 때문이다. 우리의 역사 감각 역시 기억과 마찬가지로 꽝이다.

작아지는 변동성

앞에서 말한 것처럼 변동성 확대나 축소가 자동적으로 수익 감소나 증가를 가져오는 것은 아니다. 그러나 변동성 확대는 감정적·심리적으로 대응하기 어렵고 투자 실수로 이어질 수 있다. 투자자들은 변동성을 피하기 위해 시장에서 달아나기도 한다. 그렇게 잠재적인 미래 수익을 스스로 버리는 것이다. 변동성이 전반적으로 커지면 행동과 감정 차원에서 우려스러운 일이 야기될 수 있다. 다만 시장의 통념 외에 변동성이 확대되고 있다는 통계적인 증거는 전혀 없다. 그림 3-1을 다시 보면, 변동성은 불규칙하고 급하게 오르내리지만 장기적인 확대 추세는 '전혀' 보이지 않는다.

인터넷, 탐욕스러운 은행가, 부채담보부증권CDO 같은 복잡한 투자 수단이 변동성을 키운다는 공포가 있다. 미국 국가부채 국가신용 등급 하향! 찰리 신에서 레이디 가가까지 조바심 낼 거리가 많기도 하다. 그러나 변동성이 커지는 추세라는 근거는 없다. 그러나 대다수 사람은 그렇다고 믿는다. 뼛속 깊이.

변동성 확대의 원인으로 지목되는 것 중에는 초단타 매매가 있다. 2010년 〈뉴스위크〉는 한 기사에서 다음과 같이 목청을 높였다. "눈 깜짝할 사이에 수십억 주를 매매하는 거래로 주식시장이 그 어느 때 보다 더 민감해지고 변동성도 커졌다."[3] 멋진 감상이고 사람들이 그 렇게 믿는 이유도 이해하기 쉽다. 그러나 생각 없이 내뱉는 허튼소 리일 뿐이다. 2010년의 변동성이 그 전보다 뚜렷하게 크다는 증거는 어디에 있나? 없다.

초단타 매매와 인터넷 등은 상대적으로 변동성이 낮게 나타난 2003~2007년에도 충분히 영향력을 행사했다. 그리고 표준편차가 상대적으로 정점에 이른 1987년에는 이들 변수가 없었다(물론 탐욕스 러운 은행가들은 있었다. 그렇다고 사람들이 이윤을 추구하는 은행가들이 없는 세상에서 살고 싶어 하는지 나는 확신하지 못한다). 인터넷은 1998년에 초 기 상태였는데 그해 표준편차는 상대적으로 정점이었고 미국 주가 는 20.6% 상승했다. 1948년에는 인터넷을 상상조차 못했지만 그해 표준편차는 19.41%로 높은 편이었고 증시는 5.1% 강세로 중간 수준 이었다.

다르게 보자. 대공황기에는 변동성이 무척 컸다. 위아래로 모두 그 랬고, 수많은 요인이 작용했다. 그중 하나는 유동성과 투명성이 상대 적으로 부족했다는 것이다. 당시에는 상장 종목이 그렇게 많지 않았고 거래량도 풍부하지 않았으며 시장 참가자 수도 적었다. 정보는 훨씬 느리게 전해졌고, 그래서 가격이 회복되는 과정이 힘들었다. 상위 대형주들을 제외하면 매매 시 호가의 차이가 주가의 1%에 이를 정도로 컸고, 후려치는 매도 호가나 추격하는 매수 호가로 인해 주가가 몇 퍼센트씩 요동쳤다. 이들 요인이 모두 가세하면서 변동성이 더욱 커졌다. 다른 거시경제 요인, 즉 재앙에 가까웠던 통화 정책, 재정 실책, 정신 나간 무역 정책, 엉망인 경제, 거대한 불확실성, 히틀러의 집권, 휴이 롱(대통령 후보) 암살 등을 제외하고도 그랬다.

오늘날에도 거래량이 미미한 시장은 대개 변동성이 더 크다. 동전주와 초소형주(이 둘은 종종 동일하다), 신흥 경제국의 매우 작은 주식시장이 그렇다. 그러나 일반적으로는 시장에서 공개적으로 거래되는 주식 물량이 훨씬 풍부하고, 시장 참가자도 더 많으며, 쉽게 바로 얻을 수 있는 정보가 많은 오늘날의 주식시장은 물량이 적었던 대공황기에 비해 내재 변동성이 작을 수밖에 없다. 나는 다음 주에 주식시장이 덜 등락할 것이라고 말하는 것이 절대 아니다(그렇게 생각한다면 무척 실망할 것이다). 1930년대에 경험한 강도 높고 거친 등락이 재연될 가능성은 낮으며, 그러한 변동성은 거래량이 미미한 시장에서나 나타날 것이라는 의미다.

부끄러운 양파 투기

변동성의 책임을 정체가 모호한 투기꾼한테 돌리려는 사람들이 있다. 주가에서도 유가에서도 그들을 비난한다. 그러나 그 투기꾼이 누구인지 지목하는 사람들은 거의 없다. 당신은 스스로를 투기꾼이 아닌 투자자라고 생각하겠지만, 가격이 더 올라가리라고 추측하는 이상 투기꾼일 수밖에 없다. 어이쿠!

보통 선물 트레이더들을 투기꾼으로 지칭하기도 한다. 미래의 가격에 돈을 걸기 때문이다. 선물을 거래하는 합당한 이유는 수없이 많다. 기업은 변동성이 큰 상품의 구매 원가를 안정시키기 위해 선물 계약을 이용한다. 항공사는 운항 비용을 안정시키기 위해 기름을 선물로 구매한다. 농부는 사료, 비료 등을 구매하는 데 선물을 활용한다(우리는 농부의 선물 거래가 얼마나 무모한 것인지 알고 있다).

투기꾼 없는 세상이 궁금하다면, 양파 파동만 봐도 충분하다. 1958년 양파 농가들은 투기꾼이 양파 가격을 후려친다고 주장했고, 이 주장을 믿은 미시간주 하원의원 제럴드 포드(나중에 대통령이 된)는 양파에 대한 선물 계약을 금지했다. 자유시장을 신봉해온 포드가 말이다. 이 금지는 지금도 해제되지 않았다. 포드와 농부들은 투기꾼들이 유동성과 투명성을 제공하는 데 기여한다는 것을 이해하지 못했다. 그들의 시장 참여가 실제로는 변동성을 작게 한다는 것도 알지 못했다.

유가의 변동성이 크다고 생각하나? 그림 3-2에서 유가와 양파 가격을 비교해보라. 양파 가격이 유가에 비해 등락 빈도가 더 잦고 골과 마루의 진폭도 더 크다. 눈에 보이는 것만 믿으면 안 된다. 표준편차를 계산해보면 2000~2010년 유가는 33.8%였고 양파는 211.4%였다. 주가 변동성의 10배다. 만약 주가 변동성이 이렇게 컸다면 당신은 좋아했을까? 이러한 상황이라면 변동성을 줄일 투기꾼들을 불러들여야 할 것이다. 무지와 오만으로 투기를 금지하고 싶어 하는 정치인들은 내버려 두자.

그림 3-2 변동성과 양파?(1999~2010년)

자료: GFD, 서부텍사스중질유, 농부 수취 기준 양파 평균가

괴로운 일일 등락

표준편차를 기준으로 하면 주식시장의 변동성이 더 커지지 않는
다는 사실을 알 수 있다. 그러나 표준편차라는 '쟁이들의 계산'은 사
람들이 변동성을 체감하는 방식과 다른 것처럼 보인다. 변동성에 가
장 민감한 사람들은 시장의 변동성 수준을 월 1회나 연 1회의 주기
로 점검하지 않는다. 그들은 하루하루의 변동을 강도 높게 느끼는데,
이러한 일일 변동성은 매우 크다. 심지어 일중 변동성은 더 심하게
느껴진다. 내가 2006년 책《세 개의 질문으로 주식시장을 이기다》에
서 말한 것처럼 화요일의 일중 변동성은 2%고 금요일은 5%다.

예를 들어 2008~2009년에는 일일 변동성이 엄청났다. 2008년 9월 29일에는 대다수 미국 투자자들이 지켜보는 가운데 S&P500 지수가 8.8% 떨어졌고 다음 날에는 5.4% 반등했다. 10월 13일에는 11.6% 상승했고 이틀 뒤에는 9.0% 떨어졌다. 이토록 극심한 변동성은 연말까지 이어졌다. 2009년에도 변동 폭 3~4%는 드물지 않았다(양파라고 생각할 정도였다).

많은 투자자들에게 변동성은 고통스럽고 견디기 힘들다. 그러나 10년을 내다보고 주식에 투자했다면, 힘들겠지만, 하루하루의 등락에 신경 쓰지 말아야 한다(특정한 분야에 집중 투자하는 바람에 물려버린 경우가 아니라면 말이다). 그러나 사람들은 그렇게 하지 못한다. 하루하루의 등락에 겁을 먹는다. 초단기 변동성은 불편하고, 그러한 상황에 처하면 사실 아무리 장기 투자 전략을 추구한다 해도 평정심을 유지하기가 힘들어진다. 2008~2009년 일일 수익률은 변동성이 컸지만, 일일 변동성이 점점 확대되었다는 증거는 없다. 일일 변동성은 단지 변동성이 매우 클 뿐이다. 늘 그래왔다.

더 기술적인 변동성 지표가 아니더라도 대다수 투자자는 하루 1%나 그 이상의 하락이 큰 변동성이라는 데 동의할 것이다. 물론 상승의 경우도 마찬가지다. 우리는 과거에 1% 이상의 일일 등락 폭을 보인 날을 헤아릴 수 있다.

그림 3-3은 일일 등락 폭이 1% 이상이었던 날이 연평균 61.9일이었다는 것을 보여준다(그래프는 1928년에 시작하는데, 그 이전 시기에 대해서는 신뢰할 만한 데이터가 없기 때문이다. 긴 역사적 데이터가 있다는 점에서 이번에도 미국 증시 자료를 이용했다). 평균은 평균일 뿐이다. 어떤 해는

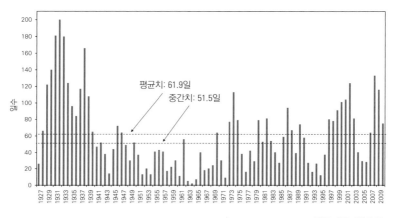

그림 3–3 일일 등락 폭이 1% 이상인 날(1927~2009년)

평균치: 61.9일
중간치: 51.5일

자료: GFD, S&P500

훨씬 더 크게 움직였고 다른 해에는 덜 움직였다. 대공황기는 평균을 높였고, 따라서 평균치와 별개인 중간치 51.5 또한 유용하다. 하루 1% 안팎의 주가 움직임이 상승을 의미하는지 하락을 의미하는지 알려주는 자료는 없다. 1980년대는, 1987년 10월 붕괴로 잠깐 안 좋기는 했지만 대체로 훌륭한 10년이었다. 그래프를 보면 중간치를 중심으로 엎치락뒤치락했다. 1997~1999년은 일일 변동성 측면에서 모두 평균 이상이었고 수익률이 대단했다(수익률은 각각 33.4%, 28.6%, 21.0%였다). 1996년은 평균 이하였는데 주가 지수는 23.0% 올랐다.

새로운 일이 전혀 아니다. 사람들은 잊고 시장은 잊지 않을 뿐이다. 1963년 일일 등락 폭은 평균보다 훨씬 작은 해였지만 S&P500 지수는 22.7% 상승했다. 1936~1938년은 모두 평균보다 훨씬 컸는데 주가는 각각 32.8% 상승, 35.3% 하락, 33.2% 상승을 보였다. 예측에 참고가 되는 것은 하나도 없다.

장기적 시장 참여자는 몇 년 동안 크게 요동치는 날들을 겪으면서 그 변동성이 수익에 부정적일 때보다 긍정적일 때가 많다는 것을 깨닫게 된다. 그리고 다음 경구를 기억하기 시작한다. "일일 변동성이 크다고 해서 장기적으로 곤경이 되는 것은 아니다." 그러나 이것도 잊고 마는데, 일일 변동성은 너무도 고통스럽기 때문이다.

장중에는 TV와 인터넷을 꺼야 한다

투자자들은 큰 일일 변동성에 심리적으로 심하게 시달린다. 그들을 향한 나의 조언은 다음과 같다.

장중에는 TV와 인터넷을 끄거나 결정권을 다른 사람에게 넘겨야 한다. 일일 변동성을 완전히 무시하고, 나아가 월별로도 신경을 쓰지 말아야 한다. 큰 폭의 단기 출렁임에 반응하는 것을 막는 일종의 통제 메커니즘을 만들어두는 것도 좋다. 시장을 매일 주시하더라도(전문 투자가들을 말하는 것은 아니다. 그들은 당연히 시장을 매일 본다) 분기 단위로 수익률을 점검하도록 자신을 통제한다면, 3년 안에 상대 수익률은 결정적으로 개선될 것이다. 잘못된 타이밍에 조건반사적인 결정을 내리는 횟수가 줄어들 것이며 들락날락하는 일도 줄어들 것이다. 이것만으로도 실적이 개선될 수 있다(2장을 다시 읽어보라). 물론 대다수가 그렇게 하지 않을 텐데, 우리 대부분은 근시안을 가지고 태어났기 때문이다.

그림 3-3은 일간 변동성이 실질적으로 커지는 추세가 아니라는 것도 보여준다. 물론 1990년대 말~2000년대 초 몇 년은 변동성이

컸지만 추세적인 변동성 확대라고 할 만한 것은 없었다. 그리고 주가가 하루에 크게 등락했다는 것이 자동적으로 연간 상승률 악화를 의미한다는 뚜렷한 증거가 없기 때문에, 주가가 심하게 요동친 해가 몇 년이었다고 해서 문제가 되지도 않는다. 이는 기억해야 할 강력한 교훈이다. 왜냐하면 주가 등락에만 초점을 맞추다가는 실제로 주가 등락을 결정하는 근본적인 변수가 무엇인지를 간과하게 될 수 있기 때문이다. 이 변수를 주시한다면 공포와 탐욕에 의한 조건반사적인 결정을, 시간이 흐르면서 평균적으로 더 나쁜 결과로 이어지는 결정을 멀리할 수 있다.

주식의 손실 발생 기간은 채권보다 짧다

그러나 일부 투자자들에게 변동성은 너무나 고통스럽다. 그들도 일일 변동성이 정상적이고 일상적이라는 것을 안다. 이러한 변동성이 유난스러운 것이 아니며 점차 확대되지 않는다는 것도 인정한다. 단지 변동성에 대한 관심을 끄지 못할 뿐이다.

그러나 많은 투자자들이 장기 목표에 도달하려면 어느 정도 수익률이 필요하다. 그 정도가 얼마인지는 각자의 개인적인 상황과 투자 가능 기간, 목표 수익, 현금 지출 계획 등 여러 요소에 따라 다르다. 그러나 단지 현금을 채운 매트리스를 깔고 앉아 있기만 하는 것은 해법이 아니다. 투자자들은 수익률을 충분히 고려하지 않았다는 사실을 뒤늦게 깨닫는다.

어느 정도 수익률을 만들기 위해 투자 기간 내내 상당한 주식 비중을 가져가느라 시장의 일일 변동성에 대응하기 힘들 수 있다. 이때는 조금 더 장기적으로 바라보도록 노력해야 한다. 이후 4장에서는 분석 기간을 조금만 길게 잡으면 주가가 상승할 확률이 높아진다는 것을 보여줄 것이다.

더 나은 수익률을 만들기 위한 확률을 높이는 대신 채권처럼 변동성이 작은 자산에 투자하는 사람들도 여전히 많다. 충분히 타당한 선택이다. 그러나 주식 투자가 단기적으로 등락이 심할 수 있지만, 역사적으로 보았을 때 채권보다 수익률이 더 높았을 뿐 아니라 손실 발생 기간도 더 짧았다는 것을 기억해야 한다.

'주식 투자가 채권 투자보다 손실 발생 기간이 짧았다'는 이야기가 믿기지 않을 것이다. 하지만 사실이다. 투자 기간을 조금만 길게 잡으면 그렇다. 얼마나 길게?

그림 3-4는 10년 만기 미국 국채의 3년 보유 수익률을 보여준다. 이 그림에서 볼 수 있는 것처럼 단기적으로는 채권도, 심지어 미국 국채도 가치가 하락할 수 있다. 그런데 사람들은 이 사실을 잊는다. "자유시장경제에서 거래되는 것은 무엇이든 손실 위험을 지닌다." 이 경고는 내가 보아온 모든 투자 상품에 해당된다. 이 경고를 이해하지 못하는 독자는 주의하기 바란다(나중에 더 논의하기로 한다). 미국 국채 3년 보유 수익률이 마이너스인 시기가 분명히 있었고 심지어 연속해서 나타나기도 했다. 미국 국채처럼 변동성이 작은 자산에 대해 대다수 사람들이 가지고 있는 통념과 다르다. 물론 채권 수익률이 몇 년 동안 지속적으로 마이너스가 되려면 장기 금리가 몇 년 동안

주식시장은 어떻게 반복되는가

지속적으로 상승해야 한다. 그러한데 이러한 상황이 오지 않는다는 보장은 없다.

그림 3-5는 미국 주식 투자 수익률을 나타낸다(거듭 말하지만 내가

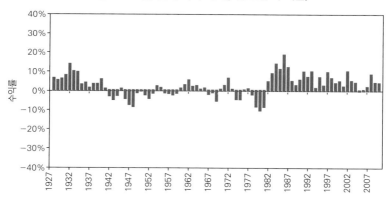

그림 3-4 10년 만기 미국 국채(3년 보유 수익률)

자료: GFD, 10년 만기 미국 국채 총수익률 지수

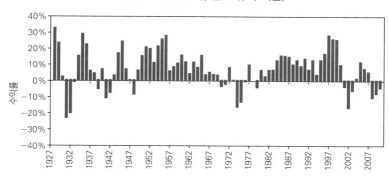

그림 3-5 미국 주식(3년 보유 수익률)

자료: GFD, S&P500

미국 주식 데이터를 활용하는 것은 우리가 원하는 수준의 장기간 자료가 존재하기 때문이다). 맞다. 주식 투자는 손실 발생 기간의 손실률이 더 크다. 그러나 역사적으로 주식 투자는 채권 투자에 비해 손실 발생 기간이 더 짧다. 그리고 수익 발생 시기의 수익률은 압도적으로 크다. 수익률은 훨씬 더 크고 손실이 발생한 기간은 더 짧다. 투자 기간을 조금 길게 잡았을 뿐인데 말이다. 길게 잡으면 그렇다. 또한 그림 3-4와 3-5에서도 주식시장의 변동성 확대(또는 축소)에 대한 유의미한 양상은 보이지 않는다. 우리가 늘 접하는 정상적인 변동성 정규 분포만 보인다.

주식의 변동성이 제멋대로라고 느낄 수 있다. 당신이 옳다. 그러나 역사라는 강력한 연구실이 보여주는 것은, 투자 기간을 조금만 더 길게 잡으면 주식의 변동성이 작아진다는 사실이다. 투자 기간을 늘리면 상대 수익률은 시간이 흐르면서 개선될 것이다. 이 교훈을 잊지 않기 바란다.

경제적 변동성 또한 정상적이다

자본시장의 변동성과 마찬가지로 경제의 속도도 일정하지 않다. 확장기에도 그렇다. 기본적으로 지금까지 나타난 모든 확장기에는 변동성이 있었다. 만약 전 분기 대비 GDP 성장률이 크게 움직이지 않는다면 오히려 그것이 비정상이다. 그러나 성장률이 한 분기나 두 분기 낮아질 때마다(2011년에 그랬다) 사람들은 공포에 빠져 경제가 침체로 갈 것을 걱정한다(또는 실제로는 거의 보지 못한 더블딥에 대해 많이 이야기한다. 1장 참조). 그러나 한 분기나 두 분기 성장률 둔화(또는 한 분기 마이너스 성장)에 이어 반드시 침체가 온다는 증거는 전혀 없다. 사람들은 이 사실을 습관적으로, 규칙적으로 잊어버린다.

자본시장도 그렇지만, 만약 경제가 꾸준하고 예측 가능한 비율로 성장한다면 대응하기가 더 편할 것이다. 반대로 경제 침체가 꾸준하더라도 마찬가지일 것이다. 그러나 경제는 그렇게 전개되기에 너무나 복잡하다. 그뿐만 아니라 GDP 통계는 가끔 유용하기도 하지만 정부에서 작성한 통계가 원래 그렇듯 미덥지 않다. 예를 들어 GDP는 수출에서 수입을 뺀 순수출로 계산한다. 따라서 미국 같은 순수입국은 불리하다. 순수입국은 원래 경제 상황이 나쁘다는 증거가 있다면 말이 되지만 실제로는 그렇지 않다.

우선 세계 전체를 놓고 보면 무역은 균형을 이룬다. 둘째로, 독일과 일본 같은 장기 순수출국이라고 해서 장기 성장률이 평균보다 높은 것은 아니다. 사실 그 반대다. 또 GDP 성장률은 사실이 일어난 지 오래 뒤에 정기적이고 일상적으로 수정 발표된다. 그래서 과거 지향적일 수밖에 없다. 다시 말하면 GDP 성장률은 시차를 두고 집계, 발표되고 적어도 두 차례 수정되면서 과거의 경제 성장에 대한 스냅 사진을 보여줄 뿐이다. GDP 성장률은 예측할 수 없고, 그랬던 적도 없다.

그림 3-6은 1950년 이후 분기 GDP 성장률을 보여준다. 회색으로 표시된 부분은 침체다. 성장률은 가끔씩 심하게 오르내리며 예측은 불가능하다. 성장률 둔화가 미래의 침체를 예고한다면 1993년

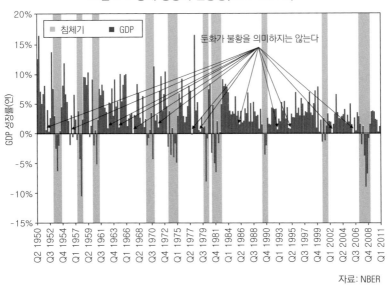

그림 3-6 경제 성장의 변동성(1950~2011년)

자료: NBER

1분기의 0.7% 성장률은 그 징후였을 것이다. 하지만 그렇지 않았다. 다음 세 분기 성장률은 각각 2.6%, 2.1%, 5.4%였다. 성장률은 1995년 1분기와 2분기에 다시 0.9%와 1.0%로 둔해졌다. 그러나 그다음에는 5년이 넘는 활기찬(비록 변동이 심했지만) 성장이 이어졌다. 이러한 패턴은 지난 60년 동안의 확장기 통계에서 반복적으로 볼수 있다. 한 확장 국면에서 GDP 성장률은 종종 여러 차례 둔화된다. 1990년대 중반에 나타난 것처럼 말이다.

1960년대 큰 확장기에 성장률은 심하게 변동했다. 경기 둔화 분기로 4개 분기(괄호 속은 성장률), 즉 1962년 4분기(1.0%), 1964년 4분기(1.1%), 1966년 2분기(1.3%), 1967년 2분기(0.1%)를 꼽을 수 있는데,

이후에 불황이 오지 않았다. 1956년과 1959년에는 가끔 분기 성장률이 마이너스를 기록했지만 즉각적인 침체는 오지 않았다.

다른 측면을 살펴보자. '강한' 경제 성장도 예측이 가능하지 않다. 1952년 4분기와 1953년 1분기 성장률은 어마어마해 각각 13.9%와 7.7%였지만 그 이후 경제는 침체로 굴러떨어졌다. 역사를 보면 성장률이 매우 높은 한 개 분기가 있지만 그렇다고 해서 사람들이 "야호! 이러한 호황은 계속될 수밖에 없어"라고 단정적으로 말하지 않는다. 1978년 2분기 성장률은 기존 기록을 깨고 올라가 16.7%로 집계됐지만, 내가 찾을 수 있는 한 '아무도' 그렇게 생각하지 않았다. 분기 성장률이 높게 나온 그 어느 때도 다 마찬가지였다. 사람들은 두드러진 성장률을 보고도 호황을 예상하지 않으면서, 왜 성장률이 둔화될 때는 동전의 반대 면처럼 여기지 않는 것일까. 앞에서 언급한 것처럼, 부분적으로는 이득에서 얻는 만족보다 손실에 대한 두려움이 더 크기 때문이다. 아울러 단지 사람들이 기억하지 못하기 때문이기도 하다. 기억하지 못하면, 아무리 점을 많이 발견해도 선으로 연결해낼 수 없는 법이다.

불법과 사기를 피하려면 변동성을 수용하라

당신은 변동성이 없는 세상을 더 좋아할 수도 있다. 그러나 그러한 세상에서는 투자 수익으로 물가상승률을 따라잡기도 힘들다. 투자 수익을 얻으려면 위험을 감수해야 한다. 사람들은 변동성을 위험으로 느끼는 경향이 있다. 높은 수익률을 목표로 하지 않는 투자자도 있을 수 있다. 좋다! 그러나 더 많은 수익을 원한다면 어느 정도 변동성에 견디도록 자신을 단련해야 한다. 작은 변동성을 원한다면 그것도 좋다. 당신의 기대 수익률을 낮추면 된다. 변동성이 전혀 없는 상황을 원한다면 아주 낮은 은행 예금 금리에도 만족하면 된다.

사람들은 세상에 은제 탄환, 즉 마법 같은 투자 대상이 있어서 시장보다 낮은 변동성으로 시장 수익률을 얻을 수 있지 않을까 하는 생각에 빠지곤 한다. 그러나 그러한 투자 대상이 있다면 모든 자산운용사가 그곳에 투자할 것이다. 자산운용사도 전부 사라질 것이다. 자기 돈부터 투자하느라 바쁠 테니! 그러나 적어도 불법이 아닌 한 그러한 투자 대상은 존재한 역사가 없다.

버나드 매도프에게 사기당한 사람들은 연 10%라는 소설 같은 수익률을 보장받았다. 무려 20년 넘게 그처럼 높은 수익률을 누린 피해자도 있었다. 그래서 그토록 많은 사람들이 매도프에게 몰렸던 것이다(내가 2009년 책 《금융사기》에서 기록한 것처럼 말이다). 사람들은 변동성 없는 연 10% 수익률이라는 조건을 좋아하는데, 이것은 믿기 어려울 만큼 너무 좋은 조건이다! 그런데도 잘 속는 사람들은 종종 있기 마련이다. 매도프가 150년을 복역하는 동안 최초 투자 금액 일부를 돌려받는 사람들도 제법 있을 것이다(연 10% 수익은 제외). 단 한 푼도 건지지 못하는 폰지 사기 피해자에 비하면 그나마 다행이라고 할 수 있다.

불운하게도 돈을 압류당하거나 토해내야 하는 피해자들도 있는데, 전체 금액이 수십억 달러에 이른다. 그들도 나중에 알게 된 사실이지만, 가공의 수익금이더라도 부정한 돈으로 지급받았기 때문이다. 사실 그들도 다른 사람들처럼 피해자라고 볼 수 있다. 자신들에게 지급된 돈이 정당한 수익이 아니라 신규 피해자에게서 조성된 돈이라는 사실을 전혀 알지 못했기 때문이다. 어찌 되었든 정당하지 못한 돈이기는 마찬가지다. 폰지 사기 작업을 착수하기 위해서는 꾸준하고 기복 없는 수익을 보장하지 않을 수 없었을 것이다. 변동성에 초연해지는 것이야말로 이러한 사기에 당하지 않기 위해 예방 주사를 맞는 것과 같다고 할 수 있다. 오랜 법정 공방 끝에 최초 투자 금액을 회수하는 것을 두고(만약 당신이 운이 좋아 능력 있는 변호사를 선임할 여유가 있든, 불운하게도 대규모 사기에 해당되어 정부가 국선변호사를 선임하든) 멋진 장기 성장 전략이라고 할 수는 없다.

주식 투자 방식의 폰지 사기에 변동성을 피하려는 투자자들만 당하는 것은 아니다. 내가 2011년에 썼듯이, 한때 이라크 디나르 사기가 횡행했다. 사기꾼들은 이메일이나 인터넷 광고로 범행 대상자들을 낚으려고 시도했다. 그들은 이라크 화폐인 디나르 강세를 이용해 엄청난 수익을 거둘 수 있다고 호언장담했다. 당신이 이라크에서 합법적인 사업을 한다면 적법하게 디나르로 환전해줄 수 있다고 말했다. 그러나 인터넷 디나르 환전 제안 중 대부분은 분명히 사기였다. 환율이 어떻든 차익 거래를 통해 막대한 이익을 내주겠다고 장담하는 사람은 사기꾼이거나 무능력자다. 모두 올바르지 않다.

ATM 리스백 사기 사례도 있다. 사기꾼이 당신 명의로 ATM을 구매하겠다고 제안한다. 당신이 기기를 자신에게 임대해주면 그 기기를 운영해 월 수익을 보장해주겠다는 것이다. 누구나 ATM을 적법하게 구매하고 운영할 수 있다. 기기 가격은 2,000~5,000달러다. 그러나 사기꾼들 말은 다르다(기기가 1만 2,000달러 이상 호가한다고 말하는 것을 보고 사기라고 알아챌 수도 있다). 그러면서 그들은 월 수익을 보장한다. 투자 수익을 보장할 수 있는 사람은 없다. 심지어 미국 장기 국채에 투자해도 그럴 수 없다. 매달 수익금을 받을 욕심에 자신도 모르게 이러한 사기에 연루되었을 것이다. 수익금이 신참 바보들에게서 나오고, 걸려드는 바보가 줄게 되면 바로 무너지거나 당국이 단속해 끝낼 수 있다는 사실을 모를 뿐이다. 사기꾼들은 당신의 돈 대부분을 챙긴 후에 범죄자 인도 협정이 체결되지 않은 외국 어딘가로 도주할 것이다.

만약 누군가가 이메일로 자신의 부친이 수감된 왕자인데 제3국에 맡겨놓은 2,500만 달러를 인출하는 데 도움이 필요하다면서 5,000달러를 송금해달라고 한다면, 그것은 사기가 틀림없다(FBI는 이것을 선금 사기라고 부른다. "내게 소액을 보내주면 나중에 크게 갚겠다"라고 제안하지만 나중 일은 결코 일어나지 않는다). 만약 누군가가 '사실로 믿기 어려울 만큼 너무 좋은' 제안을 하면서 뭔가를 보장한다면 그것은 사기가 틀림없다. 나로서는 사기꾼처럼 보장할 방법이 없다. 그러나 우리 주변에는 언제나 이러한 사기꾼이 있었다. 그런데, 우리는 잊어버린다.

제일 경계해야 하는 것이 '수익을 보장한다'는 유혹이다. 물론 개인연금이나 생명보험금 등에 대한 보험사들의 보장은 문제가 없다. 계약 이행을 위한 일정 수준의 현금 보유를 감독 당국이 강제하기 때문이다. 아울러 보험사들은 여력이 있을 때에 한해 지급이 가능하다고 공지하고 있다.

이러한 사기 사례가 너무 뻔해 보인다고 생각할 수 있다. 맞는 말이다. 그런데 이렇게 사기당한 사람 중에는 멀쩡하거나 똑똑한 사람도 많다. 그들은 신종 사기 수법이 등장할 때마다 돈을 잃는다. 사기였다는 것이 밝혀진 다음에야 늘 이렇게 말한다. "그때 알아차렸어야 했는데." 하지만 위험 없이 금세 돈을 벌 수 있다는 유혹에 달려드는 탐욕을 무슨 수로 말리겠는가. 게다가 기억 상실증은 더 심해지고 있다(당신이 사기에 걸려들었는지 의심이 들면 FBI 웹서비스가 도움이 될 수 있다. 흔한 사기 사례를 소개하고 있기에 당신이 사기에 걸려들었는지 확인해볼 수 있다 www.fbi.gov/scams-safety/fraud).

변동성은 시간이 흐르면서 탁월한 수익률을 내는 데도 도움이 된다. 이는 과거 경험을 통해서도 확인된다. 그러나 변동성의 진정한 가치는 당신이 적어도 불법적인 곳에 투자하지 않았고 폰지 사기에 걸려들지 않았다는 것을 보여주는 매우 좋은 지표라는 데 있다. 가끔 돈을 회수해보는 것이 투자 수익보다 더 중요할 수도 있다. 폰지 사기를 발견하고 이익을 챙긴 다음 사기가 무너지거나 당국이 단속하기 전에 잽싸게 발을 뺄 만큼 특별한 능력이 있다고 생각하지 않는다면, 사기에 연루되었다고 의심받거나 모든 수익을 몰수당하지 않을 자신이 없다면, 또는 돈을 챙겨 미국 정부와 사법권이 미치지 않는 곳으로 도피할 자신이 없다면, 미안하지만 어느 정도 변동성을 수용하고 시장 수준의 투자 수익률을 얻는 데 만족하길 바란다. 만약 사실로 믿기 어려울 만큼 너무 좋아 보인다면, 십중팔구 사실이 아닐 것이다.

단조로운 순간은 한 번도 없었다

'지금'의 변동성이 더 크다는 공포(그 '지금'이 다음 주인지, 다음 해인지, 2047년인지는 중요하지 않다)는 세계가 더 불안해지고 있다는 생각과 관련이 있다. 세상이 더 공포스럽다! 매일 저녁 뉴스에서는 세계가 더 위험해졌다고 전한다. 지정학적 긴장이 더 고조되었고 어느 때보다 국내 정치 갈등이 심하다고 분석한다. 대륙판이 어긋나면서 일본 지진, 허리케인, 토네이도 같은 자연재해가 많아지고 있다고 경고한다.

많은 사람이 '블랙 스완', 즉 일어날 법하지 않고 전혀 예측 불가한 정규 분포 바깥의 사건이 더 잦아진다고 한다. 오늘날 블랙 스완이라는 개념은 매우 드문 사건이라는 원래 개념을 무너뜨린다. 몇몇 사람들은 투자자들이 이러한 예상 밖의 사건을 가능성 높게 받아들이고 대비해야 한다고 주장한다. 블랙 스완의 본질이 '예측 불가능성'인데도 말이다. 그렇다면 극도로 가능성이 희박하고 예측 불가능한 그 무엇을 어떻게 상정하고 투자할 것인가? 투자는 확실성이나 가능성이 아닌 확률의 게임이다.

거듭 말하지만, 투자는 확실성이나 가능성의 게임이 아니라 확률의 게임이다. 이 문장을 200번 되뇐다면 당신은 더 나은 투자자가 될 수 있을 것이다. 왜냐하면 이 메시지가 당신의 뇌에 각인되어, 확률을 높이기 위해 과거 사례를 알아보아야 한다는 사실을 잊지 않게 해줄 것이기 때문이다.

예를 들어 어떤 사람이 2017년에 소행성과 지구가 충돌한다는 희박한 가능성에 근거해 투자한다고 하자. 충돌 이후 지구의 생명체는 전멸할 것이다. 이 가능성은 엄청난 블랙 스완이다! 그러나 어떠한 소행성도 지구와 충돌하지 않을 확률이 99.9999999974%일 경우 통조림을 쌓아놓고 뒤뜰 지하 벙커에 금괴를 챙겨두는 것은 목표를 이루는 데 도움이 되지 않는다.

사실 세상은 언제나 위험한 곳이었고, 사람들은 언제나 '지금' 세상이 더 위험해지고 있는 것은 아닌지 두려워한다. 우리는 언제나 지정학적 갈등을 겪고, 상품 가격은 요동을 치며, 공급이 차질을 빚는다. 물론 허리케인, 토네이도, 지진도 발생한다. 일본의 2011년 지진과 쓰나미로 빚어진 참극을 블랙 스완이라고 하는 사람들이 많다.

그 사건은 역사적으로 큰 지진이었고 인명 피해는 헤아릴 수 없을 만큼 비극적이었다. 일본은 '불의 고리'라고 불리는 환태평양 조산대 위에 자리 잡고 있다. 일본 사람들은 자기 나라가 큰 지진을 겪는다는 것을 잘 알고 있고, 사실 큰 지진에도 대비가 잘되어 있는 나라로 꼽힌다. 일본의 매우 엄격한 건축 규정 덕분에 2011년 지진에도 사회간접자본은 상대적으로 덜 파괴되었다. 인명 피해는 그 무엇으로도 보상받을 수 없겠지만, 일본은 다시 닥칠 지진에 대비해 더 견고하게 재건할 것이다.

사람들은 일본 지진이 시장을 망가뜨리지 않을까 우려했다. 그렇게 되지 않았다. 사람들은 허리케인 카트리나가 뉴올리언스와 미시시피 일부를 덮쳤을 때도 시장이 망가질 것이라고 예상했다. 사람들은 참사가 일어난 날 시장이 강세를 보였다는 것을 잊는다.

전쟁, 테러, 핵 비상사태, 자연재해 등은 블랙 스완이 아니다. 이러한 사건·사고는 파괴적이며 우리는 이러한 사건·사고가 앞으로 발생하지 않기를 바라지만, 역사적으로 보면 계속해서 발생해왔다. 이러한 사건들은 예측이 불가능하기 때문에 이에 대응하는 포트폴리오 전략을 수립하는 것도 불가능하다. 그렇다고 해서 이러한 일이 전혀 발생하지 않는다는 것은 아니다.

좋은 소식이 있다. 비록 요동을 칠지언정 결국 시장은 회복된다는 사실이다. 우리가 참사를 얼마나 잘 극복해왔는지를, 우리는 잊지만 시장은 잊지 않는다. 우리는 잔해를 헤치며 빠져나오고, 재건하며 나아간다. 이윤 동기라는 강력한 동기가 있는 한 인간의 창의성은 결코 사라지지 않는다. 계속해서 차질이 생기고 큰 시련이 닥쳐도 인간은 계속해서 나아간다. 경제와 자본시장도 마찬가지다.

이것은 인간의 본성에 대한 낙관론이 아니다. 역사를 통해 입증된 사실이다. 사람들은 '지금'의 시련이 그 어느 때보다 더 혹독하다고 생각한다. 그러나 역사에서 단조로운 순간은 없었다. 표 3-1은 주요 역사 사건이 연간 주가 상승률에 얼마나 큰 영향을 주었는지를 보여준다. 지금 지정학적인 긴장이 고조되었다고 생각하나? 독일이 폴란드를 침공한 1939년은 어땠을까? 내가 어린 학생이었을 때는 어땠을까? 당시 쿠바는 소련을 대신해서 미국 쪽으로 미사일을 겨냥하고 있었고 학생들은 학교에서 방공 훈련을 했다. 매번 책상 아래로 기어들어갔는데, 핵미사일이 실제로 날아왔을 때 책상이 우리를 어떻게 보호해준다는 것인지 나는 도저히 이해할 수 없었다. 그러나 나는 어린이였기에 그러한 질문을 하면 안 되었다.

표 3-1 주요 역사 사건과 주가 상승률

연도	사건	세계 주가 상승률
1934	불황 / 글로벌 증거금 요구 / 히틀러가 자신을 독일 총통으로 선언	2.6%
1935	스페인 내전 / 이탈리아가 북부 아프리카 침공 / 히틀러가 베르사유 협약 거부 / 법으로 사회보장이 이뤄짐	22.8%
1936	히틀러가 라인란트 점령	19.3%
1937	통화 정책 긴축 돌입 / 투자와 산업 생산 급감 / 침체	−16.9%
1938	제2차 세계대전의 암운이 짙어짐 / 월스트리트 스캔들 폭로	5.6%
1939	유럽의 전쟁이 신문 헤드라인 차지 / 독일-이탈리아 10년 군사 협정 체결	−1.4%
1940	프랑스가 히틀러에 의해 함락됨 / 브리튼 전투 / 미국 징병제 도입	3.5%
1941	독일이 소련 침공 / 진주만 / 미국이 일본·이탈리아·독일에 선전 포고	18.7%
1942	전시 가격 통제 / 미드웨이 전투	1.2%
1943	미국이 고기와 치즈 배급 / 루스벨트가 가격과 임금 동결	19.9%
1944	소비재 부족 / 연합군 노르망디 상륙 작전 / 브레튼 우즈 체제 성립	−10.2%
1945	루스벨트 타계 / 전후 침체 예상 / 이오지마 전투 / 일본에 원폭 투하	11.0%
1946	고용법 통과 / 철강·조선 노동자 파업	−15.1%
1947	냉전 시작	3.2%
1948	베를린 장벽 공사 시작 / 미국 정부가 파업을 막기 위해 철도 장악 / 이스라엘 건국	−5.7%
1949	소련 원자폭탄 실험 / 중국 내전	5.4%
1950	한국전쟁 / 매카시즘 공세	25.5%
1951	초과 이윤에 대한 과세	22.4%
1952	미국 정부가 파업을 막기 위해 용광로 장악 / 미국 소득세율 최고 구간 92%	15.8%
1953	소련 수소폭탄 실험 / 경제학자들 1954년 침체 예상	4.8%
1954	다우지수 300 돌파, 사람들은 지수가 너무 높다고 생각	49.8%

1955	아이젠하워 건강 악화	24.7%
1956	이집트가 수에즈 운하 장악	6.6%
1957	러시아 스푸트니크 발사 / 미국 험프리 재무부 장관이 경기 침체를 경고하고 아이젠하워가 동의	−6.0%
1958	경기 침체	34.5%
1959	카스트로가 쿠바 정권 장악	23.3%
1960	소련이 미국의 U-2 정찰기 격추 / 카스트로가 미국 정유 설비 국유화	3.5%
1961	피그만 침공 실패 / 미국이 베트남에 그린베레 특수부대 파병 / 베를린 장벽 건립	20.8%
1962	쿠바 미사일 위기, 지구적인 파괴 위협 / 케네디가 철강 가격을 단속해 월가 경악	−6.2%
1963	월남 정권 붕괴 / 케네디 암살	15.4%
1964	통킹만 사건 / 뉴욕 인종 폭동	11.2%
1965	인권 운동 전개 / 린든 존슨 심장마비 루머 / 미국 재무부 글로벌 투기 경고	9.8%
1966	베트남전쟁 격화, 미국이 하노이 폭격	−10.1%
1967	뉴어크와 디트로이트 인종 폭동 / 존슨이 막대한 국방 지출안 서명 / 6일 전쟁	21.3%
1968	북한이 미국 정찰함 푸에블로호 납치 / 북베트남 구정 공세 / 마틴 루터 킹과 로버트 케네디 암살	13.9%
1969	통화 긴축, 시장 약세 / 우대금리 사상 최고	−3.9%
1970	미국이 캄보디아 공격하고 베트남전 확전 / 통화 공급 감소 / 펜 센트럴 부도	−3.1%
1971	임금 동결 / 미국이 브레튼 우즈 체제 붕괴시키면서 금본위제 종식	18.4%
1972	미국 사상 최대 무역적자 / 미국이 베트남 항구 지뢰 공격 / 닉슨이 중공 방문	22.5%
1973	아랍 금수 조치로 1차 오일쇼크 / 워터게이트 / 욤 키푸르 전쟁 / 애그뉴 부통령 사퇴	−15.2%
1974	주가 40년래 가장 큰 폭 하락 / 닉슨 사퇴 / 엔화 평가절하 / 프랭클린 내셔널 은행 파산	−25.5%
1975	뉴욕시 파산 / 경제에 암운	32.8%

1976	경기 회복세 둔화 / OPEC 유가 인상	13.4%
1977	철강시장 침체 / 사회보장 세금 인상	0.7%
1978	금리 상승	16.5%
1979	유가 급등 / 스리마일 원자력발전소 사고 / 이란 시위대가 미국 대사관 점령	11.0%
1980	금리 사상 최고 / 뉴욕 러브캐널 사건 / 카터가 소련 대상으로 곡물 금수 조치	25.7%
1981	혹독한 불황 시작 / 레이건 피격 / 에너지 부문 붕괴 시작 / 에이즈 환자 최초 발견	-4.8%
1982	40년래 최악의 경기 침체, 이익 급감 및 실업 급증	9.7%
1983	미국이 그레나다 침공 / 베이루트 주재 미국 대사관에 폭탄 테러 / 미국 전력회사 WPPSS 사상 최대 금액 채권 부도	21.9%
1984	미국 연방정부 사상 최대 재정 적자 / 미국 연방예금보험공사(FDIC), 컨티넨털 일리노이 구제금융 / AT&T 독점 해체, 기업 분할	4.7%
1985	미국과 소련의 군비 경쟁 시작 / 오하이오 은행이 예금 인출 사태를 막기 위해 폐쇄 / 미국 최대 채무국이 됨	40.6%
1986	미국이 리비아 폭격 / 월가 투자자 이반 보스키, 내부자 거래 범죄 시인 / 챌린저호 폭발 / 체르노빌 원자력발전소 사고 / 세제개혁법 통과	41.9%
1987	미국 주가지수 하루 최대 폭 하락 / 이란-콜트라 사건으로 레이건에게 비판 집중	16.2%
1988	퍼스트 리퍼블릭 은행 도산 / 노리에가 전 파나마 대통령 기소됨 / 팬암 103 폭파	23.3%
1989	저축대부조합 구제금융 시작 / 천안문 사태 / 샌프란시스코 지진 / 미군이 파나마 주둔 / 베를린 장벽 붕괴 / 일본이 록펠러 센터 매입	16.6%
1990	이라크가 쿠웨이트 침공하며 걸프전 개시 / 소비자 신뢰도 급락 / 실업 증가	-17.0%
1991	경기 침체 / 미국이 이라크에 공중전 개시 / 실업률 7%대로 상승 / 소련 붕괴	18.3%
1992	실업률 계속 상승 / 경제 공포 / 통화 공급 긴축 / 선거 경합 치열	-5.2%
1993	세금 인상 / 경기 회복 불확실해지며 더블딥 침체 우려	22.5%
1994	의료 국유화 시대 / 공화당 중간 선거에서 돌풍	5.1%

1995	달러 약세 공포 / 오클라호마 연방청사 폭파	20.7%
1996	인플레이션 우려 / 전 유고슬라비아 내분 / 앨런 그린스펀 FRB 의장 "비이성적 과열" 발언	13.5%
1997	10월 기술주 소폭 붕괴, 아시아 외환위기	15.8%
1998	러시아 루블화 위기 / '아시아 독감' / LTCM 사태	24.3%
1999	Y2K 오류에 대한 우려와 수정 / 그램-리치-블라일리법 통과(1933년 글래스-스티걸법을 부분 철폐)	24.9%
2000	닷컴 버블 터지기 시작 / 미국 대선 논란(부시 vs 고어, 투표용지 사고)	−13.2%
2001	경기 침체 / 9·11 테러 / 세금 감축 / 미국의 아프가니스탄 내 충돌 시작	−16.8%
2002	기업 회계 부정 / 테러 공포 / 이라크와 긴장 관계 / 사베인스 옥슬리법 통과 / 브라질 가까스로 국가 부도 모면	−19.9%
2003	뮤추얼펀드 스캔들 / 이라크 충돌 / 사스(SARS)	33.1%
2004	달러 약세와 미국 삼중 적자에 대한 공포 / 인도양 지진·쓰나미로 20만여 명 사망	14.7%
2005	핵무기를 놓고 북한 및 이란과 긴장 고조 / 허리케인 카트리나 / 유가 상승, 70달러 돌파	9.50%
2006	북한 핵무기 실험 / 주택 버블 우려 / 이라크전 지속 / 새로운 FRB 의장(버냉키)에 대한 의구심	20.1%
2007	유가 사상 최고 / 서브프라임 사태의 낙진으로 미국 은행들 자본 확충 압박 / 국부 펀드 위상 높아짐	9.0%
2008	글로벌 금융 공포 / 1930년대 이후 최악의 주가 하락률	−40.7%
2009	대규모 재정 투입 계획이 주요국에서 통과 / 주요국 정책 금리가 역사적으로 낮은 수준 / 미국 의료에 대한 공방	30.0%
2010	PIIGS 국가 채무에 대한 우려 / 더블딥 경기 침체에 대한 두려움 / 5월 '플래시 크래시' / 민주당 하원 다수당에서 밀림 / 의료개혁법 통과 / 금융개혁법 통과 / 바젤III 은행개혁법 통과	11.8%

* 1970~2010년의 상승률은 MSCI 월드 지수를 반영한다. 이 지수는 선진 24개국에서 선별한 주식의 상승률을 배당과 원천징수를 포함해 산정하고 나타낸다. 1970년 이전 상승률은 GFD에서 제공받았고, 배당을 포함할 경우 세계 지수가 어떻게 움직였을지 1934년까지 거슬러 올라가 시뮬레이션을 한 것이다.

자료: GFD, 톰슨 로이터

사람들은 2011년에 물가상승률이 높았다고 불평했다(장기 평균보다 낮았는데도 그랬다). 1979년이나 1980년은 어땠나? 두 자릿수 물가 상승률이 일상으로 여겨졌고 사람들은 대부분 인플레이션이 그보다 더 높아지리라고 예상했다. 주가는 1979년에 11% 올랐고 1980년에는 무려 25.7% 급등했다. 세계는 일본 후쿠시마 원자로의 방사능 낙진을 두려워했지만 격납 구조물이 버텨줬고 방사능은 1986년 체르노빌 사고에 비해 적었다. 체르노빌 사고는 히로시마에 투하된 원폭보다 400배 강력했다(그해 주가는 41.9% 치솟았다. 원자로 사고가 아무리 시장을 녹인다고 해도 상승 폭이 아주 컸다).

역사를 통틀어 보면 주가는 여기저기에서 떨어졌다. 그러나 전반적으로 보면 불규칙할지언정 결국에는 고점을 높이면서 전 세계의 부를 증진했다. 이 사실은 존 템플턴 경을 돌아보게 한다.

인간은 원래 역사를 잘못 기억한다. 그래서 다음과 같이 말한다. "나는 그때 무서워하며 떨지 않았다. 그 정도로 고통스럽지는 않았다." 우리의 뇌는 이렇게 말하도록 진화했다. 수렵·채집 시기에 살아남기 위해서였다. 변동성에 대한 반응도 같은 맥락에서 분석할 수 있다. 역사를 보면 '지금'이 본질적으로 변동성이 더 큰 시기가 아니라는 것을 알 수 있다. 변동성은 커지거나 작아질 뿐이다. 우리는 지나간 변동성을 잊는다. 엄청난 변동성을 몇 번 겪었어도 5년이나 10년이 지나면 잊어버린다. 그러나 잊어버리면 위험에 빠진다. 평범한 해의 정상적인 변동성에 조건반사적으로 행동하다가 미래 수익을 상실하게 된다. 최악의 경우 평생 저축한 금액을 사기꾼에게 이체할 수도 있다. 어느 쪽이든 바람직하지 않은 결과다.

언제나 자산의 100%를 주식으로 보유하라고 주장하는 것이 절대 아니다. 적정한 자산 배분을 위해서는 수많은 변수를 고려해야 한다. 그러나 너무 많은 사람이 변동성 때문에 적정 비중의 주식 투자조차 겁낸다. 실제로는 매우 정상적인 변동성인데 말이다. 변동성은 정상이며, 그 자체가 변동적이라는 것을 잊으면 안 된다. 역사는 우리를 가르치고, 기억은 우리를 저버린다.

4장

존재한 적이 없는
장기 약세장

이러한 말을 들은 적이 있는가? "지금 장세는 장기 약세장 중 순환적인 강세장일 뿐이다." 없다면, 좋은 일이다. 이 장을 건너뛰라. 있다면, 읽으라.

장기 약세장은 이론적으로 중간에 우여곡절이 있지만 10년 지속되는 아주 긴 약세장을 일컫는다. 장기 약세장을 믿는 사람들은 예를 들어 2007~2008년도 특별한 약세장으로 보지 않고 10년 이상 지속되고 있는 장기 약세장의 일부에 지나지 않는다고 본다. 이크!

나는 장기 약세장이 존재하지 않는다고 생각한다. 이 개념에 대해 호들갑을 떨 만큼 역사적인 근거가 충분하지 않기 때문이다. 거대한 약세장 속에 짧거나 작은 강세장이 들어 있다고? 물론 그러한 경우가 있다! 장기에 걸쳐 변동성이 크게 나타나 한 시점과 다른 시점을 비교하면 제자리거나 하락한 사례도 있다고? 당연하다. 2000년대가 그랬다. 그러나 약세장이 10년이나 지속된다고? 많은 사람의 관심을 끈(그리고 매우 부정확한) 주장처럼 '17년간' 이어진 약세장도 있다고?

그렇지 않다. 설령 지속되었더라도 그렇게 장기를 예측하는 일은 가능하지 않다. 사람들은 빨리 잊는다. 장기간 횡보하는 구간에도 몇 년 정도는 짧은 강세장이 발생할 수 있다. 이때 사람들은 현기증을 느끼며 천국이 다가왔다고 믿을 수 있다. 그러나 나는 장기 약세장을 발견한 적이 없다.

장기 약세장을 믿는 사람들은 특이하게도 모든 강세장을 전체적인 하락 추세의 조정이라고 여기는 경향이 있다. 그들은 그러한 강세장을 '장기 약세장 속의 순환적 강세장' 또는 '베어마켓 랠리'라고 일컫는다. 상승세를 보면서도 투자 결정을 내리기에 충분하지 않다고 생각한다.

물론 약세장에서도 조정이 발생한다. 강세장에서 조정이 발생하는 것과 마찬가지다. 그러나 전체 강세장이 모두 조정에 불과하다고? 〈파이낸셜 타임스〉에 실린 기사가 이러한 생각을 잘 보여준다. "나는 2003~2007년 베어마켓 랠리를 아주 잘 떠올린다. 맞다. 그 시기는 그랬다…"[1] 세계 주가가 5년 동안 161% 상승한 것이 베어마켓 랠리라고? 미국 상승률은 121%였다! 만약 강세가 2년 더 이어지고 주가가 추가로 30% 더 올랐어도 그들은 '여전히' 장기 약세장 속의 순환적 강세장이라고 보았을까?

이제 정리하자. 2장의 그림 2-1에서 본 것처럼 약세장은 평균 21개월 정도 지속된다. 심지어 이 평균은 대공황 때문에 과하게 계산된 느낌이 있다. 대공황의 약세장은 그다음의 긴 약세장보다 2배나 길었다. 이 사상 최장기의 약세장은 단 5년여 지속되었고, 벌써 75년 전 일이다.

약세장은 평균적으로 2년을 넘지 않았다. 강세장은 훨씬 더 길어, 평균적으로 57개월 지속되었다. 다른 각도에서 살펴보자. '평균' 강세장은 '사상 제일 길었던' 대공황의 약세장 못지않게 오래 지속되었다. 장기 약세장을 예상한다는 것은 역사적으로 유례가 없는 특이한 무엇인가를 내다보기 때문이다(특이한 그 무엇이 있었다면 누구나 쉽게 기억할 것이다).

'장기 약세장'이라고 특정하기 위해서는 약간의 '데이터 마이닝'(다른 용어로는 '조작')을 해야 한다. 장기 약세장을 믿으려면 우선 기억력이 매우 짧아야 하고, 둘째로 역사를 완전히 무시해야 한다. 장기 약세장을 믿는 사람들은 시장을 장기적으로 보라고 말하는데, 실제로 그렇게 보면 장기 약세장이 없다는 사실만 분명해진다. 반대로 장기 강세장은 잘 보인다. 그러나 어느 방향이든 한쪽을 예측하는 것 자체가 바보짓이다(왜 그러한지는 6장에서 다룬다). 이 장에서는 다음 내용을 검토한다.

- 장기 약세장을 주장하는 이유는 무엇일까?
- 장기 약세장을 주장하는 사람들이 가장 많이 거론하는 두 기간.
- 장기 강세장은 존재하나?

약세장이라는 색안경

노벨 경제학상을 수상한 대니얼 카너먼의 전망 이론에 따르면, 수천 년에 걸쳐 진화한 인간의 두뇌는 위험하지 않은 상황보다 위험한 상황에 초점을 맞추도록 설계되었다. 매년 항공기 사고보다 자동차 사고로 죽는 사람이 훨씬 많은데도 사람들이 자동차 여행보다 항공 여행을 더 두려워하는 이유가 여기에 있다.

투자 역시 마찬가지다. 장기 약세장을 찾기 어려운데도 TV나 인쇄 매체를 보면 장기 약세장을 믿는 사람들이 꽤 많다. 강세장에 대한 반응과 정반대다. 장기 약세장에 대한 믿음은 맞을 때보다 틀릴 때가 더 많다. 역사적으로 볼 때 약세장은 강세장보다 훨씬 짧기 때문이다. 그런데 장기 약세장에 대한 믿음이 틀린 것으로 입증되어도, 어떤 이유에서인지 사람들은 전체 시기의 3분의 2 이상을 비관했던 그 주장이 틀렸다는 것을 빠르게 잊어버린다.

내가 보기에 장기 약세론을 믿는 사람들이 대중 매체에 자주 등장하는 것은 사람들의 본성이 비관론자에게 신뢰를 부여하기 때문이다. 영화 비평가를 '크리틱(critic, 비판하는 사람)'이라고 하지, '애널리스트(analyst, 분석하는 사람)'라고 하지 않는 데는 이유가 있다. 사람들은 대부분 비평이 가장 지적이고 똑똑한 일이라고 여긴다. 심지어 과학적이라고도 생각한다! 반대로 낙관론은 바보 같다고 본다. 지나친 낙관론자는 우리 주위의 모든 문제를 무시한 채 휘파람을 불며 장밋빛 인생을 즐긴다는 것이다(존 템플턴 경은 사는 내내 지나친 낙관론자로 여겨졌다).

유념하기 바란다. 자본시장에서 역사는 낙관론의 입지를 탄탄하게 받쳐줬다. 그런데도 비난을 퍼붓는 비관론자에게는 여전히 강한 설득력이 존재한다. 약세론자로 버티는 것은 참 쉽다. 주가가 크게 오를 때는 이렇게 말하면 된다. "장기 약세장에 나타난 조정일 뿐이다." 주가가 더 오르면 낙폭이 더 커질 수 있으며, 사람들은 수익에 대한 기대보다는 하락에 대한 두려움을 더 크게 느낀다. 그리고 어떤 이유에서인지 사람들은 예측이 빗나가서 상승장을 놓친 경우에는 상대적으로 관대하지만 예측이 빗나가서 하락장에 노출되는 경우에는 단호하다. 그러나 살펴보면 약세론이 틀린 경우가 강세론이 틀린 경우보다 장기적으로 훨씬 더 타격이 크다. 이는 행동재무학자들이 입증한 것처럼, 사람들은 이익에 기뻐하는 것보다 손실에 괴로워하는 것을 정서적으로 두 배 더 강하게 느끼기 때문이다.

약세장 '권위자'가 되는 편이 훨씬 쉽다. 그러나 투자 전문가이자 다른 사람의 돈을 운용하는 직업인으로서, 오랜 시간에 걸쳐 강세론자가 되는 것이 수익성에 유리하다(회사에도 그렇고 고객에게도 그렇다). 왜 그러한가? 역사적으로 주가 상승률이 플러스인 때가 마이너스인 때보다 더 길기 때문이다(이것은 3장에서 이미 다루었으며 이 장에서도 여러 가지 방식으로 설명할 것이다). 간단하다. 주가가 장기적으로 상승하는 기간에 '곰'처럼 버틴다면 손실을 보고 고객의 대다수를 잃을 것이다. 대형 운용사에 약세장 권위자가 적은 이유다. 물론 약세론을 취해야 할 때가 있다. 그러나 붙박이 곰은 결국 뒤처지고 자산운용업계에서 퇴출된다. 약세론을 택할 장세가 있지만 강세론을 택할 장세가 더 많다.

큰 조정도 수익률에 타격을 주지는 못한다

장기 약세장으로 널리 거론되는 시기가 둘 있다. 그중 하나는 그 유명한(그러나 매우 부정확한) '17년간 상승률 제로'의 1965~1981년이다. 다른 하나는 더 최근인데, '영(零, 0)'의 10년이라 일컬어지는 2000~2009년이다. 이 두 시기가 장기 약세장이었는지는 측정 방식과 약세장에 대한 정의에 좌우된다. 예를 들어 기괴하게 구성된 가격 가중 다우지수를 활용하고 배당을 '제외'하면 1965~1981년의 주가는 고작 연 0.01% 올랐다.

그런데 왜 그래야 할까? 진지한 학자나 노련한 전문가라면 아무도 그렇게 하지 않을 것이다. 배당 재투자를 포함한 지수와 관련해 '총수익'이라 부르는 데는 이유가 있고, 시장의 움직임을 측정하는 데도 이 지수가 쓰인다. 배당은 '총수익'의 일부고 계산에 포함되어야 한다. 물론 오래전 시기의 일간 총수익 데이터를 구하기는 어렵다. 이 책에서도 나는 가끔 배당이 반영되지 않은 가격 데이터를 활용해 매우 일반적인 역사적 추세를 측정했다. 그러나 그것은 신뢰할 만한 총수익 데이터를 얻지 못해서였다. 역사적 데이터에는 그러한 한계가 있다. 분명한 것은 총수익 데이터가 현실을 더 정확하게 반영한다는 사실이다.

배당을 포함하면 다우지수의 연평균 상승률은 4.5%로 나온다. 그래프가 평평하다고 여겨지는 이 기간의 누적 상승률은 111%다. 평균에는 못 미치지만 그렇다고 약세장은 아니며, 게다가 111%다! 달리 말하면 이 17년 동안 투자한 원금이 두 배 이상 불어난 것이다!

또 다른 문제가 있다. 다우지수는 장기 수익률을 측정하기에는 내재적으로 편향된 데다 파편적인 지표다. 왜 그러한가? 이 지수는 시가총액 대신 주가로 가중된다. 진지한 학자나 노련한 전문가는 불가피한 경우가 아니라면 아무도 가격가중지수를 활용하지 않을 것이다. 가격가중지수는 경제 현실을 반영하지 못하기 때문이다. 게다가 '장기 약세장'이라고 일반적으로 간주되는 시기와 관련해서는 가격가중지수 말고도 정확하게 계산된 지수가 많다. 사실 누군가 중기나 장기 수익률 분석에서 다우지수를 언급한다면, 그는 의도치 않게 자신이 공식 훈련을 전혀 받지 않았다는 것을 드러내는 것이다. 공식 훈련을 받았다면 다우지수가 전혀 정확하지 않으며 경제적인 어떤 것도 반영하지 못한다는 것을 조목조목 설명하지 않은 채 이 지수를 활용하지는 않을 것이다.

나는 2006년《3개의 질문으로 주식시장을 이기다》에서 가격가중지수의 오류를 상세하게 설명했다. 또 2010년《켄 피셔, 투자의 재구성》에서 논의를 더 진전했다. 간단히 말하면 다우지수 같은 가격가중지수에서 한 종목의 지수에 대한 영향은 지수 구성 종목의 주가 평균과 비교해 그 종목의 주가가 어느 수준인가 하는 '허울'로 결정된다. 다우지수에서 주가가 100달러인 주식이 주가에 미치는 영향은 주가가 50달러인 주식의 두 배다. 주가가 50달러인 주식의 시가총액(실제 기업의 크기)이 주가가 100달러인 주식의 10배일 수 있는데도 말이다.

사람들이 이 진실을 믿지 않으려 하는 것은 다우지수가 언론 매체에서 자주 언급되기 때문이다. 그러나 따져보면 간단하다. 2개 종목으로 구성된 가격가중지수가 있다고 하자. 한 종목은 주가가 100달러, 다른 종목은 주가가 50달러라고 하자. 100달러 주식이 5% 떨어지고 50달러 주식이 10% 오를 경우 지수는 변하지 않는다. 그러나 투자자가 각 주식을 같은 금액으로 보유하고 있다면 수익률은 2.5%가 된다(95달러 + 110달러 = 205달러).

1965~1981년의 수익률은 배당을 고려하지 않은 데다 다우지수에 편입된 고가 주식이 저가 주식에 비해 상승률이 부진했다. 이 때문에 다우지수는 편입된 30종목을 보유한 투자자의 수익률에 비해 낮게 나타났다. 이럴 수가! 어이없는 결과였다.

게다가 이 또한 상당히 비합리적인데, 액면분할(그리고 대형주에서는 드물지만 액면병합)이 지수 수익률에 실질적인 영향을 준다는 사실이다. 액면분할이나 액면병합으로 주가가 달라지기 때문이다. 이 기괴하게 구성된 지수에서는 어느 주가가 다른 주가에 비해 얼마나 높은지가 중요하다. 다우지수의 수익률은 어느 주식이 액면분할을 하고 어느 주식이 액면분할을 하지 않았는지에 따라 그야말로 제멋대로 나타날 수 있다.

간단히 말하면, 액면분할 된 주식이 그렇지 않은 주식보다 상승률이 높을 경우 지수의 수익률은 실제보다, 그러니까 두 주식을 같은 금액으로 보유한 것보다 낮을 것이다. 역의 관계도 성립한다! 중기나 장기 수익률을 분석할 때 가격가중지수는 완전히 무시해야 한다. 대신 실제를 더 잘 반영하는 시가총액가중지수를 활용하는 것이 좋다 (다우존스가 최근 몇 년 동안 가격가중지수를 새로 만들지 않았다는 사실은 시사하는 바가 있다. 이 지수의 함정을 알고 있다는 것이다).

적절한 사실과 사례를 간단히 살펴보자. 시가총액가중지수인 S&P500은 1965~1981년 연 6.3% 상승했고 이 기간 누적 상승률은 180%였다. 이 유명한 17년간의 실적이 장기 평균보다 낮은 것은 맞다. 그러나 재앙 수준은 아니고 장기 약세장과도 거리가 멀다. S&P500을 보면 이 기간은 나쁘지 않았다. 우리가 2장에서 살펴본 것처럼, 평균을 산출하는 데 들어간 수치에는 평균보다 높은 것이 있고 낮은 것도 있다. 따라서 평균보다 수익률이 높은 기간도 있을 터이고 낮은 기간도 있을 터이다. 이는 모든 시계열 자료에 통하는 원리다. 2011년 기준 10년 만기 미국 국채의 수익률이 3%를 훨씬 하회하는 수준이고 지난 10년간 대체로 횡보했다는 것을 고려할 때, 대다수 사람에게 17년간의 연 6.3%의 수익률은 나쁘지 않아 보일 것이다.

그러나 어떤 이유에서인지 내재적으로 편향된 이 지수를 활용한다고 하자. 그렇다 해도 이 17년 기간은 장기 약세장이 아니다. 왜 그러한가? 약세장은 전반적으로 주가가 '하락하는' 기간이다. 주가가 평균 아래인 기간이 아니라 떨어지는 기간이다. 그런데 장기에 걸쳐 주가가 떨어지는 기간은 찾기 힘든 것을 넘어 아예 찾기가 불가능할 정도다.

약세장에 대한 공식적이고 기술적인 정의가 있다. 오랜 기간에 걸쳐 지수가 20% 넘게 하락한 경우다. 약세장은 조정과 다르다. 조정은 몇 주나 몇 달 동안의 짧은 기간에 지수가 10~20% 떨어지는 경우를 가리킨다. 조정은 거의 매년 발생한다. 예를 들어 2010년에도 조정이 발생했다. 그러나 그해 세계 주가 지수는 11.8% 상승했다. 주가는 빠르게 큰 폭으로 떨어질 수 있지만, 또 빠르게 회복될 수도 있다. 조정이 크게 나타나더라도 강세장의 경로에서 자연스러운 현상이고 전반적인 수익률에 타격을 주지 않는다. 다만 겁에 질려 상대적으로 낮은 가격에 주식을 팔아치우지 않는 한 그렇다.

그러나 약세장은 정의에 따르면 더 크고 더 길다. 10년 동안 주식 투자 수익률이 마이너스인 시기가 있었나? 역사적으로 그러한 시기는 아주 드물다. 설령 있다고 하더라도 조금만 기다리면 주가가 반등하면서 약세장이 사라졌다. 주가 하락이 장기에 걸쳐 진행된 유일한 시기는 1929년에 시작되었다.

낮은 장기 수익률이라는 거짓 이미지를 만드는 것은 쉬운 일이다. 배당을 제외한 가격가중지수를 이용하면 된다. 그런데 그렇게 해도 1965~1981년 다우지수는 보합이었다. 내려가지 않았다. 심지어 그 기간의 중간에 나타난 엄청난 변동성도 간과되었다. 이 기간에 미국 증시에는 세 차례 뚜렷한 강세장이 있었다. 투자자가 현기증을 느낄 만큼 큰 강세장이었다. 따라서 이 기간 내내 마이너스 수익률이 나온 것은 아니었다. 전반적으로 플러스 수익률이 나는 가운데 오랫동안 오락가락하며 기복이 심한 장세였을 뿐이다.

'영'들

그리고 '영aughts'들이 있었다. 계속해서 있어오지는 않았지만 있었다. 2000~2009년의 10년 동안 S&P500 지수는 연 −0.95%, MSCI 월드 지수는 연 −0.24%를 기록했다. 신흥 시장을 포함한 MSCI ACWI 지수는 연 0.89% 상승했다.

투자처에 따라 약간 상승하거나 약간 하락했지만 보합을 유지했다. 환호할 만한 수익률은 아니었다. "보합을 유지했지만 크게 하락하지는 않았다"라는 표현으로는 2000년대가 실제로 어땠는지 알 수 없다. 2000년에 매우 큰 약세장이 시작되었다(제2차 세계대전 이후 세 번째로 큰 규모였다). 그러나 2002~2007년에는 일반적인 규모의 강세장이 펼쳐졌다. 이후 다시 거대한 약세장(제2차 세계대전 이후 최대)이 들이닥치더니 2009년에 다시 거대한 강세장이 도래했다(과거 3대 약세장 중 둘의 수익률은 그저 보합일 뿐이었다. 시장이 놀라운 회복력을 가지고 있다는 증거다. 오늘날 이를 알아채는 사람은 드문데, 우리가 기억하는 기간이 너무 짧기 때문이다).

게다가 이 시기 중간의 강세장은 시시하지 않았다. 강세장이 무려 5년이나 지속되었다! 강세장은 평균 60개월 지속된다. 내가 늘 하는 말이 평균에 속지 말라는 것인데, 이 강세장은 기간이 딱 평균이었다. 그렇다면 5년이나 조정을 했다는 것인가? 5년은 대학을 졸업하고도 대학원을 1년 다닐 기간이다. 얼마나 긴 시일인지 생각해보라! 이 기간은 당신의 손주가 태어나 스키와 승마를 배우고, 기본 도서를 읽으며, 산타 할아버지가 실은 당신의 아들이나 딸이라는 사실을 알게 되기에 충분하다. 상당히 긴 시일인 것이다.

게다가 만약 당신이 2002~2007년까지 시장에서 나와 있었다면 이렇게 말하지 않았을 것이다. "휴우, 이번 강세장을 놓쳤지만 괜찮아. 왜냐하면 긴 흐름에서 보면 지금 장기 약세장이라는 것을 나는 알거든." 당신은 아마 이렇게 말했을 것이다. "이런, 몇 년이나 지속된 큰 붐을 놓쳤네. 세계 증시는 161% 강세였고 미국은 121% 강세였는데 말이야." 되돌아보는 시점에서는 10년 기간의 그래프가 평평해 보일 수 있다. 그런데 평평하다고 해서 약세장은 아니다.

장기 약세장을 장기 강세장으로 만든다

뒤집어 생각하면 장기 약세론이 얼마나 멍청한 주장인지 알 수 있다. 만년 약세론을 해체해버릴 수도 있다. 만년 약세론자가 4~5년간 이어지는 강세를 장기 약세장 속의 조정이라고 평가절하한다면, 거꾸로 장기 약세장이야말로 초장기 강세장 속의 조정이라고 볼 수 있지 않을까?

약세장을 장기 강세장 속의 조정일 뿐이라고 주장한 사람은 아무도 없었다. 장기 강세장에 대해 말하는 사람은 없다. 투자 분야에서 '장기 약세장'이라는 표현은 있지만 '장기 강세장'이라는 표현은 없다. 이것은 우리의 편향을 보여준다. 긴 역사를 놓고 보면 주가는 떨어지지 않고 올랐다. 하지만 우리는 '장기 강세장'이라는 표현을 만들지 않았다. 심지어 존 템플턴 경조차 이렇게 표현하지 않았다. 이러한 현실은 우리 사회의 인지 부조화에 대해 시사하는 바가 있다. 우리는 하락을 두려워하며 가장 우선적으로 의식한다. 우리의 기억은 더 긴 기간 시장을 휩쓴 지속적 상승과 발전을 떠올리지 못한다.

한 시점과 다른 시점 사이의 수익률이 영이거나 음수인 시기를 특정하는 일은 누구나 할 수 있다. 그 기간에 발생한 상향 변동성을 무시하는 것은 고통스럽겠지만 말이다. 그러나 같은 게임을 다른 방식으로 해보자. 시점을 몇 년 앞이나 뒤로 움직여보자.

1965~1981년의 17년 기간을 몇 년 넓혀보면 어떨까. 딱 떨어지게 20년으로 해보자! 1965~1984년 주가는 342.3%(연 7.7%) 상승했다.

시시한 수준이 아니다. 5년 더 늘려 기간을 1965~1989년으로 잡아 보자. 주가는 1,015.2% 올랐고 상승률은 연 10.1%로 평균보다 약간 높은 수준이 되었다. 장기 약세장이 이제 막 장기 강세장으로 바뀌었다(잊지 말아야 할 것은 최초의 17년 구간도 약세장이 아니었다는 사실이다. 왜냐하면 제대로 계산한 시가총액가중지수에서 수익률은 평균 아래이기는 했으나 마이너스가 아닌 플러스였기 때문이다).

25년의 투자 기간은 장기적인 성장 투자자 대다수에게는 꽤 합리적이다(왜 그러한지는 잠시 후에 언급하겠다). 1990년대 중후반의 어느 해에 시작하든, 영(零)의 시기와 똑같은 게임이 될 수 있겠지만, 장기적으로는 플러스 수익률을 올리게 될 것이다. 향후 몇 년의 상황은 알 수 없지만, 20여 년이라는 긴 기간을 놓고 본다면 같은 효과를 얻을 것이라고 생각한다.

장기적 관점으로 보면 가장 두려운 시기까지도 상승 장세에 포함할 수 있다(다만 가격가중지수로 지독하게 편향된 데다 실제를 반영하지 않는 다우지수를 활용하지 말아야 하고, '특히' 배당을 재투자한다고 전제해야 한다).

과거 수익률로 미래를 예상할 수 없다

역사적 사례를 많이 동원하는 이 책에서 내가 (반복해서) "과거 수익률로 미래를 예상할 수 없다"라고 말하면 놀라는 독자가 있을지도 모르겠다. 예상할 수 없다! 역사는 미래를 예상하는 데 유용한 도구지만 그 도구를 썼다고 해서 적중이 보장되지는 않는다. 이 사실은 당신을 비롯해 대부분의 투자자가 알고 있다. 그러나 놀랍게도 2009~2010년에 많은 사람이 과거의 밋밋했던 수익률 곡선을 내세우며, 앞으로도 시장이 엉망일 것이라고 예상하고 시장에서 떨어져 있어야 한다고 주장했다. 언론 매체들은 일본의 1990년대를 예로 들며 미국의 '잃어버린 10년'을 떠들어댔다. 하지만 역사는 반대로 움직였다(잠시 후에 설명하겠다). 수익률 저조 기간이 길어질수록 수익률 개선 시기가 도래할 확률은 높아진다. 그러나 우리의 근시안적 기억력은 이러한 방식을 받아들이지 못한다. 예를 들어 2009~2010년을 돌아보면 다음과 같은 기사를 쉽게 찾아볼 수 있다.

- 2009년 9월 27일: "그러나 2009년 2월까지 20년 기간에 대한 결론을 보면 채권 수익률이 주식 수익률을 0.40% 앞질렀다."[2] 이 뉴스는 잊을 수가 없다. 왜냐하면 보도 후 몇 주 동안 내 사무실에는 고객의 전화가 빗발쳤고, 모두가 주식에 투자한 자산을 채권으로 돌리기를 원했기 때문이다. 물론 '잃어버린 10년'에 대한 이 뉴스 때문이었다. 이는 투자 행태에 대한 일회적인 사례지만 많은 사람의 투자 심리를 적나라하게 반영한다. 우리는 밋밋한 기간을 막 지나쳐 나왔고, 많은 사람들은 그 기간을 부정적으로 인식했다.
- 2010년 9월 31일: "이러한 분위기라면 머지않아 미국의 '잃어버린 10년'이라는 두려움이 현실로 바뀔 것이다."[3]
- 2010년 10월 11일: "선진국 경제는 '잃어버린 10년'의 위험을 안고 있다. 만약 정책 담당자들이 금융위기가 남긴 상처의 심각함을 깨닫지 않을 경우 이 위험은 현실이 될 것이다."[4]

'잃어버린 10년'을 못 박아 말하려면 1999년 말에 그렇게 해야 했다. 그러나 모두가 기술주 열풍에 휩쓸렸던 그 시기에 "다음 10년은 엉망일 것"이라고 주장한 사람은 극소수였을 것이다(나는 보지 못했다). 그 대신 "가치 평가는 중요하지 않다", "신경제다" 등의 말이 판쳤다. 2000년 1월 31일 자 〈비즈니스 위크〉는 '신경제'를 칭송한 커버스토리를 내걸었다. 그때는 기술주의 정점이자 큰 약세장의 시작을 한 달여 남긴 시점이었다. 이 기사는 호시절이 이제 막 끝나려 한다는 것을 생각하지 못했다. 반대로 그 붐이 기술주 영역을 넘어 세계 전역으로 확대되리라고 내다보았다!

내가 2000년 3월 〈포브스〉에 기고한 '기술주 약세장 예측Tech bear market call' 칼럼(1장 참조)은 세계 기술주 정점 불과 며칠 전에 나왔는데, 순전히 운이었다. 그런데 나는 향후 10년간의 주가 그래프가 평평할 것이라고 말하지 않았다. 내가 내다보는 시기는 향후 12개월이나 18개월, 길어야 24개월이었다. 그런데도 당시 기술주 약세장을 예측한 사람은 내가 유일했다. 여기서 약세장이 얼마나 지속될 것인지에 대한 전망은 논외로 한다(전문가들은 지나친 낙관론자가 되기도 한다. 비관론자가 되는 경우보다는 드물지만).

1999~2000년에 향후 10년의 주가 그래프가 평평할 것이라고 예상한 사람이 아무도 없었다는 것은 장기 예측에 오류가 많다는 것을 보여준다(이에 대해서는 6장에서 자세하게 서술한다). 많은 사람이 예측에 도전하지만, 나는 성공한 사람을 본 적이 없다. 주가는 시간이 지나면 오르기 마련이라는 사람들이 있다. 그들이 아는 것은 자본주의의 기본 원리지, 미래 특정 연도의 주가가 아니다.

다시 강조하지만, 이미 발생한 일은 앞으로 생길 일과 무관하다.

예컨대 1990년대가 전반적으로 호황이었다는 사실을 언급하며 향후 10년이 강세장일 것이라고 낙관할 사람은 없을 것이다. 마찬가지로 2000년대가 전반적으로 평평했다고 해서 그다음 10년도 그렇게 펼쳐질 것이라고 비관하는 것은 난센스다. 가까운 과거가 가까운 미래를 보여주지도 않는다. 그런데도 그렇게 생각하면서 종종 그 잘못된 생각의 대가를 치르는 것은 가까운 과거가 우리와 아주 친숙하기 때문이다. 과거를 통해 미래를 예측할 수 있다면 주가는 한 방향으로 흐를 것이다. 그러나 그렇게 움직이지 않는다.

주식은 아래보다는 훨씬 더 자주 위를 향한다

생각해보자. 만약 미국이 일련의 장기 약세장에 있었다면 상장 기업의 시가총액이 어떻게 16조 달러가 되었을까? 또 세계의 시가총액은 어떻게 54조 달러가 되었을까? 또 플러스로 돌아선 상승 흐름이 얼마나 길어야 장기 약세장이 끝나는 것일까? 5년 강세가 반등 조정이라면 강세가 얼마나 길어야 추세가 바뀐다는 것인가? 6년? 7년? 12년? 27년? 영원히? 이 기간을 아주 길게 잡을 경우 영구 약세장 주장이 틀렸다는 것을 효과적으로 입증하기는 불가능해진다.

내가 언제나 강세장을 외치는 것은 아니다. 주식이 시원찮은 수익률을 기록하는 해도 있다(2장에서 논의한 것처럼). 그리고 단기 수익률이 고통스러울 정도로 마이너스일 때도 있다(2007~2009년 초처럼). 약세론을 펴기에 적절한 시기가 있다. 그러나 역사적으로 주가는 전반적으로 상승해왔다.

일간 등락은 그렇게 보이지 않는다. 그래서 사람들이 주가의 진실을 그렇게 빨리 잊어버리는 것인지도 모른다. 표 4-1은 일간, 월간, 연간, 1년 보유, 5년 보유의 수익률이 플러스인지 마이너스인지를 보여준다. (미국) 주가는 일간으로 53% 플러스였다. 동전 던지기보다 조금 나은 수준이다. 상승과 하락은 한 번에 오는 경향이 있고, 마이너스 기간의 고통 속에서 플러스 기간을 잊어버리기 쉽다.

표 4-1 주식의 플러스 수익률(1926~2010년)

	횟수			비율(%)	
	플러스	마이너스	전체	플러스	마이너스
일간*	11,375	10,098	21,473	53.0	47.0
월간	635	385	1,020	62.3	37.7
분기	230	110	340	67.6	32.4
연간	61	24	85	71.8	28.2
1년 보유(월간)	736	273	1,009	72.9	27.1
5년 보유(월간)	835	126	961	86.9	13.1
10년 보유(월간)	847	54	901	94.0	6.0
20년 보유(월간)	781	0	781	100.0	0.0
25년 보유(월간)	721	0	721	100.0	0.0

* 일간 수익률은 1928년부터.   자료: GFD, S&P500

관찰 기간을 하루에서 한 달로 넓히면, 역사적으로 월간 수익률의 62.3%가 플러스였다. 월간 통계에서도 플러스와 마이너스가 함께 나타나고, 약세장에서는 대개 마이너스가 연달아 등장한다. 연간 수익률이 플러스인 경우는 71.8%였다. 3분의 2를 훌쩍 넘은 수준이다. 이 사실을 기억하지 못하는 사람은 기억력에 문제가 있을 것이다. 보유 기간이 1년인 경우 이 비율은 72.9%로 높아졌고, 5년이면 86.9%,

10년이면 94%가 되었으며, 20년이 넘으면서는 예외 없이 플러스였다. 이는 엄청나게 큰 상승 변동성이고, 전문가를 포함한 대다수 투자자들의 기억력이 상당히 나쁘다는 증거다. 특히 전문가들의 기억력이란! 잊지 말아야 할 것은 몇 안 되는 다소 긴 약세장 기간에도 두드러지게 플러스인 시기가 있었다는 것이다. 쉬지 않고 일관되게 떨어지는 10년 약세장은 없었다.

향후 장기적으로 마이너스 수익률이 보일 것이라고 주장하는 사람이 있다면 그들은 역사적으로 보기 드문 상황을 예측하는 것이다(20년 이상 보유 수익률로 보면 약세장은 찾을 수 없다!). 따라서 그들이 그러한 과거 사례를 찾지 못한다면, 왜 사례가 거의 없거나 최초에 해당하는 사건이 예외적으로 발생할 것이라고 생각하는지 설명해야 할 것이다. 그들은 또한 어떻게 갑자기 장기 예측 기법을 찾아냈는지도 설명해야 한다. 우연을 제외하면, 자산운용의 역사에서 장기 예측에 성공한 전문가는 아무도 없다. 그만큼 성공하기 어려운 일이다.

평평한 10년이 평평한 10년으로 이어지지는 않는다

표 4-1을 보면 수익률이 마이너스인 10년은 단지 6%에 불과하다. 만약 이 과거의 빈도에 근거해 미래를 계획한다면 94%의 기간에 틀릴 것이다. 더욱이 마이너스 수익률 시기에도 평균적으로는 그 폭이 크지 않았다. 대부분은 꽤 평평했다. 평균값은 -14.2%였고 연 -1.6%였다. 평평했다. 좋지는 않았지만 재앙도 아니었다. 게다가 하락률 수준은 평균 주위에 몰려 있었고 시기도 집중되어 있었다.

사상 최악의 10년은 1939년 8월에 끝났는데, 수익률 -40.2%로 연 −5.0%를 기록했다(표 4-2 참조). 다시 말하지만, 엄청난 하락은 아니었다. 또한 이 하락률이 그 자체만으로(많은 사람들이 믿는 것처럼) 그 이후의 약세장 예측의 근거가 되는 것도 아니었다(마찬가지로

표 4-2 마이너스 10년과 이후의 플러스 10년

시기의 종료 시점	10년 보유 수익률(%)		이후 10년 보유 수익률(%)	
	누적	연평균	누적	연평균
1937/12/31	−1.3	−0.1	151.7	9.7
1938/03/31	−26.0	−3.0	205.9	11.8
1938/04/30	−18.0	−2.0	174.9	10.6
1938/05/31	−22.4	−2.5	209.3	12.0
1938/08/31	−2.9	−0.3	127.4	8.6
1938/09/30	−3.6	−0.4	117.2	8.1
1938/11/30	−11.7	−1.2	99.5	7.2
1938/12/31	−8.6	−0.9	98.6	7.1
1937/01/31	−19.4	−2.1	113.9	7.9
1939/02/28	−16.3	−1.8	99.4	7.1
1939/03/31	−27.4	−3.2	138.0	9.1
1939/04/30	−28.9	−3.4	134.8	8.9
1939/05/31	−21.1	−2.3	113.2	7.9
1939/06/30	−33.5	−4.0	127.6	8.6
1939/07/31	−29.4	−3.4	118.6	8.1
1939/08/31	−40.2	−5.0	138.4	9.1
1939/09/30	−26.7	−3.1	109.9	7.7
1939/10/31	−9.7	−1.0	119.7	8.2
1939/11/30	−0.9	−0.1	131.7	8.8
1939/12/31	−1.0	−0.1	136.6	9.0
1940/01/31	−10.1	−1.1	149.8	9.6
1940/02/29	−11.3	−1.2	151.1	9.6
1940/03/31	−16.9	−1.8	149.8	9.6
1940/04/30	−16.5	−1.8	162.7	10.1
1940/05/31	−35.3	−4.3	258.9	13.6
1940/06/30	−16.4	−1.8	213.9	12.1
1940/07/31	−16.8	−1.8	207.5	11.9
1940/08/31	−15.2	−1.6	209.7	12.0
1940/09/30	−1.3	−0.1	223.7	12.5
1941/02/28	−4.5	−0.5	291.3	14.6
평균	−16.4	−1.9	156.2	9.7

자료: GFD, S&P500

2007~2009년의 하락을 향후 약세장 예측의 근거로 삼을 이유도 없다). 이 최악의 10년이 끝나고 난 이후의 10년인 1939~1949년이 전반적으로 좋았다는 사실에 주목하자. 이 10년 동안 주가는 138.4% 상승하며 이전 10년의 낙폭을 만회하고도 남았다.

역사상 수익률이 마이너스였던 10년 중 과반이 대공황기 대형 약세장에 집중되어 있다는 것은 놀라운 일이 아니다. 대공황기의 10년 수익률 평균값은 -16.4%로 더 낮은 편이었다. 나머지 10년들은 약세장의 바닥을 확인하는 시기인 2008~2009년에 걸쳐 있다. 두 시기는 2010년대 중반에 시장이 크게 조정을 받으며 끝났는데, 수익률 평균값은 -11.4%, 연 -1.2%에 그쳤다. 상당히 평평한 수준이다. 다른 구간에는 10년 약세장이 없었다. 약세장은 이처럼 희소하다(다시 강조하자면, 전체 중 6%에 불과하다).

큰 질문은 다음과 같다. 다음 10년은 어떻게 될까? 나는 모르겠다. 나는 그렇게 멀리 예측하지 않는다. 그러나 역사가 어느 정도 길잡이가 된다면, 우리는 확률을 따지기 전에 과거에 어떠한 일이 발생했는지 되돌아볼 수 있다. 표 4-2에서 과거에 마이너스 수익률을 기록했던 10년을 살펴보자. 10년 마이너스 이후의 10년은 모두 플러스였다. 10년간 하락하거나 평평했다고 해서 이후 10년이 그러할 것이라고 예측하지는 않을 것이다. 앞으로는 그럴 수도 있겠지만 아직은 그러한 사례가 없고, 따라서 그렇게 될 확률도 높지 않다. 사실 그 반대인 경우가 일반적이다. 이후 10년은 평균 156.2%, 연 9.7% 상승했다. 딱 평균 정도다.

마이너스 10년 이후 최악의 10년은 1939년 1월~1949년 1월이었는데, 그래도 주가는 98.6%, 연 7.1% 올랐다. 평균보다 낮았지만 대체로 좋았다. 그리고 이 마이너스 10년은 그리 나쁘지 않아서, 전반적으로 -8.6%, 연 -0.9% 하락했다. 마이너스이거나 평평한 10년이 향후의 평평한 수익률을 예고하는 것이 아니다. 그러한 일은 전혀 발생하지 않았다. 앞으로는 발생할 수 있을까? 물론이다. 그러나 그럴 가능성은 크지 않다.

기억해야 할 것이 있는데, 마이너스 10년 중 어느 하나도 줄곧 내리막을 타지는 않았다는 사실이다. 그림 4-1과 4-2, 4-3, 4-4는 1929~1939년을 포함해 수익률이 마이너스였거나 평평했던 10년 중 유명한 경우를 보여준다. 이들 시기에는 중간에 강세장이라고 불러도 좋을 구간이 있었다. 그리고 각 10년은 괜찮은 10년으로 이어졌다. 변동성은 컸지만 대체로 좋았다.

과거 수익률은 미래 수익률을 알려주지 않는다. 가까운 과거의 추세가 반복되고, 특히 예측이 본질적으로 불가능한 10년이 그렇게 된다고 예상한다면 값비싼 실수를 저지를 위험이 크다.

주식 수익률은 역사적으로 플러스이고 채권 수익률을 능가한다

보태지 않고 진실을 말한다면, 10년 이상 '장기'로 기간을 잡을 경우 주식 수익률은 압도적으로 플러스다. 간단히 말해 장기 약세장이라고 믿을 만큼 충분히 길고 지속적인 마이너스 기간은 없었다. 앞으로는 발생할 수 있을까? 물론이다! 그러나 늘 그렇듯 투자는 확률 게임이다. 투자자는 적어도 돈을 걸기 전에 자신이 기대하는 바가 정규분포 바깥 영역인지 아닌지를 먼저 생각해야 한다.

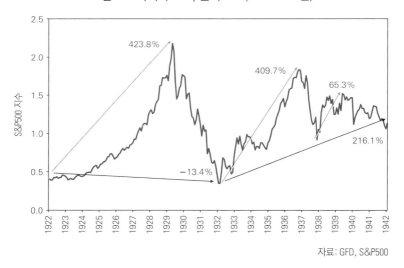

그림 4-1 마이너스 10, 플러스 10(1922~1942년)

자료: GFD, S&P500

그림 4-2 마이너스 10, 플러스 10(1928~1948년)

자료: GFD, S&P500

주식시장은 어떻게 반복되는가

그림 4-3 마이너스 10, 플러스 10(1929~1949년)

자료: GFD, S&P500

그림 4-4 횡보 10, 플러스 10(1964~1984년)

자료: 자료: GFD, S&P500

주식의 장기 플러스 수익률 외에도 관심을 둘 부분이 있다. 주식의 수익률이 비슷한 유동성을 가진 채권 같은 자산의 수익률을 압도적으로 넘어선다는 사실이다. 표 4-3은 보유 기간이 20년일 때 주식과 채권의 수익률 평균값을 보여준다.

20년 보유 기준, 주식의 수익률이 채권의 수익률을 크게 넘어선 경우가 97%였다. 주식의 수익률 평균값은 889%로 채권의 246%를 3.6 대 1로 압도했다. 채권이 주식을 앞지른 시기는 두 번 있었는데, 차이는 1.1 대 1로 크지 않았다. 게다가 주식도 플러스 수익률을 기록했다! 전체 기간의 3%만 유리한 곳에 돈을 걸어서는 얻을 것이 많지 않다. 요즘 많은 사람들이 그러한 투자에 기울어져 수익률 3% 아래인 미국 장기 채권을 보유하지만 말이다(특히 장기 이자율이 큰 폭으로 오르기라도 하면).

기간이 훨씬 더 길어지면 경쟁 자체가 되지 않는다. 표 4-4는 보유 기간 30년을 비교해 보여준다. 수익률 평균값은 주식 2,473%, 채권 582%로 4.6 대 1이다. 또 채권은 한 번도 주식을 앞서지 못했다.

표 4-3 주식 vs. 채권 – 보유 기간 20년

	20년 보유할 때 총수익률 평균값
미국 주식	889%
미국 채권	246%
	채권이 수익률에서 주식보다 나았을 때 총수익률 평균값
미국 주식	243%
미국 채권	262%

자료: GFD

* 주식은 S&P500, 채권은 10년 만기 국채 총수익률(1925/12/31~2010/12/31).

표4-4 주식 vs. 채권 – 보유 기간 30년

	30년 보유할 때 총수익률 평균값
미국 주식	2,473%
미국 채권	532%

자료: GFD

* 주식은 S&P500, 채권은 10년 만기 국채 총수익률(1925/12/31~2010/12/31).

투자 지평을 고려하기 위한 시간

당신은 30년이 긴 시간이라고 여길 것이다. 그러나 내가 보기에 많은 사람이 투자 지평time horizon을 오해한다. 그들은 이렇게 생각할 것이다. '나는 이제 60세이고 65세에 은퇴하려고 한다. 투자 기간이 5년밖에 남지 않았다. 따라서 내 투자 지평은 5년이다. 은퇴 시점에서는 투자 방식을 완전히 바꾸어 자산의 상당 부분을 주식에서 다른 곳으로 이전해야 한다. 또는 5년 남은 지금 시점에서 당장 이전을 시작해야 한다!' 쿠키를 자르듯 나이를 유일하거나 주요한 투자 전략의 변수로 삼는 것은 옳지 않다. 이러한 접근은 중요한 변수를 완전히 무시한다. 이를테면 자산운용의 최종 목적, 소득 수요, 기대 수익률, 위험 감수 수준 같은 개인적 변수 말이다.

이렇게 접근하면 더 월등한 수익의 기회를 날릴 수 있다. 그 결과 나중에 생활 규모를 심각하게 줄여야 할지도 모른다. 투자 지평을 '은퇴까지 얼마나 남았는지'로 정하면 안 된다. 내가 보기에 더 적절한 투자 지평은 '자산이 얼마나 오랫동안 버텨야 하는지'로 정해야 한다. 자신과 배우자의 남은 인생을 생각해야 한다(이 책을 읽는 신사들은 기억하기 바란다. 당신보다 부인이 더 오래 살 확률이 높다. 여기에 맞춰 설계해야 한다. 그래야 홀로 남은 부인이 당신을 저주하지 않고 좋게 기리면서 지낼 확률이 높아질 것이다). 투자 지평과 관련해서는 내가 2010년에 낸 책 《켄 피셔, 투자의 재구성》에서 더 상세한 내용을 읽을 수 있다.

60세인 남성이 앞으로 25~30년을 더 산다는 전제로 미래를 계획하는 것은 타당하다. 평균 수명이 길어지고 있고, 앞으로 의료 혁신과 건강 개선으로 이 수명은 더 늘어날 것이기 때문이다. 여기에 더해 지금 50~60대인 독자는 자신의 부모가 이 연령대였을 때에 비해 더 활동적일(건강할) 것이다. 60세인 남성이 50세인 여성과 결혼한다면 투자 지평은 훨씬 길어질 것이다. 투자 지평이 길어져 자산을 불려야 한다면 채권보다 주식을 선호하게 될 가능성이 커진다. 언제나 자산의 100%를 주식으로 보유해야 한다는 말이 아니다. 투자 지평 외에 다른 고려 사항이 있을 것이기 때문이다. 또 자산운용에서는 무조건 보수적이어야 할 때도 있다. 그러나 투자 지평이 길수록 대체로 주식 비중을 높게 유지하는 것이 더 유리하다.

심리적으로는 비관적으로 지내는 것이 더 편할지 모른다. 이 장의 앞부분에서 살펴본 것처럼, 맞는 말이다. 투자 지평이 짧다면, 또는 장기 목표가 '인플레이션을 고려하지 않은 절대 기준에서 결코 돈을 잃지 않는 것'이라면 언제나 비관적으로 접근하는 것이 타당할지 모른다. 그러나 어느 정도 장기 성장 투자자인데도 비관론에 빠져 주식을 아주 조금 보유하거나 아예 보유하지 않아 강세장을 경험하지 못한다면, 장기 수익률에 상당한 타격을 입을 수 있다. 역사를 보면 주식 수익률은 마이너스가 아닌 플러스다. 이 사실을 매번 잊는 것은 단지 우리의 부실한 기억력 때문이다.

5장

부채에 대한 거짓 공포

이 장은 많은 독자를 화나게 할 것이 분명하다. 왜냐하면 사람들이 강하게 확신하며 바꿀 생각이 전혀 없는 사안에 대해 그 기억이 틀렸을 뿐 아니라 퇴행적이라고 말할 것이기 때문이다. 바로 '정부 부채'에 관한 것이다. 당신의 확신이 잘못되었다면, 이것은 공포다. 이러한 공포에는 분노가 뒤따른다.

어떤 독자들은 한두 문장만 읽고 나머지를 폄하할 것이다. 이러한 반응은 피상적일 뿐이다. 나는 이러한 독자들을 위해 이 책을 쓰는 것이 아니다. 왜냐하면 그들의 기억력은 향상되지 않을 것이며, 그들 스스로 향상시키려고 하지도 않을 것이기 때문이다. 인지심리학자들이 말하는 것처럼, 그들은 언제나 자기가 보고 싶은 것만 본다.

부채는 많은 사람에게 무척 예민한 사안이라서 이에 대해 이성적으로 논의하기란 사실상 불가능하다. 논의조차도 말이다! 내가 부채에 대해 말할 때마다, 내 발언과 무관하게 대다수 사람은 자신의 확신을 유지한 채 자리를 떠난다. 그러고는 TV, 인쇄물, SNS에서 '비현

실적이다', '악마 같다' 같은 극악무도한 표현으로 나를 짓밟는다.

그들이 알지 못하는 사실이 있다. 첫째, 사람들이 나에 대해 뭐라고 하든 나는 개의치 않는다. 둘째, 이 메시지는 매우 중요한데도 사람들의 이해도가 매우 낮다. 그래서 나는 이해도가 낮은 사람들에게 공개적으로 널리 조롱당할 용의가 있다. 셋째, 그들이 나를 짓밟으면 그것을 보고 몇몇 사람은 내가 원래 전하려는 메시지가 무엇인지를 찾아볼 것이고, 일부는 마음을 바꿀 것이다. 나는 이것이 공공선이라고 생각한다. 따라서 조롱을 달게 받고 감사할 것이다.

부채는 감정적으로 받아들일 사안이 아니지만 현실은 그렇지 않다(그리고 언론 매체는 이것을 이용한다. 부채에 대한 과장된 기사 제목은 확실히 잘 팔린다). 과도한 부채에 대한 우려는 투자의 역사에서 흔하게 반복된다. 전혀 새롭지 않다! 부채에 대한 우려는 주기적으로 발생해왔다. 오늘의 두려움이 그리 특별하지 않다는 것을 사람들이 잊을 뿐이다. 다음 기사에서 이를 확인할 수 있다.

- 1968년 9월 15일: "식민지의 과도한 부채가 이미 심각한 상태다. 영국 자본가에게 진 부채에 대한 이자로 공공 부문과 민간 부문의 모든 부가 유출되고 있다."[1] 뉴질랜드 신문에서 발췌한 기사다. 이후 뉴질랜드는(우리도) 탈이 나지 않았다.
- 1972년 3월 12일: 〈타임〉은 표지에서 이렇게 물었다. "미국은 파산할 것인가?" 글쎄, 우리는 파산하지 않았다.
- 1983년 1월 10일: 〈타임〉은 표지에서 이렇게 경고했다. "부채 폭탄: 방만한 대출의 세계적인 위험."

- 1988년 2월 18일: "과도한 부채를 진 소비자는 올해 지출을 줄일 것으로 예상된다. 그럴 경우 불황 단계로 접어든다."[2] 실제로는 2년 더 호황이 지속되었다. 이후 미미한 경기 후퇴를 거쳐 1990년대 내내 금융시장과 경제가 큰 호황을 보였다.

- 1991년 11월 22일: "그러나 기업도 대체로 부채가 너무 많다고 여겨진다."[3] 다시 말하지만 1990년대는 세계적으로 기업 이윤, 경제 성장, 주가가 대체로 꽤 좋았다.

- 2001년 4월 2일: "호황에는 위험이 있다. 주택 소유자들의 부채가 너무 많다."[4] 2001년 침체는 몇 달 뒤 끝났고 약세장은 약 1년 뒤에 종료되었다. 2007~2008년 약세장은 6년 후에 시작되었다.

- 2011년 3월 15일: "과도한 부채를 진 개발도상국들 때문에 경제 위기가 올지도 모른다."[5]

비슷한 제목의 기사로 이 책을 다 채울 수도 있다. 부채에 대한 우려가 계속 대두되지만 세상은 잘 굴러가고, 전체적으로 부유해지며, 주가는 불규칙할지언정 상승 추세를 보인다. 물론 때에 따라서 어디선가는 부채가 문제를 일으켰다. 그러나 세상은 이러한 우려에도 불구하고 대체로 잘 굴러간다. 이 사실을 이해하기 위해 모든 역사를 되짚어볼 필요도 없다. 심지어 2008년의 심각한 신용위기를 겪고도 몇 년 지나지 않은 지금(2011년 현재) 기업 이윤과 세계 GDP는 사상 최고 수준이다(1장에서 지적한 것처럼 세계 GDP는 2000~2010년 두 배 증가했다). 일부 독자는 이 주장을 얼빠진 소리라며 이렇게 반문할 것이다. "그리스를 비롯한 PIIGS야말로 과도한 부채가 경제를 파탄 냈다는 증거 아닌가?" 그렇지 않다. 이들 국가의 재정에 치명상을 가한 것은 지나치게 사회주의적인 정책이었다. PIIGS가 더 자본주의적이었다면 장기 성장과 관련해 세계 각국의 신뢰를 받았을 것이며 부채 문제도 해결하고 이자율도 더 낮출 수 있었을 것이다(이 부분은 뒤에서 다시 다루겠다).

나는 투자자들의 뇌가 부채에 어떻게 반응하는지에 대해 자주 언급했다. 그리고 그들이 역사를 조금만 공부해도 그렇게 졸도할 지경에 이르지는 않을 것이라고 주장했다. 내가 부채를 좋아하고, 부채를 위험하게 여기지 않는다고 비판하는 사람들이 있다. 전혀 그렇지 않다. 나는 정부가 부채를 끝없이 늘리는 것을 원하지 않는다. 나는 작은 정부를 좋아한다. 또한 나와 이 책의 독자가 그 어느 정치인보다 훨씬 더 똑똑하게 돈을 쓸 수 있다고 생각한다. 나는 당신이 돈을 더 쓰기를 바라지만, 정치인들은 덜 쓰기를 바란다.

자기 돈을 쓸 때 사람들은 합리적인 선택을 하기 마련이다. 사업을 시작하거나 다른 사업체로부터 물건을 구매하고, 주식을 사들이며, 채권을 매입한다. 일부는 다른 방식으로 저축한다. 아이들을 학교에 보내거나 치아를 교정해주기도 한다. 뭐가 되었든 합리적으로 보이는 일을 한다. 일부는 무절제하게 써버릴 것이다. 그러나 그것도 자신의 선택이다! 무절제하다는 것은 관찰자의 시선일 뿐이다. 돈을 경솔하게 썼다 해도 그것은 당신의 선택이고 당신은 그로 인해 즐거움과 효용을 얻었을 것이다. 당신의 경솔한 지출(라스베이거스 여행, 400달러짜리 와인, 앤티크 자동차)로 돈을 버는 사람도 있을 것이다. 그러한 지출을 했는지 당신은 거의 기억을 못하겠지만(이 책의 핵심이다), 그래도 정부의 지출보다는 훨씬 더 낫다. 지방 정부, 주 정부, 연방정부, 국내 정부, 외국 정부를 막론하고 정치인의 지출은 개인 지출보다 못하다. 당신의 돈을 쓸 때 정치인은 그 지출이 당신을 어떻게 이롭게 하는지 생각하지 않는다. 그들은 재선에 도움이 되는 사람들에게만 돈을 쓴다.

사람들은 부채에 대한 내 견해가 이념적이라고 생각한다. 이상하게도 공화당 지지자들은 나를 골수 민주당 지지자라고 비판한다. 반대 경우도 있다. 나는 어느 쪽에도 속하지 않았고 두 정당 모두를 똑같이 싫어한다. 공화당 지지자나 민주당 지지자에게 뭐라고 하는 것이 아니다. 나는 단지 두 당의 정치인들을 참지 못할 뿐이다. 나는 두 당의 정치인을 공정하게 혐오한다.

기본적인 것들이 적용된다

대다수 독자는 부채가 기업의 펀더멘털에 유용하다는 것을 이해할 것이다. 많은 기업이 부채를 책임감 있게 사용한다는 것도 알고 있을 것이다. 새 공장을 짓기 위해 돈을 빌리는 기업이 있다고 하자. 차입 비용보다 더 큰 장기 세후 수익을 상정할 것이다. 합리적이다. 맞을 수도 있고 틀릴 수도 있다. 누군가는 성공하고 누군가는 실패하는 세상에서 이러한 합리적인 위험은 사회적으로 문제가 되지 않는다고 나는 생각한다. 길게 보면 합리적인 기업들이 그러한 위험을 택하면서 사회 전체가 더 잘살게 된다.

물론 일부 기업은 부채를 무책임하게 끌어다 쓴다. 이를 반박하는 사람은 아무도 없다. 그러한 기업은 이익에 타격을 받고 부도가 날 수도 있다. 주가는 내려앉고 주주는 분노할 것이다. CEO는 해고되고, 비난받고, 의회 청문회에 소환될지도 모른다. 무책임한 기업 부채는 실제 사업에 영향을 미친다. 제대로 된 소유 경영자라면 자신이 오랜 세월에 걸쳐 일군 기업이 잘못된 의사 결정으로 한순간에 사라지게 되는 위험을 최소화하려 할 것이다. 이 모든 것은 납득할 만한 일이다.

이러한 유형의 부채가 주는 이점은 분명하다. 부채 없이는 기업들이 성장하고, 연구하고, 생산 라인을 추가하고, 고용하고, 혁신하기 힘들다. CEO들은 미래 수입과 차입 비용을 비교해 적절한 부채 수준을 결정할 것이다.

일부 주장과 달리 모든 기업이나 산업에 마법처럼 적용 가능한 부채 비율 같은 것은 존재하지 않는다. 어떤 산업은 다른 산업에 비해 부채가 더 많을 수 있다. 그래야만 한다! 광산 업체가 자기자본만으로 광물 탐사와 채굴을 하기는 매우 어렵다. 기간도 몇 년씩 걸리는데다 막대한 중장비와 많은 노동력을 투입해야 하는데 여기에는 자본이 많이 필요하다. 그러나 투자할 만한 보상을 기대할 수 있다. 광산 업체는 서비스 업체에 비해 부채가 더 필요하다. 서비스 업체는 영리한 사람들을 채용해서 생계를 유지할 만한 급여를 줄 수 있을 정도면 충분하다.

대다수 사람이 이러한 차이를 이해하기 때문에 기업 부채는 우리를 별로 성가시게 하지 않는다. 골칫거리는 개인 부채와 정부 부채다. 개인적으로 부채를 얼마나 지는 것이 좋은지를 설교하려는 것이 아니다. 그것은 각자가, 배우자가, 채권자가, 또는 누구라도 당신이 좋아하는 정신적인 조언자가 결정할 일이다. 책임감 있게 활용하면 실질적으로 유용하다는 점에서 개인 부채는 기업 부채와 다르지 않다. 당신은 (아마) 돈을 빌려 집을 사고, 차를 사고, 대학 교육을 받는데 썼을 것이다. 대학 공부를 위한 차입은 매우 경제적인 결정이다. 누구나 아는 것처럼 과도한 차입에는 현실적인 결과가 뒤따른다. 그러나 널리 알려진 생각과 다르게, 사회가 전반적으로 과도한 빚을 지고 있다는 증거는 없다.

사실을 살펴보자. 미국의 총부채상환비율DTI은 최근 몇 년 동안 꾸준히 낮아져 1995년 이후 최저 수준이다. 이를 알아차린 사람은 거의 없고 언론 매체에서도 거의 거론되지 않았다.

이 대목을 읽은 독자 중에는 "그것이 맞다 해도 '이번에는 다르다'"라고 말할 사람이 분명히 있을 것이다. 그러나 사람들은 '언제나' 이번에는 다르다고 생각한다(1장 참조). 사람들은 지난달, 지난해, 지난 10년에 무엇인가를 우려했지만 그 걱정거리는 나타나지 않았거나 우려한 만큼 크지 않았다. 사람들은 이 사실을 기억하지 못한다. 세상이 위험할 정도로 부채를 지고 있다는 우려는 전혀 새로운 것이 아니다. 역사적으로 사람들은 곤경에 빠져왔다. 심할 경우 재앙적인 상황에 처하기도 한다! 그러나 사회는 굴러간다.

이 장은 주로 정부 부채에 집중했다. 많은 사람이 경제를 파탄 내고, 증시를 붕괴시키며, 나라를 폐허로 만들 위험이 가장 큰 요소로 정부 부채를 꼽기 때문이다. 이 장에서 우리는 다음 내용을 주장한다.

- 많은 사람들이 재정 적자를 매우 두려워한다. 하지만 역사를 살펴보면 두

려워할 대상은 재정 흑자다.

- 정부 부채는 장기적인 관점으로 보아야 제대로 알 수 있다.
- 선진국의 채무 불이행은 믿기 어려울 정도로 드물다. 신흥국은 그렇지 않다.

문제는 적자가 아니라 흑자다

다음 문장의 공란을 채워보라.

"역사적으로 미국 연방정부의 재정 적자가 주식에 미친 영향은 _____. 반면 재정 흑자가 미친 영향은 _____."

만약 앞의 공란에 '좋았다'라고 쓰고 뒤의 공란에 '나빴다'라고 썼다면, 축하한다. 당신은 이 장을 읽지 않고 건너뛰어도 좋다. 반대로 썼다면 계속 읽어야 한다.

정치적으로 두 정당은 모두 재정 적자를 공격한다. 그들은 적자를 상대방 탓으로 돌리거나 이전 정부를 비판한다. 자기네 잘못은 없다고 강변한다. 그들이 기본적인 경제의 펀더멘털을 조금이라도 이해했다면 이렇게 책임을 전가하는 데 열을 올리지 않을 것이다.

그림 5-1은 미국의 재정수지 비율(재정수지/GDP)을 나타낸다. 흑자와 적자의 순환에서 고점과 저점이 표시되어 있다. 표 5-1은 각 고점과 저점 이후 12개월, 24개월, 36개월 수익률을 보여준다.

사람들 대다수가 대규모 재정 적자 이후 주가가 재정 흑자 이후보다 훨씬 부진했을 것이라고 짐작한다. 여기서 되새겨야 할 중요한 교훈이 있다. 무엇이든 반사적으로 짐작해서는 안 된다는 것이다! 역사

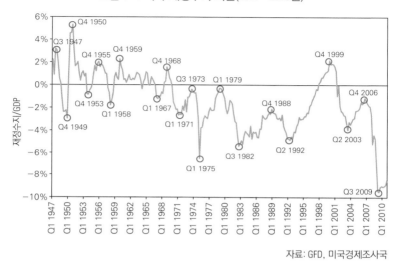

그림 5-1 미국 재정수지 비율(1947~2010년)

자료: GFD, 미국경제조사국

라는 유용한 실험실은 정반대가 사실임을 보여준다. 재정 흑자 정점 이후 12개월 동안 주가는 평균 1.3% 상승했다. 24개월 동안은 0.1%, 36개월 동안은 7.1% 올랐다. 게다가 평균에 크게 미달한 데다 마이너스인 수익률도 다수 있었다. 대규모 재정 흑자 이후에 변동성이 확대된 것이다. 대규모 재정 적자에 비하면 이 패턴이 더 두드러진다.

대규모 재정 적자 이후 12개월, 24개월, 36개월 수익률은 거의 다 플러스를 기록했다. 수익률도 각각 20.1%, 29.7%, 35.1%로 훨씬 높았다. 재정 적자가 대규모로 확대된 것을 보고 본능적으로, '그저 적자가 두려워서' 주식을 매도했다면 그것은 실수일 확률이 높다. 그 반대가 옳다. 마찬가지로 대규모 흑자가 앞으로 거칠 것이 전혀 없다는 징후인 것도 아니다(또 다른 중요한 교훈이 있다. 주식시장에서는 한 가

표 5-1 재정수지 고점과 저점 이후 S&P500 수익률

고점		이후 S&P500 수익률(%)		
날짜		12개월	24개월	36개월
1947년 3분기	연율	2.6	1.6	8.8
	누적	2.6	3.2	28.8
1950년 4분기	연율	16.5	14.1	6.7
	누적	16.5	30.2	21.6
1955년 4분기	연율	2.6	−6.1	6.7
	누적	2.6	−12.1	21.4
1959년 4분기	연율	−3.0	9.3	1.8
	누적	−3.0	19.5	5.4
1968년 4분기	연율	−11.4	−5.8	−0.6
	누적	−11.4	−11.3	−1.7
1973년 3분기	연율	−41.4	−12.1	−1.0
	누적	−41.4	−22.7	−2.9
1979년 1분기	연율	0.5	15.7	3.3
	누적	0.5	33.9	10.2
1988년 4분기	연율	27.3	9.0	14.5
	누적	27.3	18.9	50.2
1999년 4분기	연율	−10.1	−11.6	−15.7
	누적	−10.1	−21.9	−40.1
2006년 3분기	연율	3.5	−20.2	−7.7
	누적	3.5	−36.3	−21.4
평균	연율	−1.3	−0.6	1.7
	누적	−1.3	0.1	7.1

지 요인에 따라 움직이지 말라는 것이다. 자본시장은 훨씬 더 복잡하다).

이 관계는 역사적으로 사실이다. 세계적으로도 마찬가지다(나는 2006년 책《3개의 질문으로 주식시장을 이기다》에서 재정수지와 주식시장의 이 같은 관계가 독일, 일본, 영국에서도 옳았다는 것을 밝혔다). 재정 적자가 확대되기 시작할 때마다 파국을 우려하는 소리가 (전에 들었던 것과 똑같이) 들린다. 그러나 파국은 없다. 거듭 말하지만, 사람들은 너무 빨리 잊기 때문에 과거의 잘못된 인식으로부터 배우지 못한다.

저점		이후 S&P500 수익률(%)		
날짜		12개월	24개월	36개월
1949년 4분기	연율	21.8	19.1	16.6
	누적	21.8	41.8	58.6
1953년 4분기	연율	45.0	35.4	23.4
	누적	45.0	83.3	88.1
1958년 1분기	연율	31.7	14.7	15.6
	누적	31.7	31.4	54.5
1967년 1분기	연율	0.0	6.1	−0.2
	누적	0.0	12.5	−0.6
1971년 1분기	연율	6.9	5.4	−2.1
	누적	6.9	11.2	−6.3
1975년 1분기	연율	23.3	8.7	2.3
	누적	23.3	18.1	7.0
1982년 3분기	연율	37.9	17.4	14.8
	누적	37.9	37.9	51.2
1992년 2분기	연율	10.4	4.3	10.1
	누적	10.4	8.9	33.5
2003년 2분기	연율	17.1	10.6	9.2
	누적	17.1	22.3	30.3
2009년 1분기	연율	8.0	??	??
	누적	8.0	??	??
평균	연율	20.2	13.5	10.0
	누적	20.2	29.7	35.1

자료: GFD, 미국경제조사국

일부 사람들은 재정 흑자를 성스러운 것으로 떠받들지만, 그러한 재정 상태가 반드시 더 나은 주식 수익률로 이어지는 것은 아니다. 왜 그럴까? 왜 사람들의 인식과 정반대일까?

거꾸로, 그러나 기본적인

재정이 적자인 정부는 돈을 빌려 지출한다. 지출하지 않을 것이라면 돈을 빌리지도 않을 것이다. 앞서 말한 것처럼 정부는 정말 어리석게 돈을 지출한다. 정부든 당신이든 어느 경제 주체든 돈을 빌려서 쓸 경우 그 돈은 1년에 6번 회전한다(미국의 통계고, 이 수치는 나라마다 다르다).

돈을 빌린 정부는 어디로 가는지 알 수 없는 총알 열차나 정치인들이 타는 리무진 등에 지출한다. 이러한 지출이 얼마나 어리석은지와 별개로, 집행된 돈은 개인, 기관, 다른 정부로 전해진다. 다른 가능성은 없다. 돈을 받은 경제 주체는 다시 그 돈을 쓴다. 돈은 이제 사람들이나 기관으로 전해진다. 이 과정이 반복된다. 얼마나 자주 손이 바뀌는가 하는 이 개념은 '화폐의 유통 속도'라고 불린다. 손이 바뀔수록 더 많은 돈이 순환하고 더 많은 사람들이 도움을 받는다.

나는 정부가 바보같이 돈을 쓰기보다는 모든 것을 민간에 맡겨두기를 바라지만, 때에 따라서는 정부가 돈을 빌려 지출하는 편이 차입도 지출도 없는 상태보다 경제적으로 나을 수 있다. 이를 입증하는 증거는 주식시장에 있다. 주식시장은 대규모 적자 재정 이후 호조를 보이고 흑자 재정 이후에는 항상 활력을 잃는다.

이념은 끼어들지 말라

이쯤에서 많은 독자가 2008년 금융위기에 이은 재정 확대 정책을 떠올릴 것이다. 정치 성향에 따라 당시 정부의 재정 확대에 분노했을 수도 있고 호응했을 수도 있다. 그러나 투자는 이념에서 벗어나야 가장 잘할 수 있는 게임이다(이에 대해서는 7장에서 더 다룬다).

오바마 정부의 2009년 재정 확대 정책은 옳은 것이었을까?

중요하지 않다! 오바마 정부가 더 잘할 수 있었을까? 음. 그렇지 않다. 당신이나 내가 더 잘할 수는 있었다. 그들은 정치인이고, '정치인의 정의(定義)'에 의하면 일을 못했을 것이다. 그들이 일을 더 못할 수 있었나? 물론이다. 나는 훨씬 더 나쁜 시나리오를 상상할 수 있다. 여하간 그들은 무슨 일이든지 무척 멍청하게 한다. 당시 당신이 동의했든 동의하지 않았든 당신의 포트폴리오와 무슨 상관이 있다는 말인가. 당신은 정책을 바꿀 수 없다. 당신이 경제 수석이라면 대통령은 (높은 확률로) 당신의 의견을 따를 것이다. 그러나 그럴 일은 없다. 그러한 자리에 있지 않은 상황에서 정책의 시비를 가리는 일은 주식시장을 예측하는 데 하등 도움이 되지 않는다. 칵테일파티에서 안주 삼아 떠들어대는 것은 괜찮다. 그러나 포트폴리오 의사 결정에는 끌어들이면 안 된다.

투자자로서 당신의 일은 정책 실수를 보면서 끝없이 한탄하거나 지지하는 정치인의 의견에 맞장구를 치며 자신을 치켜세우는 것이 아니다. 투자자의 일은 발생 확률이 높은 일이 무엇이며 그것이 어떠한 영향을 미칠지를 고려하는 것이다. 또 다른 사람들은 무엇을 발생 확률이 높은 일로 보고 있는지, 그 예측이 현실을 반영한 것인지를 따져보는 것이다. 무엇보다 기대와 현실의 부합 수준을 염두에 두고 무슨 일이 생길지를 예측해야 한다. 향후 12개월이나 24개월 동안 주식시장을 움직이는 것이 바로 이 기대와 현실의 격차이기 때문이다.

중요한 것은 기대 수준이 너무 어두운가, 아니면 너무 밝은가에 대한 판단이다. 판단이 서면 그 격차에서 투자 기회를 찾아내야 한다.

대다수 투자자는 종종 이념에 눈이 먼 데다 부채 공포에 질려 반사적으로 행동한다. 대규모 적자가 곧 파멸로 이어지지는 않는다는 사실을 잊어버리는 것이다. 사실 대규모 적자는 미래의 주식 투자 수익률이 좋아지리라는 신호일 수 있다. 반대인 것이다!

이 말을 적자의 골짜기에서 마켓 타이밍을 하라는 뜻으로 받아들이면 안 된다. 대규모 적자가 두려워 주식 비중을 없애지 말라는 뜻이다. 그러한 방식은 역사적으로 실적이 그리 좋지 않았다. 적자가 증가하는 시기가 오면 전문가들은 다가오는 파국을 주의하라고 말할 것이 분명하다. 그들은 이렇게 말하지 않을 것이다. "바로 이것입니다. 적자가 증가하다가 모든 것이 호전된 최근 사례가 문득 떠오릅니다."

부채 때문에 경제가 안 좋았던 적은 없다

사람들이 적자를 싫어하고 흑자를 좋아하는 것은 적자가 부채를 키우는 반면 흑자는 부채를 줄이기 때문이다. 사람들이 정말 싫어하는 것은 총부채다. 싫어하고, 싫어하고, 싫어하고, 싫어한다!

정치인들은 두 진영 모두 우리의 손주들이 부채에 허덕일 것이라고 주장하면서 사람들이 그토록 헤픈 것이 우려스럽지 않으냐고 말한다. 또는 상대편이 손주를 싫어하는 얼간이라고 비난한다. 이러한 정치인들에게는 표를 주면 안 된다. 나는 손주를 '사랑한다'.

부채에 대한 공포는 부채를 지는 것이 부도덕하다고 여겨진 때부터 심어졌다(아직도 그렇게 여기는 문화가 다소 있다). 그러나 이 또한 단기 기억 상실증일 뿐이다. 이 공포가 타당한 것인지 역사를 통해 간단하게 살펴보자. 지난 세기 부채 수준이 가장 낮은 때가 언제였을까? 가장 높은 때는? 그림 5-2는 미국 GDP 대비 연방정부의 부채 비율을 보여준다. 그래프의 시간 축은 정확한 통계가 집계된 시점에서 시작한다. 짐작이 맞았나?

그림 5-2의 부채 비율은 '순부채'로 계산했다. 여기서 순부채란 공공 부문 내부의 상호 간 부채를 포함하지 않았다는 의미다. 예를 들어 한 연방정부 조직이 다른 조직에서 빌린 돈은 포함하지 않았다. 그 부채는 상계되기 때문이다(당신 부채에 당신이 배우자로부터 빌린 돈을

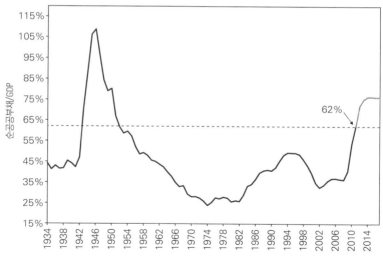

그림 5-2 미국 GDP 대비 순공공부채(1934~2010년)

자료: 미국 의회예산처 재정분석실

넣지 않는 것이나 마찬가지다. 그 돈은 둘 사이에서 정리될 것이기 때문이다. '아마도' 그럴 것이다).

최근 들어 부채 수준이 높아졌다. 이 소식에 충격을 받는 독자는 없을 것이다. 그러나 최근의 부채 수준은 제2차 세계대전 이후의 정점에 비하면 한참 낮다. "그렇지만 당시 적자는 군비를 충당하기 위한 것이었고 따라서 지금과 다르다"라고 말할 사람이 있을 것이다. 사실을 말하면, 그렇지 않다. 부채는 사용처가 어디인지에 관심이 없다. 도덕적으로 옳은지(나치와의 전쟁), 아니면 도덕적으로 모호한지('삽질하는' 재정 확대 정책)를 가리지 않는다. 중요한 것은 부채가 존재하고 이자가 지불되어야 한다는 것이다. 채권자들은 상환을 요구한다. 이것이 중요하다.

1940년대 후반과 1950년대를 기억하는가? 그 시기를 살았든 살지 않았든, 그 시기에 대한 향수를 가진 미국인이 많을 것이다. 도시 교외 개발, 자가용과 내 집 마련, 기술 혁신, 미디어 발전 등이 활발했다. TV가 폭발적으로 보급되었고, 어린이 프로그램 '하우디 두디'와 가수 엘비스 프레슬리, 아이젠하워의 대통령 선거 홍보 영상인 '아이 라이크 아이크', 배우 마릴린 먼로가 인기를 끌었다. 이 시기는 1940년대에 늘어난 부채에 대한 칫값을 치르느라 경제를 심하게 긴축한 때가 아니었다(그렇게 기억되지도 않는다). 1980~1990년대 역시 예전에 비해 부채 수준이 높았는데도 경제는 활기가 넘쳤다. 이 기간 주식시장에서는 두 차례의 호황이 연달아 일어나서 그 기간이 10년에 이르렀다. 흥미롭게도 1970년대는 순부채 비율이 낮아졌지만 경제적으로 활기가 떨어졌다.

부채 수준이 낮아져 경제의 활력이 떨어졌다고 말하는 것은 절대 아니다. 반대로 늘어난 부채가 호황을 일으켰다고 말하는 것도 아니다. "과거의 높은 부채 수준은 예외 없이 광범위한 경제적 후유증으로 이어졌다"는 주장이 타당한지를 생각해보라는 것이다. 나는 그러한 사례를 알지 못한다. 미국의 부채 수준이 높았기 때문에 경제 성장률이 낮아졌다는 증거는 전혀 존재하지 않는다. 서구 선진국에도 없다.

부채 상환 재앙

미국 역사를 공부한 학생들은 미국이 부채를 전혀 지지 않았던 때를 기억할 것이다. 앤드류 잭슨 대통령(1767~1845)은 1835년에 서부 토지를 매각한 대금으로 모든 부채를 상환했다. 그 이후 경제는 활력이 넘쳤고, 사회는 안정적이었으며, 세계는 평화를 누렸다. 농담이다! 이후 1837년에 공황이 닥쳤고 1843년까지 이어졌다. 당시 공황에 비하면 이후의 침체는 공원을 산책하는 수준에 불과했다. 당시 공황은 미국의 3대 공황 중 하나였다(다른 두 공황은 각각 1873년과 1929년에 시작되었다).

그림 5-2에서 보여준 80년이라는 기간이 충분하지 않다는 독자가 있을지 모른다. 또는 미국 사례는 독특한 반면 다른 선진국의 역사에서는 절대 부채 수준이 문제였다는 점을 입증할 수 있다고 생각하는 독자도 있을 것이다. 좋다! 그림 5-3은 내가 아주 좋아하는 그래프 중 하나다. 영국의 '1700년 이후' GDP 대비 부채 비율을 보여준다. 영국인들은 매우 주의 깊게 경제 데이터를 관리해왔다.

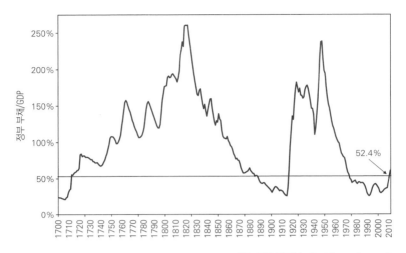

그림 5-3 영국의 GDP 대비 정부 부채 비율(1700~2010년)

자료: 영국 재무부, UKpublicspending.co.uk

　　먼저 주목할 부분은 영국의 최근 부채 비율이 미국과 크게 다르지 않다는 것이다. 또 영국은 1940년대에 미국보다 부채 비율이 훨씬 높았고 1950년대에도 그랬다. 영국은 전후 복구 작업을 (당연히) 미국보다 많이 벌여야 했다. 영국은 전후 오랜 기간 미국보다 성장률이 뒤처졌다. 그러나 그것이 높은 부채 비율 탓은 아니었다. 사실 지난 30년을 보면 영국은 미국과 거의 비슷한 비율로 성장했다. 어떤 해에는 조금 더 빠르게, 다른 해에는 조금 더 느리게 성장했다. 이것은 비슷한 비율로 성장하는 두 나라에서 흔히 나타나는 현상이다. 1950~1970년대에 영국의 성장이 지체된 것은 부채 부담보다 대처 정부 전까지 이어진 강한 사회주의 정책 기조와 관련이 있었다고 본다(이 교훈은 아무리 강조해도 충분하지 않다고 생각한다. 사회주의자들은 경제를 잘 성장시키지 못한다).

여기에 '부채론자'들을 잡을 덫이 있다. 18~19세기의 대부분 기간에 영국의 부채 비율은 오늘날보다 엄청나게 높았다. 1750~1850년 동안 부채는 GDP의 100%를 넘었고, 이 기간의 절반에 150%를 웃돌았으며, 최고 250%까지 치솟았다! 그런데도 영국 경제는 곤경과 거리가 한참 멀었다. 이 시기 영국 경제는 논란의 여지 없이 세계 최대였고 혁신에서도 가장 앞서갔다. 산업혁명이 영국에서 시작되었고 한참 뒤에 미국이 뒤따랐다. 영국은 제조 방법 혁신에서 세계의 중심이었다. 당시 뉴스는 도보, 말, 전서구로 전해졌고 한참 뒤에야 기차가 사용되었다. 영국은 말을 통해 메모를 보내던 시기 이래 한 세기 동안 부채 비율 100%에도 불구하고 세계의 경제·군사 강국 지위를 유지할 수 있었다. 미국 역시 현재 부채 수준에서, 또는 지금보다 훨씬 더 높은 부채 수준에서도 문제없이 지낼 수 있을 것이다. 부채에서 정말 중요한 것은 '감당 가능' 여부다.

감당 가능한가, 아닌가

전문가들은 감당할 수 없는 부채 수준에 대해 말하기를 좋아한다. 그 수준은 90%일 수도, 100%일 수도, 160%일 수도 있다. 그 수준은 오르내린다(유념하라. 영국은 그보다 더 높은 수준에서도 살아남았다).

앞서 말한 것처럼 기업의 부채 수준은 폭이 넓다. 기업에 따라 다르고 산업에 따라서도 다르다. 기업의 부채 수준에는 일관된 적정선이 없다. 그런데 왜 국가에는 적정 수준이 있어야 할까? 본질적으로 높은 성장률을 위한 요소를 모두 갖춘 나라들은 부채가 많아도 감당할 수 있다. 왜 그럴까? 그러한 나라들은 대개 부채 상환을 잘할 수 있기 때문이다. 그러나 미래 성장률을 예측하는 일은 앞에서 살펴본 이유로 언제나 까다롭다.

어느 시점에서는 부채를 감당하지 못할 수도 있다. 미국의 경우 그 수준이 어느 정도인지 나는 알지 못한다. 우리는 아직 그 수준을 경험하지 못했다. 미국의 부채 수준은 높은 편이지만 너끈히 감당할 수 있다. 역사적으로 볼 때 그렇다! 쉽게 확인할 수 있다! 그런데도 이 증거를 숙고하는 사람이 그렇게 적다는 사실이 놀랍다. 어느 신문이나 잡지도 당신이 지금부터 보게 될 것을 싣지 않았다. 어떤 정치인도 언급하지 않았다. 공포를 팔아 먹고사는 그 누구도 인정하지 않았다. 그러나 이것은 확실한 사실에 근거를 두고 있다. 완전하고 단순하다.

그림 5-4는 미국 연방정부의 GDP 대비 이자 비율을 보여준다. 이 비율은 2011년 현재 2%가 넘는다. 1979~2002년의 비율이 2011년보다 높았다. 1980~1990년대에는 거대한 강세장이 펼쳐졌고 경제가 역동적으로 성장했다. 특히 1984~1996년에는 연방정부의 이자 지출 수준이 지금의 거의 두 배에 달했다. 부정적인 효과는 없었다.

부채가 더 많아졌는데 이자 비용은 어떻게 더 줄어들었을까? 경제가 더 커졌고 금리가 하락했기 때문이다. 또 정부가 과거에 비해 많은 채권을 보유하고 있어서 스스로에게 이자를 지급했기 때문이다. 요컨대 부채는 20년 전에 비해 훨씬 더 감당할 만하다. 단순한 사실이다.

부채 비용이 더 증가할 수 있을까? 물론이다. 그림 5-4를 다시 보

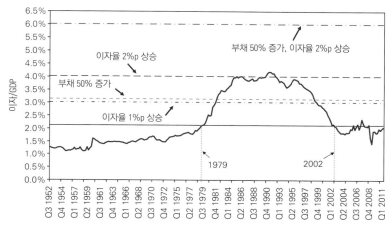

그림 5-4 미국 연방정부의 GDP 대비 이자 비율(1952~2011년)

자료: 톰슨 로이터, 미국 연방준비제도 자금흐름과, 미국경제조사국, 미국 재무부

라. 만약 금리가 1%p 올라가거나 부채가 50% 증가하면 GDP 대비 이자 비율은 3%가 될 것이다. 이는 1980~1990년대의 일반적인 수준이다. 금리가 2%p 높아져도 과거에는 문제가 되지 않았다. 이처럼 부채를 지불 능력이라는 측면에서 생각하면 상황은 그렇게 심각하지 않아 보인다.

이 문제를 다른 방식으로 바라보자. 연방정부의 세입 대비 이자 비율을 보는 것이다. 그림 5-5가 그 추이를 보여준다. 이 비율은 2011년 기준 9.1%로 20년 전에 비해 절반 정도에 불과하다. 그림 5-4와 동일한 현상을 보여준다. 2011년의 부채는 20년 전에 비해 훨씬 감당할 만했고, 사람들은 부채 위기에 처했다고 말했지만 사실은 그렇지 않았다. 오히려 낙관적이다. 우리는 반대로 낙관적이어야 한다.

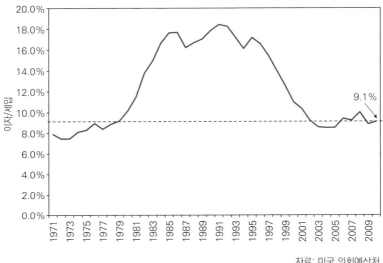

그림 5-5 연방정부 세입 대비 이자 비율(1971~2009년)

세로축(이자/세입): 0.0% ~ 20.0%

9.1%

자료: 미국 의회예산처

부채가 끝없이 늘어날까? 그렇지 않다. 부채가 계속 늘어나서 투자자들이 미국 경제의 지속 가능성에 대해 불안해하면 결국 금리가 올라가서 부채를 감당하기가 어려워질 것이다. 그러나 위기 단계에 처하지 않았으니 더 이상 입에 거품을 물지 않아도 된다.

흥미로운 대목이 있다. 내가 이 책을 쓴 2011년에 S&P는 미국 정부의 신용등급을 AAA에서 AA+로 낮추었다. 무디스와 피치는 AAA 등급을 유지했지만, 이들 회사는 군집 행동을 강하게 보이므로 결국 S&P를 따라갈 것이다(무디스와 피치는 최고 등급을 유지했다 – 역자 주). 미국 국채 수익률은 어떻게 되었을까? '떨어졌고', 역사적인 저점에 이르렀다. 국채 가격은 상승했다. 정말 멋졌다. 사실 국채의 수익률

주식시장은 어떻게 반복되는가

하락과 가격 상승은 2011년 내내 진행되었다(작은 변동성은 있었다). 심지어 의회가 부채 상한선 상향을 놓고 논쟁하는 동안에도 그랬다 (부채 상한선은 자의적인 한도로 1917년 이래 103배 높아졌고 앞으로도 몇 배 상향될 것이다).

생각해보자. 만약 세계가 정말 미국의 채무 불이행 위험이 높아진 다고 느꼈다면 더 높은 금리를 요구했을 것이다. 그러나 금리는 떨어 졌고 부채 비용은 더 낮아졌다. 우리의 현 상황은 이자 비용이 전혀 골칫거리가 되지 않았던 과거와 비교해도 한참 낮아졌다.

2011년에 해당하는 이야기다. 그러나 미국이 GDP 대비 부채 비 율을 늘려온 최근 몇 년을 통틀어 보면 금리는 꽤 낮게 유지되었거나 떨어졌다. 정치인은 부채 비율을 한탄하고 우리는 잊었지만, 시장은 계속해서 우리가 재앙과 거리가 멀다고 말하고 있는 것이다.

결코 현실이 될 수 없는 채무 불이행

2010~2011년에 부채가 민감한 이슈로 떠오른 데는 다른 이유가 있다. PIIGS다. 2010년 이전의 돼지들은 바비큐 재료였다. 그러나 2010년에 그리스가 세상을 놀라게 했다. 그리스는 회계 조작을 조금 했으며 부채 규모도 알려진 것보다 훨씬 크다는 사실을 인정했다. 그 러자 투자자들은 유로존의 다른 주변 경제국들까지 깐깐하게 살펴 보기 시작했다. 포르투갈, 아일랜드, 이탈리아, 스페인도 재정적으로 취약했다. 스페인이 그나마 나은 편이었고 이탈리아는 더 나은 편이

었지만 말이다. 이들 국가는 깜찍하게도 PIIGS라고 불렸지만 상황은 전혀 깜찍하지 않았다. 사람들은 이 아기 돼지들이 유로존을 넘어뜨릴 것을 두려워했다.

그럴 만했던 것이, 유로존은 재정이 취약한 회원국을 다룰 방도가 없었다. 유로존이 요구한 재정적 기준(GDP 대비 부채 비율, 부채 규모 등)을 충족하지 못한 회원국을 추방할 수 없었고, 1992년에 조인된 유럽 통합 조약인 마스트리히트 조약과 후속 조약들에도 구제금융 제도는 없었다.

그리스는 돈을 찍어내 인플레이션을 일으키는 방법으로 불어난 부채의 부담을 덜 수도 없었다(최선의 해법은 아니지만, 절실한 나라들이 예전에 자주 사용한 방법이다). 왜냐하면 독일, 프랑스 외 14개 유로존 국가들과 공용 화폐를 썼기 때문이다.

위기가 전염될 우려와 신용위기가 새롭게 발생할 가능성에 대해 끝없는 논의가 진행되었다. 심하게는 그리스의 채무 불이행 우려까지 대두되었다. 나는 그리스의 채무 불이행이 적어도 2010년이나 2011년에는 일어나지 않으리라고 보았다. 다른 유로존 국가들이 그렇게 내버려 둘 이유가 있을까?

독일과 프랑스가 유로에 대해 어떠한 태도를 취하든, 통화와 관련된 주요 사건이 갑작스럽고 혼란스럽게 발생하는 일은 아무도 원하지 않는다. 그래서 유럽중앙은행과 국제통화기금IMF, 유럽연합EU은 PIIGS를 지원하기 위해 1조 달러를 조성했다. 이 금액은 (형편이 훨씬 나은 이탈리아를 제외한) 이들 국가의 부채 관련 자금 수요를 2013년까지 충족할 수 있는 규모였다. 적어도 그때까지 채무 불이행 없이 유로가 존속할 수 있는 규모였다.

그런데도 갑자기 채무 불이행 이슈가 도처에서 눈에 띄었다. 신문 제목은 "그리스 다음에는 미국인가?"라고 외쳤다. 그렇지 않다. 그림 5-4에서 본 것처럼 그리스와 달리 미국은 빚을 갚지 않은 적이 한 번도 없다. 그리스인들의 기분을 상하게 하려는 것은 아니지만, 그들이 채무 불이행 상태에서 보낸 시일이 더 많았다. 그리스의 이전 채무 불이행은 1990년대 중반이었다. 그러나 우리는 잊어버렸다.

솔직히 말하면 그리스는 부채를 상환할 수 있었지만 채무 불이행을 피하는 데 필요한 힘든 선택을 하고 싶지 않았던 것으로 보인다. 그림 5-6은 그리스의 GDP 대비 이자 비율을 보여준다. 이 비율은 1993년에 12%였는데, 부채에 허덕이는 그리스가 조명을 받은 2010년에는 그 수준의 '절반에도' 미치지 않았다. 또한 1989~1992년의 상당 기간 그리스는 장기 국채를 전혀 발행하지 않았다(그림 5-7 참조). 제로! 전혀! 누구도 채무 불이행 위험을 무릅쓰고 돈을 빌려주려고 하지 않았다. 10년 동안 아무도 그리스를 믿지 않았다. 대신 그리스는 3개월 부채에 대해 18~19%의 이자를 물어야 했다!

당시 그리스가 높은 이자 비용을 치를 수 있었다면, 세계가 압박할 경우 2010년에도 그렇게 할 수 있었다.

그리스는 선택지가 있었다. 국가 소유 자산을 매각할 수 있었다. 공공 부문 근로자들의 연금을 깎을 수 있었다. 놀랍게도 그리스 GDP의 40%는 공공 부문이었고, 이 나라 근로자의 25%는 정부에서 근무했다! 사회주의 기조의 정책을 조금 줄이고 자유시장 자본주의를 약간 늘리면 그리스 병을 치유하는 데 큰 도움이 될 것이다.

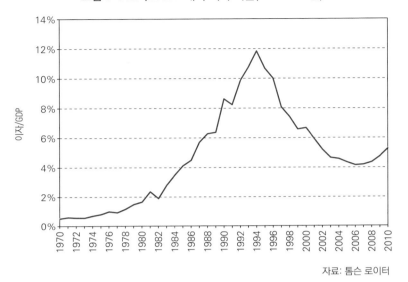

그림 5-6 그리스 GDP 대비 이자 비율(1970~2010년)

자료: 톰슨 로이터

그림 5-7 그리스 국채 10년물 이자율(1981~2010년)

자료: GFD

주식시장은 어떻게 반복되는가

그림 5-7을 보면 그리스는 1990년대 초반에 장기 차입을 하지 못해 부채 규모를 줄이게 되면서 이자율이 낮아졌다. 따라서 그리스의 전체적인 부채 비용은 그림 5-6처럼 감소했다. 자유시장의 규율은 엄격하다. 그리스는 1990년대에 이 규율에 따랐고 2010년에도 그렇게 할 수 있었다. 다만 자기 발을 불구덩이에 넣는 고통을 감수해야 했다. 자유시장 규율은 오늘날 더 엄격할지 모른다. 10대와 공공 부문 근로자들이 분노해 폭동을 일으킬 수 있다. 정치적으로 다루기 쉽지 않다. 10대는 두려운 존재다.

그리스 채무 불이행 우려로 유로존이 불안해했고 세계도 동요했다. 유로존 국가들은 겁을 먹었고 그리스는 쉬운 길을 선택했다. 구제금융이었다. 요즘에는 다들 구제금융을 원한다.

그리스에 대해 공감했던(나는 별로 공감하지 않았지만) 유로존 국가들은 기묘한 상황에 처했다. 각 회원국은 자국에 가장 유리한 통화 정책을 단독으로 펼 수 없었기 때문이다. 그러나 개발도상국 국가의 채무 불이행은 새로운 것이 아니고 전례가 없지도 않다. 우리는 오래전부터 채무 불이행을 목격해왔다. 그리스의 채무 불이행과 채무 조정은 한두 번 일어난 일이 아니었다. 남미 국가들은 습관적으로 일으킨다. 모든 채무 불이행은 절대적이거나 상대적인 부채 수준보다 상대적인 부채 감당 능력과 관련이 있었다.

미국의 채무 불이행?

그런데 미국의 채무 불이행이라고? 지금처럼 부채가 감당 가능한 상황에서 그러한 일은 없을 것이다. 그러나 절대 없을 것이라고 절대 말하지 말라.

부채 위기에 대한 두려움에 휩싸일 경우, 미국 같은 선진국도 부채나 부채 비용을 감당할 수 없는 수준에 이르게 되면 채무 불이행을 맞게 될 것이라고 생각할 수 있다. 그러나 나는 그러한 수준을 찾지 못했다. 하나도! 아마 그래서 사람들이 두려워하는지 모른다. 알지 못하기 때문에 두려워하는 것이다.

2011년 여름 전문가들은 미국의 채무 불이행에 대해 떠들어댔다. 정치인들이 새로운 국가 부채 상한을 놓고 공방을 벌였기 때문이다 (이 상한은 전적으로 자의적인 수준이다. 선진국 중에서 덴마크만 부채 상한이 있다). 난센스다. 미국은 채무 불이행의 위험에 처한 적이 한 번도 없었다. 미국의 월간 세입은 이자를 충당하기에 충분한 슈퍼 등급 이상이다. 채무 불이행 논의는 단지 정치적인 두려움을 표현한 전형적인 난센스일 뿐이다.

미국은 부채를 갚지 않은 적이 한 번도 없다. 일부 지방자치단체는 그러한 적이 있다. 대도시에서는 드물었지만 발생했다. 뉴욕은 1975년에, 클리블랜드는 1978년에, 오렌지카운티는 1994년에 채무 불이행에 빠졌다. 채무 불이행을 경험한 지방자치단체는 이전보다 현명하게 행동하게 된다. 아무튼 미국은 채무 불이행을 저지르지 않았고 앞으로도 아주 오랫동안 그럴 일이 없을 것이다. 역사적으로 볼 때 상대적으로 감당할 수 있는 부채 수준이기 때문이다.

사람들은 채무 불이행이 발생하면 "돈을 전부 잃는다"라고 생각한다. 그러한 결과는 드물다. 채무 불이행은 단지 한 차례의 이자 지불 '지연'일 수 있다. 두 차례 상환 시기를 놓친 뒤 그다음에 처리해도 채무 불이행이다. 많은 지방자치단체가 지방채 상환용 감채(減債) 기금을 운용하는데, '채권자가 제때 이자를 받았어도' 단순 착오일지언정 감채 기금 입금이 늦어지면 채무 불이행으로 처리된다. 나는 채무 불이행의 심각함을 호도하려는 것이 아니다. '채무 불이행이 발생하면 채권자들은 언제나 전액을 날리게 된다'는 언론 매체의 보도가 사실이 아니라는 것을 밝히고자 할 뿐이다.

미국 지방자치단체 채무 불이행 중에서 가장 심각했던 기간은 대공황 시기였다. 1929~1937년에 약 4,800개 지방자치단체가 부채를 상환하지 못했고, 총부채 대비 채무 불이행 비율은 7%에 달했다. 큰 규모였지만 나라 전역을 휩쓴 재앙은 아니었다. 그러나 여기에 뜻밖의 결말이 있다. 그 심각한 시기에도 채권 회수율은 99.5%에 달했다. 세계 경제가 최악이었던 시기에도 지방채 투자자들의 손실이 0.5%에 그쳤던 것이다. 이 사실을 언급한 언론 매체는 없다. 그들이 원하지 않는 '좋은 소식'이기 때문이다.

지방채 채무 불이행 공포는 2010년이 저물면서 특히 심해졌다(그리고 다음 침체 뒤에는 다시 그렇게 될 것이다). 주 정부의 재정 적자 확대는 부채 상환 의무를 제대로 이행하지 못할 수 있다는 공포로 이어졌다. 그런데 주 정부 재정 적자는 침체 이후 늘 확대된다. 소득세, 법인세, 판매세가 줄어들기 때문이다. 주 정부와 지방 정부는 또 침체기에 재정 지출을 늘리는데, 이 역시 재정 적자로 이어진다. 이후 경제가 회복되면서 시차를 두고 소득이 증가하며 주 정부의 세입도 늘어난다. 이때 주 정부는 대개 재정 지출을 줄여야 한다고 생각하게 된다. 이렇게 세입이 증가하고 재정 지출이 감소하면서 재정 적자가 줄어들게 된다. 이 순환은 반복되고, 반복되고, 반복된다.

이렇듯 2009~2010년에 그토록 만연했던 채무 불이행 공포는 2011년 중반이 되자 증발했다. 언제나 그랬듯 주 정부의 소득세 수입이 예상보다 많아지면서 재정 적자가 줄어든다는 것을 투자자들이 알아차리게 되기 때문이다. 이러한 현상은 침체가 지나갈 때마다 나타나지만 사람들은 그저 잊는다. 그래서 사람들은 다시 공포에 빠지고 결코 현실이 될 수 없는 대규모 채무 불이행을 두려워한다. 지방자치단체에 따라 채무 불이행에 빠지기도 한다. 그러나 신문의 제목들이 예측하는 것처럼 대규모로 발생하지는 않는다.

미국 이외의 국가들을 살펴보면, 캐나다와 호주에서는 채무 불이행이 발생하지 않았다. 제2차 세계대전 이후 유럽 선진국에서도 채무 불이행은 발생하지 않았다. 러시아는 1998년에 채무 불이행이 발생했는데, 러시아는 대국이지만 선진국으로 분류되지는 않는다. 몰도바는 2002년에 채무 불이행이 발생했지만, 이 나라도 선진국이 아니다. 우크라이나는 1998년에 러시아와 함께 채무 불이행이 발생했고 2000년에도 발생했다.

주요 선진국에서도 채무 불이행이 발생할까? 물론이다. 그러나 공포에 질리기 전에 적어도 그 나라의 부채가 감당 가능한 수준인지 여부는 생각해보아야 한다. 부채가 GDP의 400%일지라도 이자 비용이 GDP의 1%라면 부채 부담은 2배가 될 뿐이며 이자율이 크게 오르지 않는다면 채무 불이행에 빠지지 않을 것이기 때문이다. 부채를 감당할 수 있는지 여부가 중요하다.

부채 없는 세상이 더 좋은 세상은 아니다

부채를 둘러싼 현재의 불안이 가시더라도 미래 어느 시점에서는 두려움이 다시 고개를 들 것이다. 부채로 인한 파국적인 일이 발생하지 않더라도 투자자들은 이를 기억하지 못할 것이며, 그들은 지금 가진 두려움을 다시 느낄 것이다.

만약 '과도한 부채'에 대한 두려움으로 주요 포트폴리오 전략 수정을 검토하는 상황이라면 자신에게 이렇게 질문해보자. "부채 없는 세상이 더 나은가?"

부채가 전혀 없는 세상을 이상향으로 여기는 사람들이 있을 것이다. 그 세상에서는 사람들이 모든 거래를 현금으로 할 것이다. 기업과 정부도 마찬가지일 것이다! 수중에 돈이 없는데도 무분별하게 쓰는 일은 없을 것이다. 문제가 없어 보인다. 피상적으로는.

그러나 부채가 없으면 국채도 없다. 국채가 없으면 유효한 통화 정책도 없고 중앙은행이 할 일도 없다. 국채가 없으면 통화 정책을 어떻게 펼 수 있을까? 골똘히 생각해도 대안이 떠오르지 않는다. 미국 국채는 은행 지급 준비금의 큰 부분을 차지하는데, 미국 국채가 없다면 현대 은행의 순조로운 대출 시스템을 어떻게 운영할 것인가? 나는 여러 이유로 금본위제를 옹호하지 않지만, 우리는 금본위제로 돌아갈 수 있다고 본다. 공급이 한정되고 산업 용도가 제한된 금속에 세계의 통화 공급을 묶어두려는 이유는 무엇일까? 금본위제는 정부가 통화 정책에 관여하는 것을 막을 수 있다고 생각하는 사람들이 있다. 그러나 통화 가치를 금 가격에 고정한 상태를 유지하려면 어떻게 해야 하는지를 생각해보라. 무엇보다 금본위제였을 때도 미국에는 국채가 있었다.

정부 부채가 없는 세상은 지금보다 훨씬 나쁠 공산이 크다. 앤드류 잭슨 대통령이 모든 정부 부채를 갚고 난 이후처럼 말이다. 우리는 그 전철을 다시 밟고 싶지 않다. 이슈는 전체적인 부채의 감당 가능 여부여야 한다. 이러한 관점에서 볼 때 2011~2012년 현재 미국 정부 부채는 상당히 끝내주는 수준이다.

6장

더 우월한 주식은 없다

소형주가 본질적으로 최고의 투자 대상이라고 믿는 그룹이 있다. 소형 가치주가 그렇다고 믿는 그룹도 있다. 어느 쪽이 맞을까?

대형주가 최고라고 믿는 투자자들도 있다. 대형 성장주가 그렇다고 믿는 사람들도 있다. 기술주가, 고배당주가, 독일 중형 산업주가 최고라고 믿는 사람들도 있다. 시가총액이나 산업을 막론하고, 그들은 자신의 절대적이고 엄격한 투자 원칙이 올바른 기준을 따르고 있다고 굳게 믿는다.

이러한 믿음은 맹목적이지 않다(그들은 당신도 믿게 만들 것이다)! 그들은 자신이 정한 범주가 최고임을 '입증하는' 데이터를 보여줄 수 있다! 그리고 가끔 그렇게 하기도 한다. 기간을 줄이면 된다. 범주를 특이하게 정의해도 된다. 잘못된 지수를 활용하거나 계산을 엉터리로 해도 된다. 목적에 맞도록 데이터를 바꾸거나 왜곡하는 방법은 아주 많으며, 모두 잘못된 것이다.

역사를 보면 특정 범주에 강점이 있는 경우도 있다. 예를 들어 소형주는 제대로 된 데이터가 존재하는 모든 시기에서 시장보다 수익률이 높았다! 1926년 2월 이후 소형주의 수익률은 연 12%였고 시장은 연 9.9%였다. 그러나 '소형주는 영원히!'라는 문신을 새겨 넣기전에 간과한 대목이 있다는 것을 알아야 한다. 1930~1940년대 소형주는 매매 시 호가의 차이가 매우 컸고, 가끔은 매수 가격의 30%에 달하기도 했다. 당시 그러한 소형주를 매수해 매도하는 것만으로도 엄청난 손실이 발생했다. 이 부분은 장기 지수 수익률에 감안되지 않았다. 또 소형주는 약세장 바닥에서 크게 반등하는 경향이 있다. 이러한 네 차례의 구간(1932~1935, 1942~1945, 1974~1976, 2002~2004년)을 제외하면 대형주 수익률이 아주 장기간에 걸쳐 소형주보다 높다.

바닥에서 반등하는 시기를 알아챌 수 있더라도(어렵다), 이 외에 소형주보다 더 높은 수익률을 올릴 방법은 많다. 그러나 대형주가 소형주를 앞지르는 데 걸리는 시일은 너무 길어 당신을 완전히 미치게 할지 모른다. 역사적으로 장기 강세장은 대형주가 주도해왔다. 또한 대부분의 대형 약세장에서는 대형주보다 소형주의 수익률이 더 나빴다. 증시의 등락을 예측할 수 있다면 소형주가 더 나은지 대형주가더 나은지 논쟁하는 것은 아무 의미가 없다.

특정 주식 범주가 본질적으로 장기 이익에 유리하다고 믿는 것은, 다시 강조하지만, 단기 기억력의 오류에 기인한다. 이 그릇된 확신은 역사에 대한 정독으로 몰아낼 수 있다. 덧붙이자면, 특정 주식 범주가 우월하다고 믿는 것은 자본시장이 어떻게 작동하는지를 이해하지 못하고 있기 때문이다.

기억을 못해서 발생한 다른 문제와 마찬가지로, 이 믿음의 결과 역시 역사를 잘못 기억하는 데서 끝나지 않는다. 어느 한 범주가 우월하다는 확신을 가지고 규모, 스타일, 섹터 등으로 정의된 범주에 집착하다 보면 큰 실수를 저지를 수 있다. 예를 들어 한 범주의 비중을 과도하게 높였다가 수익 및 위험을 관리하기 힘들어질 수도 있고, 장기간 시장보다 낮은 수익률을 기록할 수도 있다. 이렇게 되면 더 큰 실책을 저지르게 될 가능성이 높아진다. 예컨대 이미 달아오른 주식을 매수하거나, 적절한 장기 전략에서 벗어나 저가에 매도하게 될지도 모른다.

이 장에서 우리는 다음 내용을 살펴볼 것이다.

- 어느 한 범주가 본질적으로 더 우월할 수 없는 이유.
- 장기 선호(시장에서)와 장기 예측의 유사점.
- 이성적인 투자자는 어떻게 열기 추적 투자자가 되나.
- 역사를 이용해 이성적으로 '어떤 범주의 수익률이 더 좋을지'를 아는 방법.

비슷해지는 장기 수익률

나는 소형 가치주에 대해 조금 감상적이다. 이 분야에서 커리어를 시작했다. 당시 나는 기관이 소형 가치주라는 범주로 투자하는 스타일을 만들고, 지금은 흔해진 6개의 범주를 정의하는 데 기여했다. 6개 범주는 대형 성장주, 대형 가치주, 중형 성장주, 중형 가치주, 소형 성장주, 소형 가치주다.

믿기 어렵겠지만 1980년대 말까지만 해도 소형 가치주는 투자 범주가 아니었다. 전문적으로 이 범주에서 자산을 운용하는 사람은 거의 없었다. 내가 처음 쓴 책《슈퍼 스톡스》는 1984년에 나왔는데, 내가 만든 지표인 주가매출액배수(Price to Sales Ratio, 이하 PSR)를 소개하고 그 분야를 석권했다(이 책과 내 보고서 이전에는 PSR을 다룬 자료가 없었다).

PSR은 소형 가치주, 즉 매우 저평가된 소형주를 찾아내기 위해 개발되었다. 아이디어는 다음과 같았다. 곤경에 처해 이익을 내지 못하고 있어서 주가수익배수(Price Earning Ratio, 이하 PER)도 계산되지 않는 괜찮은 기업을 찾아내면, 그 기업이 다시 이익을 낼 경우 주가는 스프링처럼 튀어오를 것이다. 슈퍼 주식처럼 말이다!

PSR은 오랫동안 유용했지만 예측 수단으로서 쓸모는 점점 줄어들었다(더 상세한 이야기는 내 책《3개의 질문으로 주식시장을 이기다》를 참고하라). 오늘날 널리 쓰이면서 유용성이 줄어든 것이다. 이렇게 된 데는 내 잘못도 있다. 나는 이 지표에 대해 책을 썼고 〈포브스〉 칼럼과 다른 곳에도 알렸다. 널리 알려지면 무엇이든 힘을 잃는다. 정보도 그렇고 투자 수단, 방법, 지표도 마찬가지다. 나는 왜 PSR을 널리 알렸을까? 나는 내가 아무도 궁리해내지 못하는 무엇인가를 만들 만큼 영리하다고 생각하지 않았고, PSR은 어차피 누군가 찾아낼 지표였기에 언젠가는 힘을 잃을 것이라고 보았다. 그런데 PSR은 PER, 주가순자산배수(Price Book-value Ratio, 이하 PBR) 같은 지표들과 비교했을 때 밸류에이션에 여전히 유용하다. 또 때때로 다른 지표보다 예측력이 더 뛰어나다(대개 사람들이 그렇지 않다고 생각할 때 말이다). 그러나

PSR을 비롯한 지표들은 그 자체로 주식이 얼마나 높은 수익률을 올릴지 알려주지 못한다.

비록 내가 소형 가치주 범주에 대해 남다른 감정을 가지고 있기는 하지만, 나는 이 범주가 본질적으로 우월하다고 생각한 적이 없고 지금도 그렇다. 이 범주가 선도할 때가 있고 뒤처질 때도 있다. 다른 모든 주식 범주도 마찬가지다. 역사는 이 사실을 보여준다. 적절하게 구성된 주식 범주는 기본적으로 장기 수익률이 비슷해진다. 여기에는 타당한 이유가 있다. 무엇일까?

장기 공급은커녕 장기 수익률도 예측하기 어렵다

다른 모든 것과 마찬가지로 주식은 자유로운 시장에서 매매되고 주가는 수요와 공급에 의해 움직인다. 우리는 수요와 공급이 열망의 함수라고 배웠다. 어떤 가격에서 그것을 가지려는 사람들의 열망이 얼마나 강한가? 어떤 가격에서 그것을 공급하려는 사람들의 열망은 또 얼마나 강한가? 열망은 이성적인 특성에 더해 매우 감정적인 특성이 있다.

'향후 12개월' 같은 아주 가까운 기간을 잡으면 주식 공급은 상대적으로 고정되어 있다. 공급은 기업 공개나 신주 발행으로 증가하고 파산, 자사주 매입, 현금을 투입한 인수·합병으로 감소한다. 기업의 주가가 높으면 기업의 신주 발행 열망도 커진다. 돈을 더 저렴하게 조달할 수 있기 때문이다. 또 동종 기업 대부분이 신주를 발행하면 그것을 보는 기업도 그렇게 하고자 하는 열망이 커진다. 신주 발행은 시간이 아주 오래 걸린다. 규제와 투자은행 요건에 묶여 있고 증자

의도를 공개해야 한다. 자사주 매입과 합병도 갑자기 이루어지지 않는다. 따라서 향후 12개월(길면 24개월)의 주식 공급은 예측하기가 쉽다. 공급이 크게 움직이지 않기에 단기적으로는 주식 수요의 변화가 주가를 위아래로 움직인다. 그런데 수요는 변덕스럽고 빠르게 변동할 수 있다.

그러나 장기적으로는 주식 공급이 거의 끝없이 늘거나 줄면서 다른 모든 변수를 잠재울 수 있다. 주가가 3년 뒤에, 또는 5년, 7년 10년, 37년 뒤에 어떻게 될지는 무엇보다 공급과 관계가 있다. 그리고 공급은 장기로 가면 전혀 예측할 수 없다.

공급 변동

왜 그럴까? 우선 투자은행이 있다. 아직까지도 투자은행가들은 거의 모든 곳에서 욕을 먹고 있다. 당신이 그들을 어떻게 생각하든지 그들은 기업들이 주식이나 채권을 발행해 자본시장을 활용하게 하는, 매우 기본적인 사회 서비스를 제공한다. 기업들이 인수·합병을 하도록 돕기도 한다. 자본시장이 없다면, 또 주식을 발행하거나 자사주를 매입하지 못한다면 기업은 자금을 조달해 성장하기 어렵고 재무 구조와 주주 가치를 최적화할 수도 없다. 기업은 성장해야만 고용하고, 혁신하고, 연구하고, 멋진 기기와 생명을 구하는 약품을 만들어낼 수 있다. 인재를 고용하고 어린이 질병을 없애는 백신을 개발하는 기업들을 좋아하면서도 투자은행가들을 싫어할 수도 있다. 당신은 스스로 투자은행가가 되지 않아도 된다. 그러나 못마땅할지언정 그들의 존재를 인정해야 한다.

어떤 범주가 과열되면(나는 이 주제를 《투자의 재구성》에서 상세하게 서술했다) 그 주식에 대한 수요가 증가한다(1990년대 기술주와 1970년대 에너지주를 생각할 수 있다). 투자은행가들은 주식 발행으로 이러한 수요를 충족시켜주면서 신규 및 기존 상장 기업을 돕고자 한다. 제대로 하면 이 일은 수익성이 좋다. 신주에 대한 수요가 강하면 자본 조달이 쉽고, 비상장 기업들의 기업 공개도 쉬워진다. 자리를 잡은 상장 기업들도 새롭고 핫한 신제품 생산 라인에서 경쟁할 자본을 쉽게 조달할 수 있다. 아니면 작은 신생 업체를 인수하기 위해 자본을 조달할 수도 있다. 이처럼 투자은행가들이 신주를 계속 발행시키면 공급이 수요를 초과하게 된다. 그러면 수요가 감소하고, 주가도 하락하며, 기업들은 물러서고 싶어 한다. 가격은 갑자기 떨어지기도 하고(1980년대 에너지주 버블이나 2000년 기술주 버블처럼) 서서히 하락하기도 한다. 그러나 수요는 다른 범주에서도 증가하며 투자은행가들은 이 수요를 충족시키기 위해 또 주식을 공급한다. 냉각된 영역의 초과 공급 역시 기업의 자사주 매입, 부도, 현금을 투입한 기업 인수로 흡수되거나 해소된다. 반복되고, 반복되고, 반복된다.

이처럼 수요가 이 영역 저 영역으로 불규칙하게, 끝없이 옮겨 다니는 동안 공급은 무한히 증가와 감소를 반복한다. 공급을 늘리거나 줄이는 것이 특별하게 더 쉬운 범주 같은 것은 없다. 투자은행가들은 필요할 때마다 물량을 공급할 뿐이다. 각 범주가 잘 구성되었다면, 각자의 경로대로 불규칙하게 움직이겠지만, 장기적으로는 결국 꽤 비슷한 수익률로 수렴할 것이다. 모든 변동은 공급 변동에 연계되어 나타나는데, 이 공급 변동은 예측이 불가능하다. 공급 변동보다는 앞서 언급한 소형주의 매매 호가 차이 같은 특이성을 예측하는 편이 더 쉬울 것이다.

이 때문에 어느 한 범주를 영원히 사랑하면 성과를 얻지 못한다. 특정 범주가 장기에 걸쳐 시장을 선도할 수 있는 것은 사실이다. 많은 사람들이 그 양상이 영원히 지속되리라고 생각할 정도로 긴 기간 말이다. 그 기간은 대개 장세가 방향을 뒤집어 약세로 돌아서기 직전까지 지속된다. 그러나 당신의 특정 범주에 대한 선호(전체적으로 잘 분산된 포트폴리오 속의)는 향후 12~18개월, 길게는 24개월 동안 그 범주의 펀더멘털이 왜 좋을지를 내다본 평가의 결과여야 한다. 그 범주가 '단지' 더 괜찮을 것이라는 믿음에 따르면 안 된다.

그림 6-1은 이 믿음을 다르게 보여준다. 이 그림은 미국 대형주, 소형주, 성장주, 가치주, 외국 주식, 채권(바클레이즈 Agg) 등 넓은 범주의 연간 수익률을 나타낸다. 뒤죽박죽 조각보처럼 보일 텐데, 왜냐하면 실제로 그렇기 때문이다. 주도주는 순환하며, 그 빈도는 잦고 패턴은 가끔 격렬하다. 어떤 범주는 오랜 기간에 걸쳐 열기를 유지할 수 있다. 예컨대 대형 성장주는 1995년부터 1998년까지 뜨거웠지만 1998년에 최악의 실적을 거두었다. 최고 영역이 그다음에 꼭 최악이 되는 것은 아니다. 범주는 가끔 불규칙하게 이리저리로 뛴다. 식별할 만한 패턴은 없고, 20년을 통틀어 볼 때 계속해서 좋은 범주가 있다는 증거도 없다.

더 놀라운 것이 있다. 우월한 범주 같은 것은 없다는 사실이다. 이 사실을 확인하는 데 그리 오랜 시간이 걸리지는 않을 것이다. 몇 년간의 역사만 체크해보아도 알 수 있다. 한 범주가 최고라고 믿는 것

그림 6-1 넓은 범주의 연간 수익률

연도	1위	2위	3위	4위	5위	6위	7위	8위
1991	러셀2000 성장 51.2%	러셀2000 46.0%	S&P/시티 성장 44.1%	S&P/시티 가치 41.7%	S&P500 30.5%	러셀2000 가치 22.2%	바클레이즈 Agg 16.0%	MSCI EAFE 12.1%
1992	러셀2000 가치 29.1%	러셀2000 18.4%	S&P/시티 가치 9.5%	S&P/시티 성장 7.8%	S&P500 7.6%	바클레이즈 Agg 7.4%	러셀2000 성장 4.5%	MSCI EAFE -12.2%
1993	MSCI EAFE 32.6%	러셀2000 가치 23.8%	러셀2000 18.9%	S&P/시티 가치 16.6%	러셀2000 성장 13.4%	S&P500 10.1%	S&P/시티 성장 9.8%	바클레이즈 Agg 0.2%
1994	MSCI EAFE 7.8%	S&P/시티 성장 3.9%	러셀2000 1.3%	S&P/시티 가치 -0.6%	러셀2000 성장 -1.5%	S&P500 -1.8%	러셀2000 가치 -2.4%	바클레이즈 Agg -2.9%
1995	S&P/시티 성장 39.4%	S&P500 37.6%	S&P/시티 가치 37.2%	러셀2000 성장 31.0%	러셀2000 28.5%	러셀2000 가치 25.7%	바클레이즈 Agg 18.5%	MSCI EAFE 11.2%
1996	S&P/시티 성장 25.7%	S&P/시티 가치 23.9%	S&P500 23.0%	러셀2000 가치 21.4%	러셀2000 16.5%	러셀2000 성장 11.3%	MSCI EAFE 6.0%	바클레이즈 Agg 3.6%
1997	S&P/시티 성장 33.5%	S&P500 33.4%	러셀2000 가치 31.8%	S&P/시티 가치 31.5%	러셀2000 22.4%	러셀2000 성장 12.9%	바클레이즈 Agg 9.7%	MSCI EAFE 1.8%
1998	S&P/시티 성장 41.0%	S&P500 28.6%	MSCI EAFE 20.0%	S&P/시티 가치 16.3%	바클레이즈 Agg 8.7%	러셀2000 성장 1.2%	러셀2000 -2.5%	러셀2000 가치 -6.5%
1999	S&P/시티 성장 43.1%	러셀2000 성장 39.9%	MSCI EAFE 27.0%	러셀2000 21.3%	S&P500 21.0%	바클레이즈 Agg 4.7%	S&P/시티 가치 -0.8%	러셀2000 가치 -1.5%
2000	러셀2000 가치 22.8%	바클레이즈 Agg 11.6%	S&P/시티 가치 6.5%	러셀2000 -3.0%	S&P500 -9.1%	MSCI EAFE -14.2%	S&P/시티 성장 -22.2%	러셀2000 성장 -22.4%
2001	러셀2000 가치 14.0%	바클레이즈 Agg 8.4%	러셀2000 2.5%	러셀2000 성장 -9.2%	S&P500 -9.6%	S&P/시티 성장 -11.9%	S&P/시티 가치 -19.5%	MSCI EAFE -21.4%
2002	바클레이즈 Agg 10.3%	러셀2000 가치 -11.4%	MSCI EAFE -15.9%	S&P/시티 가치 -16.2%	러셀2000 -20.5%	S&P500 -22.1%	S&P/시티 성장 -30.2%	러셀2000 성장 -30.3%
2003	러셀2000 성장 48.5%	러셀2000 47.3%	러셀2000 가치 46.0%	MSCI EAFE 38.6%	S&P/시티 가치 31.6%	S&P500 28.7%	S&P/시티 성장 26.8%	바클레이즈 Agg 4.1%
2004	러셀2000 가치 22.2%	MSCI EAFE 20.2%	러셀2000 18.3%	S&P/시티 가치 15.3%	러셀2000 성장 14.3%	S&P500 10.9%	S&P/시티 성장 6.3%	바클레이즈 Agg 4.3%
2005	MSCI EAFE 13.5%	S&P/시티 성장 9.3%	S&P500 4.9%	S&P/시티 가치 4.7%	러셀2000 4.6%	러셀2000 성장 4.2%	바클레이즈 Agg 2.4%	러셀2000 가치 2.3%
2006	MSCI EAFE 26.3%	러셀2000 가치 23.5%	S&P/시티 가치 19.7%	러셀2000 18.4%	S&P500 15.8%	러셀2000 성장 13.4%	S&P/시티 성장 11.4%	바클레이즈 Agg 4.3%
2007	MSCI EAFE 11.2%	S&P/시티 성장 10.3%	러셀2000 성장 7.1%	S&P500 7.0%	바클레이즈 Agg 5.5%	러셀2000 1.9%	S&P/시티 가치 -1.6%	러셀2000 가치 -9.8%
2008	바클레이즈 Agg 5.2%	러셀2000 가치 -28.9%	S&P/시티 가치 -33.5%	러셀2000 -33.8%	S&P500 -37.0%	러셀2000 성장 -38.5%	S&P/시티 성장 -38.9%	MSCI EAFE -43.4%
2009	S&P/시티 성장 34.6%	러셀2000 성장 34.5%	MSCI EAFE 31.8%	러셀2000 27.2%	S&P500 26.5%	S&P/시티 가치 21.6%	러셀2000 가치 20.6%	바클레이즈 Agg 5.9%
2010	러셀2000 성장 29.1%	러셀2000 24.9%	러셀2000 가치 24.5%	S&P/시티 성장 17.1%	S&P500 15.1%	S&P/시티 가치 14.1%	MSCI EAFE 7.8%	바클레이즈 Agg 6.6%

자료: 톰슨 로이터

은 아주 최근의 역사조차 무시한다는 뜻이다. 사실 많은 투자자들이 그렇게 무시한다.

이 그림에서 챙겨 보아야 할 것이 더 있다. 당신이 어느 한 범주를 선호하는 것이 단지 '최근 뜨거웠기 때문'이라면 당신은 열기 추적 투자자에 지나지 않을 것이다. 그러한 투자는 잠시 통할 때가 있지만 대개는 통하지 않는다(이에 대해서는 이 장의 뒤에서 더 다룬다).

장기 예측은 불가능하다

어느 범주를 영원히 좋아하는 투자 방식의 또 다른 문제는 장기 예측과 비슷한 문제를 발생시킨다는 것이다. 장기 예측은 맞을 때가 거의 없는데도(이 부분도 잠시 후에 다룬다) 사람들은 계속해서 시도하며, 언론 매체는 큰 관심을 가지고 이것을 전한다. 이러한 일이 왜 반복될까? 추정컨대 "주가가 앞으로 10년 동안 X, Y, Z로 움직일 것"이라고 말하는 사람들은 투자자들이 몇 년만 지나도 이 예측을 잊어버린다는 사실을 알기 때문이다. 과감한 장기 예측을 내놓는 점쟁이들은 틀린 예측으로 인해 타격을 입는 경우가 드물다. 나중에 예측과 실제를 대조해보는 사람이 극히 드물기 때문이다(기자들은 더더욱 그렇게 하지 않는다).

내가 자신 있게 할 수 있는 조언은, 24개월보다 먼 미래를 예측하려는 시도는 무시해도 무방하다는 것이다. 이 예측이 맞으려면 앞으로 3년이나 5년, 7년, 10년, 또는 37년 뒤에 어느 범주가 최상일지를 알아야 한다. 이 시기의 끝 무렵에 투자은행가들이 어느 범주에서 주식 공급을 늘릴지, 또 어느 범주에서 공급을 줄일지 알아야 한다. 누가 알겠는가? 투자은행가들(CEO들, CFO들, 투자자들, 주식 공급을 움직이는 일에 관여하는 다른 사람들)은 3년 뒤, 5년 뒤, 10년 뒤, 37년 뒤에 '누구도 예측한 바 없는 장기 요인'에 따라 대응할 것이다.

물론 시일이 흐르면서 특정 자산, 규모, 스타일, 섹터, 산업 등이 아주 긴 기간에 걸쳐 시장을 주도할 수 있다. 그러나 그것을 예측할 방도는 없다. 내가 투자자들에게 늘 상기시키는 주의 사항이 있는데, 어떤 주식이 오랫동안 시장을 주도했다고 해서 이제 곧 그 주도 기간이 끝나리라고 예측해서는 안 된다는 것이다. 투자자들은 항상 오해한다. 강세장이 너무 오래 지속되면, 즉 평균보다 오래가면, 그 강세장은 곧 끝날 것이라고 믿는다. 아니다(2장을 보라). 평균에는 어마어마한 편차가 있고, 어떤 범주는 평균보다 더 오랫동안 뛰어난 수익률을 내는 펀더멘털을 지니고 있으며, 이 펀더멘털은 계속해서 변할 수도 있다. 향후 10년간의 주식 공급을 예측할 수 없는 한 어떤 범주가 시장을 이끌지 알아낼 방법은 없다.

역사는 예측으로 가득하며 대부분이 틀렸다

1884년 〈타임〉지에서 누군가가, 1944년에 이르면 런던은 2.7미터의 똥에 묻힌다고 예측했다! 마차의 인기가 높아져 분명히 그렇게 될 것이라고 말이다(이 예측은 똥이 되었다).[1]

지난 70년 동안 런던에 가보지 않은 독자를 위해서 그래도 알려주겠다. 믿어도 좋다. 런던은 2.7미터의 똥으로 뒤덮이지 않았다. 이른바 내연기관이 당시 불가피하다고 예측된 똥을 물리쳤다. 사람들은 자동차가 나오기 이전의 세상에 대해 환상을 품는 경향이 있다. 당시 사회가 청정하고 이상적이며 탄소에 오염되지 않은 유토피아일 것이라고 생각한다(이렇게 생각하는 사람들은 필시 농장에서 시간을 보낸 적이 없을 것이다). 말똥은 친환경적이지 않다. 상수도에 상당히 나쁜 영향을 주며, 19세기 대도시 권역에 살았던 사람들은 '대기 속에 떠다니는 똥 성분'을 들이마시는 바람에 호흡기 질환을 심하게 앓았다. 자동차가 온실가스를 많이 배출한다고 생각하나? 말, 소, 다른 가축의 엉덩이 뒤에 촛불을 들고 있어보라. 세상에서 탄소를 가장 많이 배출하는 것은 자동차가 아니라 가축이다. 오늘날에도 그렇다. 세상이 '더' 깨끗해지는 것이 아니라 '덜' 깨끗해진다고 믿는 것은 고도 근시 때문이다.

인류에 대해 나보다 어두운 견해를 지닌 사람들이 있을 것이다. 그러나 나는 이윤 동기가 환경 개선을 비롯한 사회 복리를 달성할 강력한 엔진이라고 믿는다. 역사적으로 자본주의 국가들은 공산주의나 사회주의 국가들보다 환경을 더 깨끗하게 유지해왔다. 자본주의 사회는 더 부유해지면서 더 창의력을 발휘했고 '더 깨끗해졌다'. 엄청난 양의 똥을 치워야 하는 교통수단은 아무도 '좋아하지' 않는다.

진정으로 환경을 사랑하는 사람들은 미래를 걱정하지 않는다. 그들은 아직까지 상상하지 못한 온갖 혁신이 세계를 더 깨끗하고 빠르고 강력하게 만들어준다는 비전에 고무될 것이다. 그들은 산업을 두려워하는 대신 끌어안을 것이다. 산업이 사회를 더 부유하게 만들어주기 때문이다. 역사를 보면 더 풍요로운 사회가 환경을 더 잘 보살

폈다.

투자자가 장기 예측을 시도할 때 저지르는 근시안적인 실수도 이와 똑같다. 그들은 현재의 가정에 바탕을 두고 장기 투자를 하는데, 그 가정은 바뀔 수 있고 급변할 수도 있다. 런던은 누군가가 차를 발명한 덕분에 똥으로 뒤덮이지 않았다. 당시에는 아무도 그 가능성을 생각하지 못했다. 마찬가지로 앞으로 5년 뒤, 10년 뒤, 20년 뒤의 다양한 주식시장에 무엇이 영향을 미칠지는 아무도 모른다.

ERP는 단지 공상적인 장기 예측이다

학계에서는 주식위험프리미엄(Equity Risk Premium, 이하 ERP)이라는 개념을 사용해 장기 예측을 하는데, 잘못된 것이다. ERP는 주식이 미국 국채 같은 장기 무위험 자산과 비교했을 때 추가 변동성 위험을 떠안기 때문에 주식에 투자할 때 일종의 프리미엄을 받아야 한다는 개념이다. 제정신인 사람이라면 이 개념에 동의하는 것이 당연하다. 일이 괴상하게 돌아가는 것은 이 개념에서 출발해 예측을 하려 하기 때문이다.

사후적으로 ERP를 계산하는 것은 쉽다. 일정 기간의 연평균 주식 수익률과 국채 수익률을 계산한 뒤 두 값의 차이를 구하면 된다. 어떤 사람들은 1년 수익률을 비교해야 한다고 말하고 다른 사람들은 기간을 10년으로 잡아야 한다고 말한다. 너무 세부적이다. 내게 주식은 장기 투자 대상이기 때문에 10년이 최상의 기간이라고 생각하지만, 나는 개의치 않는다. 기간을 얼마로 잡는지에 따라 결과가 유의미하게 바뀌지는 않기 때문이다. 1926~2010년 말 미국 주식의 수익률은 연 9.8%였고 10년 만기 미국 국채의 수익률은 5.3%였다. 따라서 ERP는 4.5%였다. 충분히 합리적이다. 추가 변동성에 대해 평균적으로 괜찮은 프리미엄을 받았다. 예상한 대로다.

문제는 학계에서 선행 ERP를 예측하려고 시도한다는 점이다. 만약 10년 만기 국채 수익률이 현재 3%고 누군가 10년 ERP가 2.5%라고 예측할 경우 사람들은 주식이 향후 10년 동안 연 5.5%의 수익률을 줄 것이라고 생각한다. 이 수익률은 끔찍한 정도는 아니지만 평균보다 한참 낮은 수준이다. 내 경험을 들려줄 테니 유념하기 바란다. 대다수 ERP는 향후 주식 수익률을 매우 낮게 예측한다. ERP는 관측자의 편향이나 당시의 사고방식, 또는 이 둘 모두가 연장된 결과다. 약세장 쪽으로 기운 학자는 비관적으로 전망하고 강세장 학자는 낙관적으로 전망한다. ERP는 사회가 낙관적일 때보다 비관적일 때 더 낮게 나타나는 경향이 있다.

1990년대 말에는 향후 10년간 주식 수익률이 '크게' 호조를 보이리라는 예측이 유행했는데, 그 근거는 이전 10년의 수익률이 매우 좋았기 때문이었다(이 부분은 4장에서 다루었다). 물론 그러한 일은 일어나지 않았다. 요즘(이 책을 쓰는 2011년)에는 대다수 ERP 모형이 상당히 비관적이다. ERP 모형들은 최근 경험을 미래에 투사할 뿐이고, 그러한 방식은 예측에 적합하지 않다.

ERP(다른 장기 예측 모형도 포함) 신봉자들은 대개 근시를 앓고 있다. 나는 백테스트를 일관되게 통과하는 모형을 본 적이 없다. 가끔 있었지만 그것은 기간의 대부분이 아니라 우연히 일부 구간에만 통한 것이었다.

치명적인 결함

모든 ERP 모형들은 몇 가지 치명적인 결함이 있다. 다른 상이한 모형들도 공통적으로 지닌 결함이다. 우선 똥 예측처럼 학계의 ERP 모형 중 대다수는 현재나 과거의 상황을 미래에 투사한다. '현재의' 배당수익률과 '현재의' 물가상승률, '이전' 10년간의 주당순이익(Earning Per Share, 이하 EPS) 평균, '현재의' 채권 수익률 등을 놓고 적당히 섞은 뒤 적당히 미래를 예측한다. 과거 10년간의 EPS 평균치는 미래에 일어날 일에 대해 아무것도 말해주지 못한다. ERP 모형에 들어가는 현재 물가상승률과 배당 수익률, 채권 수익률, 그 어떤 현재나 과거의 요소도 마찬가지다. 이것은 자연의 이치라고 할 수 있다. 만약 과거가 미래를 예측한다면 주식은 한 방향으로 움직일 것이다. 그러나 그렇지 않다.

둘째로 ERP 모형들은 다른 역사 형태를 간과하는 듯하다. 심지어 최근의 역사도 도외시한다. 최근의 모형들은 대개 ERP 예측치를 2.5%나 3.0%처럼 소폭으로 내놓는다. 그러나 긴 기간을 살펴보면 10년 단위 ERP는 아주 큰 폭으로 움직였다.

표 6-1은 10년 단위의 ERP를 보여준다. 이 표를 보면 우선 주식의 10년 단위 연평균 수익률이 크게 변동한 것을 알 수 있다(3장 참조). 이 수치는 1950년대에 19.3%였고 1990년대에는 18.2%였다. 마이너스는 드물어 1930년대에 −0.1%였고 2000년대에는 −0.9%였다. 게다가 ERP도 변동성이 크다. 1960년대와 1980년대는 주식 수익률이 평균에서 많이 벗어났는데도 ERP는 장기 평균치인 4.5%와 가까웠다.

표 6-1 과거의 10년 단위 ERP   (단위: %)

	10년 만기 국채 연평균 수익률	S&P500 연평균 수익률	ERP
1930년대	4.0	−0.1	−4.1
1940년대	2.7	9.0	6.3
1950년대	0.4	19.3	18.9
1960년대	2.8	7.8	5.0
1970년대	6.1	5.8	−0.3
1980년대	12.8	17.5	4.7
1990년대	8.0	18.2	10.2
2000년대	6.6	−0.9	−7.6

자료: GFD, 미국 10년 만기 국채 총수익률, S&P500

많은 투자자들이 2000년대 주식 수익률 곡선이 평평하기 때문에 향후에도 장기적으로 증시 전망이 어두울 것이라고 걱정한다. 그러나 표에서 장기 ERP를 보면 마이너스 구간 다음에 바로 플러스가 왔다(4장 다시 참조).

매우 유명한 PER 예측 모형들 중 일부가 맞지 않는 이유도 동일하다. 5년이나 10년의 장기 예측을 하려는 시도는 무의미하다. 현재의 PER(또는 과거 PER의 평균)이 주식의 장기 수익률에 대해 무엇인가를 알려준다고 생각하는 사람들이 깨닫지 못하는 것이 있다. 우선 PER은 그 자체로 예측력이 없다는 사실이다. PER로는 장기 수익률을 예측하지 못한다! 왜 그럴까?

한 가지 큰 이유가 있다(사람들은 곧 잊어버리는 경향이 있다). PER에는 2개의 변수가 있다는 사실이다. 고PER은 일시적으로 수익이 감소한 결과일 수 있다. 주식(또는 산업, 섹터, 전체 시장)의 수익이 크게 감소한 경우는 매수하기 매우 좋은 시기일 수 있다(예를 들어 2009년 초는

PER이 역사적으로 높은 시기였고, 주식을 매수할 최상의 시기였다). 이는 고 PER이 그 자체로는 향후 위험이나 수익률에 대해 아무것도 말해주지 못한다는 것을 보여주는 이유 중 하나일 뿐이다.

다른 중요한 이유는 주식 공급 물량의 장기적 변동에 대해 PER의 변수들은 아무것도 예측하지 못한다는 것이다. 이 예측은 ERP 모형도 못하고, 어느 장기 예측 모델도 할 수 없다. 나는 장기적인 주식 공급에 대해서는 모형조차 보지 못했다. 공급을 언급하지 않으면서 장기 예측을 시도하는 사람들은 자본시장에 대해 자신이 아는 것보다 모르는 것을 더 많이 말할 수밖에 없다. 그들 대다수의 암묵적인 가정은 장기적인 향후 공급의 변동이 과거의 장기 변동과 같으리라는 것이다. 이러한 예측 방법은 맞을 수도 있고 틀릴 수도 있고 비슷하게 맞을 수도 있다.

안전해 보이지만 실은 열기 추적일 수도 있다

장기와 사랑에 빠지는 행태의 다른 문제는 '열기 추적'이다. 최근 호조를 보인 주식이 본질적으로 더 안전하다고 믿고 시장의 열기를 추적하는 행태가 문제인 것이다. 이러한 행태는 역사를 조금만 공부하면 멀리할 수 있다.

냉정하고 이성적인 햇빛 아래에서 사람들 대다수가 아는 사실은 주가가 상승해왔다고 해서 더 안전하지는 않다는 것이다. 그런데도 열기 추적은 언제나 나타난다. 대개 어떤 주식이 특히 잘나갈 때 발생한다. 1980년대에 거품이 터지기 전, 1970년대의 에너지 섹터를 생각해보라. 1990년대 말 기술주와 2005~2006년의 주택시장도 생각해보라. 2011년에는 금이 열기 추적의 대상이다.

이는 새로운 문제가 아니다. 사람들은 거품이 현대의 시장에서 등장한 것이 아니라는 사실을 잊는다. 유명한 튤립 버블을 떠올려보라. 1636년에 불과 몇 달 동안 튤립 구근 가격이 솟구쳤고, 비싼 구근은 평균 연봉의 몇 배에 거래되었다. 튤립 가격은 이듬해 폭락했다. 비슷한 양상이 1720년 남해회사를 둘러싸고 재연되었다. 그림 6-2를 참고하라.

남해회사 광풍은 1711년에 일기 시작했다. 영국의 로버트 할리 재무장관은 그해 남해회사를 설립해 자신이 총재 자리에 앉은 뒤 남해(기본적으로 태평양)에 대한 독점 무역권을 부여했다. 그 독점권의 상업적인 잠재력을 평가하는 것은 불가능했다. 알 수 없는 대상의 가치를 누가 매길 수 있었겠나? 그러나 투기 광풍은 세부 사항을 정확히 알지 못할 때 일어난다.

할리 장관과 그의 참모들은 무역보다 주식 거래에 더 관심을 기울였다. 주가가 치솟자 그들은 1719년에 남해회사 주식 및 향후의 (허황된) 이익과 교환하는 방식으로 영국 국채 전체를 인수하기로 했다. 정치인들은 이러한 거래를 좋아한다. 사실 아무 대가 없이 무언가가 주어진다면 누가 마다하겠나.

점점 더 많은 사람이 몰려들었다. 정부가 관여하는 사업이므로 믿을 만하다는 분위기가 형성되었다. 투기 열기에 들떠 증시 전체도 강세를 보였다. 그림 6-2를 보면 이전까지 단조롭게 움직이던 잉글

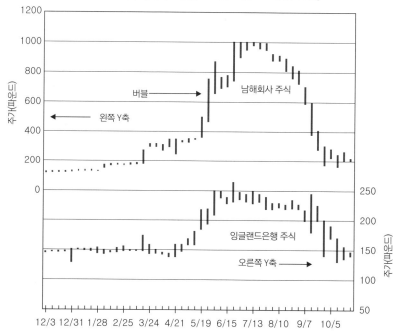

그림 6-2 남해회사 버블(1719년 12월~1720년 10월)

자료: 제임스 E. 로저스, 《영국의 농업과 가격의 역사(1703~1793)》(1902)

랜드은행 주가도 이 열기에 들썩거렸다는 것을 알 수 있다. 1719년 12월 3일~1720년 5월 말의 거품 기간에 남해회사 주가는 225% 치솟았고 잉글랜드은행 주가는 33% 올랐다.

이러한 일이 전개될 때면 늘 그렇듯, 더 많은 투자자들이 남해회사 주식에 달려들었다. 남해회사는 더 많은 주식을 발행했다. 돈을 찍어내는 것이나 마찬가지였다. 이 시기에 비슷한 다른 사업도 시작되어 투기 광풍에 편승했다.

남해회사는 다른 신생 회사들한테 잠재적인 투자자들을 빼앗기지 않으려 했다. 의원들 전부가 남해회사에 투자한 주주였고, 이 회사는 의회를 설득해 독점권을 받지 않은 회사의 활동을 모두 불법으로 간주했다. 문제는 독점권이 어느 회사에 주어졌고 어느 회사에는 주어지지 않았는지를 아무도 몰랐다는 데서 비롯되었다. 대형 회사들을 제외한 모든 주식이 곤두박질쳤다. 독점권을 받은 남해회사의 주가는 처음에는 떨어지지 않았다. 그러나 손실을 본 투자자들은, 특히 신용거래로 주식을 사들인 투자자들은 남해회사와 잉글랜드은행처럼 주가가 하락하지 않은 주식도 정리해야 했다. 내가 '동반 매도'라고 부르는 처지가 된 것이다(이러한 매매는 모든 약세장에서 지금도 나타난다). 매도가 이루어지는 가운데 남해회사의 취약점이 드러났다. 마땅한 사업이 존재하지 않는다는 사실이 밝혀진 것이었다. 남해회사와 많은 다른 회사가 결딴났다.

버블의 역사에 대한 서적을 원한다면, 그리고 왜 우리가 주기적으로 버블에 말려드는지 이해하고 싶다면 찰스 맥케이의 훌륭한 책 《대중의 미망과 광기》를 추천한다. 투기적 거품은 메소포타미아에 존재한 최초의 시장에서도 발생했으리라고 나는 상상한다. 인간이 존재하는 한 우리는 이따금 거품을 일으킬 것이다. 열기 추적자도 계속 생겨날 것이다.

열기 추적이라는 것을 안다면 그렇게 행동하지 않을 것이다

만약 자신이 열기를 추적하고 있다는 것을 알더라도 계속해서 그렇게 행동할까? 아무도 그렇게 하지 않을 것이다. 열기 추적이 나쁘다는 것은 누구나 안다. 그러한 투자 방식이 위험하다는 것을 안다면 그만둘 것이다. 열기 추적자가 그렇게 행동하는 것은 그 자산이 본질적으로 안전하고 영구적으로 더 낫다고 생각하기 때문이다.

이러한 투자 행태는 진화를 통해 자리 잡았고 극복하기가 매우 어렵다. 인류는 오래전부터 살아남기 위해 어떤 행동 패턴을 따르도록 학습해왔다. 예를 들어 친구가 어떤 산딸기를 먹고 죽지 않는 것을 본 사람은 그 딸기를 따라 먹었고 죽지 않았다. 그 딸기는 계속 먹었지만, 다른 친구가 먹고 탈이 난 딸기는 먹지 않았다. 안전한 패턴이었다.

마찬가지로 무엇인가가 일관되게 높은 수익률을 보인다면 우리 뇌는 이렇게 말한다. "저 패턴을 봐라. 저 자산은 안전하다는 뜻이다(이것은 우리의 기억력이 단기이고 좋지 않다는 사실과 관련이 있다. 만약 뜨거운 투자를 따라 하고 싶었던 최근에 무슨 일이 생겼는지를 기억한다면 우리는 재차 그렇게 하지 않을 것이다)." 그 행동이 본질적으로 안전하다고 보지 않더라도 이렇게 생각할 것이다. '수익률이 좋게 나올 때 들어가는 것이 낫겠어. 언제 빠져야 하는지 알 수 있겠지.'

일이 언제나 마음먹은 대로 돌아가는 것은 아니다. 대개는 그렇게 되지 않는다. 인간의 행태는 뒤죽박죽이고, 자본시장이 그토록 까다로운 것은 이러한 사정 때문이기도 하다. 어떤 주식의 수익률이 좋을 경우 종종 진화된 반응, 즉 고소 공포증이 시작된다. 이와 반대로 어떤 패턴에서는 안전을 추구하는 본능이 나타나기도 한다. 이 두 가지 반응은 모두 매우 값비싼 실수로 이어진다.

안전하다고 알려진 자산

(실제로는 그렇지 않은데) 안전하다고 널리 알려진 자산의 종류는 종종 바뀐다. 주거용 부동산은 최근 사례다. 2011~2012년의 독자들은 "집이 형편없는 투자처라는 것은 누구나 알고 있다"라고 말할 것이다. 2005년과 2006년에는 인식이 판이했다. 퇴직연금을 깨 마이애미의 콘도나 나대지를 매입한 사례도 보도되었다.

사람들은 부동산 거품을 놓고 누군가를 가리켜 손가락질하기를 좋아한다. 전 연준FRB 의장 앨런 그린스펀이 단골 대상이다. 그는 저금리를 오래 유지했다고 비판받았다. 우리가 그를 그렇게 비판할 수 있는지 의문이다. 금리는 1980년대 초 이래 세계적으로 계속 낮아지는 추세였다. 저금리는 돈을 빌리는 비용이 저렴해졌다는 뜻이고 그래서 사람들이 더 많은 집을 감당할 수 있게 되었다. 상당히 명쾌한 논리다. 그러나 금리가 유일한 동인은 아니었다.

내가 보기에 주요 요인은 1997년 세법 개정이었다. 이전까지 주택 소유자는 주거용 부동산 매각에 대해 평생 한 번 공제를 받았다. 공제 금액은 독신자 25만 달러, 부부 50만 달러였다. 세법이 개정되자 2년마다 공제를 받을 수 있게 되었다. 이전에는 사람들이 한 집에 오래 살고자 했다. 이사하는 경우에는 자본 이득을 새집으로 넘겼다. 세법이 개정되자 사람들에게 집을 팔 유인이 생겼다. 세무서에 시달릴 일이 없어졌다. 사람들은 자본 이득에 대한 세금 경감이 매도 유인 증대로 작용해 매도 증가를 자극했다는 것을 잊어버렸다. 많은 사람이 생각하는 것과 반대로 주식시장은 세법 개정 직후 단기적으로는 부진했다. 왜냐하면 매도를 늦추고 있다가 한꺼번에 대량으로 매물을 내놓았기 때문이다.

또 미국에서는 GDP가 증가하고 있었다. 그래서 10년마다 더 많은 사람이 집을 장만할 수 있었다. 주택 가격이 안정적으로 장기간 상승했고 대출도 아주 쉬웠기 때문에 부동산은 안전한 자산이라는 인식이 퍼졌다. 까다로운 주식과 다르게, 그저 0과 1의 디지털로 표현되는 유형자산이었다.

호황기일지라도 주택 거래는 큰 비용이 들고 수리비와 세금이 유예되는 문제가 있다. 만약 재산의 상당 부분이 주택이라는 단일 자산에 묶여 있는 데다가 지리적인 다양성도 확보하지 못했다면 위험이 커질 수밖에 없다. 주식이라면 한 종목에 집중 투자하지는 않았을 것이다. 돌이켜 보면 당시 사람들은 대부분 그렇게 생각하지 않았다. 많은 사람들이 부동산은 '잃을 수 없는 투자'의 최신 버전이라고 여겼다. 잃을 수 없는 투자도 결국에는 손실이 발생한다.

윌 로저스 vs. 버나드 바루크

다른 문제가 있다. 2005년과 2006년에 시작한(거주 지역에 따라 시기는 다소 차이가 있다) 집값 하락이 이례적이라고 생각하는 사람이 많다. 전례가 없었다는 것이다! 부동산 가치가 하락할 수 있고 실제로 그러한 일이 생긴다는 것을 잊으려면 기억력이 아주 단기에 그쳐야 한다. 사람들은 1980년에도 2000년대 중반과 마찬가지로 부동산이 철갑을 두른 투자처라고 보았다. 당시 내 사무실 수리를 하던 열아홉 살짜리 아이가 저렴한 땅을 어디서 사들일 수 있는지 조언을 해주었다. 그는(19세가!) 영화배우 윌 로저스를 인용하며 이렇게 말했다. "땅을 사세요. 땅은 더 생산되지 않으니까요." 그때 투자자 버나드 바루크(1870~1965)의 유명한 말이 떠올랐다. "거지, 구두닦이 소년, 이발사, 미용사가 부자 되는 법을 들려줄 때면 상기할 것이 있다. '공짜로 무엇인가를 얻을 수 있다는 믿음만큼 위험한 환상은 없다'는 사실이다."

1980년 이전에 몇 년 동안 농촌 부동산 가격은 매년 15% 올랐다. 부분적으로는 닉슨-포드-카터 행정부 기간에 발생한 인플레이션이 농산물 가격을 밀어 올린 데 영향을 받았다. 그러나 다행히도 폴 볼커 연준 의장(카터 대통령이 임명하고 레이건 대통령이 재임명했다)이 치명적인 인플레이션을 성공적으로 종식시켰다. 볼커 의장이 취임했을 때 물가상승률은 연 10% 후반이었다. 그가 떠날 때는 낮은 한 자릿수였고 계속 떨어지는 추세였다. 이 추세는 세계적으로 반영되었고 수십 년 동안 이어졌다.

정부가 어리석은 가격 보조금과 농장 대출 프로그램을 줄이자 농산물 인플레이션이 진정되었고 농토의 매력도 줄어들었다. 그림 6-3은 내가 좋아하는 옛날 그림 중 하나인데, 1981~1985년의 농장 부동산 가격 변화를 보여준다.

가격이 괜찮았던 지역도 있었다. 텍사스 농지 가격은 이 기간에 상승했다. 그러나 상승률은 연 10%에 못 미쳤다. 이전의 현기증 나는 상승률에 비하면 둔화된 것이다. 전국적으로는 가격이 무너졌다. 아이오와는 49%, 일리노이는 42% 떨어졌다. 핵심은 이것이다. 만약 무엇인가가 큰돈이 되리라고 모두가 믿는다면 대개 그렇게 되지 않는다. 왜 그럴까? 모두들 그렇게 믿는다면 그들은 이미 그 믿음에 따

그림 6-3 농장 부동산 가격의 평균 변화(1981~1985년)

자료: 미국 농무부 경제연구소

라 투자했을 것이다. 그 결과 가격을 더 밀어 올릴 구매력이 더 이상
없게 된 것이다.

　사례는 더 있다. 상업용 부동산 가격은 1990년대에 붕괴되었다.
일본 부동산 경기는 1990년대에 엉망이었고 그 이후로도 그랬다. 뉴
욕은 1970년대에 부동산 경기가 점점 부진해졌다. 덴버는 1980년대
에, 샌프란시스코는 1990년대 초반부터 중반(신기술 붐이 일기 전)까지
시들시들했다. 이보다 작고 국지적인 호황과 뒤이은 불황의 사례는
얼마든지 더 찾을 수 있다. 부동산 경기는 대개 지역적으로 전개되기
때문이다. 다만 1980년대 농지 가격과 최근의 집값 등락은 전국적으
로 진행되었다.

이들 사례는 호황-불황 단기 순환이었다. 그러나 사실 부동산은 언제나 장기 투자처로서 매력이 낮았다. 신뢰할 만한 데이터가 존재하는 1978년 기준, 부동산에 투자한 1달러는 2010년 16.65달러가 되었다.[2] 그러나 세계 주식에 투자한 1달러는 23.22달러가 되었고, 미국 주식에 투자한 1달러는 32.99달러가 되었다. 부동산에 투자한 것보다 두 배 가까이 불어난 것이다![3]

게다가 이 같은 부동산 투자 수익률은 기관투자가가 자산의 대부분을 상업용 부동산에 투자한 지수에서 산출한 것이다. '주거용' 부동산 가격은 같은 기간에 연 4.5% 상승했다. 즉 1달러가 '고작 4.3달러'가 되는 데 그친 것이다.[4] 개별 부동산시장은 더 크거나 작은 상승률을 기록했다. 그런데 이것은 주거용 부동산 투자를 주식 투자와 똑같이 생각했을 때 발생하는 문제 중 하나일 뿐이다. 부동산 투자는 더 위험하다. 장소 위험을 덜어주는, 지리적으로 다양한 포트폴리오를 보유한 사람은 얼마 안 될 것이기 때문이다. 보유했다 하더라도 평균 수익률은 그다지 매력적이지 않다.

그렇다면 많은 사람들이 부동산, 즉 자신의 집을 좋은 장기 투자처라고 생각하는 이유는 무엇일까? 아마도 주택에 '거액'을 투자하기 때문일 것이다. 그러나 차입의 힘도 고려해야 한다. 현금으로만 집을 장만하는 사람은 거의 없다. 사람들은 20% 이내의 선금을 지급하고, 나머지는 빌린다!

만약 25만 달러짜리 집을 매입하고 20%(5만 달러)를 선금으로 치른다고 하자. 5년 뒤에 그 집을 27만 5,000달러에 매도한다면 총 자본 이득은 10%고, 연 2%가 된다. 이는 국채 이자보다 낮은 수준이고 물가상승률에도 미치지 못한다. 그러나 이것은 진짜 수익률이 아니다. 당신이 투자한 금액은 단 5만 달러이기 때문이다. 자본 이득 2만 5,000달러의 수익률은 50%고 연 8.5%에 이른다. 꽤 좋은 실적이다!

그런데 이 계산에는 매매에 드는 4% 이상의 거래 비용이 포함되지 않았다. 또한 차입에 따른 이자 비용도 반영되지 않았다. 게다가 재산세와 관리비도 계산되어야 하고, 지붕을 고치고 페인트를 칠하며 잔디를 관리하는 등 상각 비용도 포함되어야 한다. 이러한 비용은 주택 소유자들이 수익률을 계산할 때 잊는 것들이다. 물론 집을 소유하면 월세를 내지 않는다. 월세는 이자와 유지 비용을 더한 금액보다 다소 많거나 적을 것이다. 그러나 '행복이 가득한 집'이 아닌 '투자처'로서 집을 생각할 때는 앞에서 언급한 모든 비용을 고려해야 한다. 부동산 자본 이득이 커 보이는 것은 차입의 힘 덕분인데, 차입이 불리하게 작용할 수도 있다는 것은 독자들도 익히 알고 있을 것이다.

그림 6-4 또한 내가 좋아하는 오래된 그래프 중 하나로, 1912~1976년의 농장 가격을 보여준다. 가격은 실질 가치(1967년에 고정)와 그림이 그려진 1978년 기준 명목 가치로 표시되어 있다. 명목 가치를 보면 이 기간의 수익률은 연 3.3%에 불과하다. 재산세 납부 전의 수익률이다. 물가상승률이나 미국 국채에서 받는 이자 수준이다. 실질 가치를 보면 모든 기간에서 물가상승률을 고려할 때 가치가 전혀 오르지 않았다(이 또한 재산세 납부 전 기준이다. 손실을 보았을 수 있다는 이야기다).

이 그림은 또한 부동산이 인플레이션 헤지 수단이라는 견해를 반박한다. 만약 부동산을 1912년에 매입했고 1942년에 팔아야 했다면

그림 6–4 미국 농장 부동산 가격(1912~1976년)

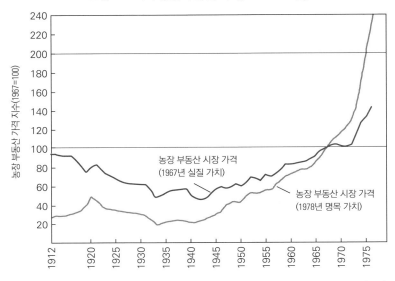

농장 부동산 시장 가격
(1967년 실질 가치)

농장 부동산 시장 가격
(1978년 명목 가치)

자료: 랠레이 발로위, 《토지 자원 경제학: 부동산의 경제학》(1978)

40% 손실을 봤다. 인플레이션 헤지가 아니다. 이 기간은 '실제' 장기 약세장이었다(5장 참조). 손익분기점에 이르려면 1968년까지 기다려야 했다. 거래 비용, 재산세, 유지 비용을 감안하면 결코 손익분기점에 이르지 못할 것이다.

부동산 보유는 가치가 있는 것이 사실이다. 사람들에게 집은 안식처로서 가치를 가지며, 손에 잡히지 않는 가치도 있다. 또한 성공한 부동산 투자자도 많다. 그러나 내가 본 최상의 부동산 투자자들은 포트폴리오가 다양했다. 보유 부동산이 상업용, 주거용, 주상복합, 공업용에 두루 걸쳐 있었고, 지리적으로도 널리 분포되어 있었다.

주택 경기가 나빴던 기억은 사람들에게 생생하지만, 그 기억 역시 보장할 수 없다. 부동산 경기가 다시 달아오르고 사람들이 '부동산은 잃을 수 없는 투자'라고 말하기 시작한다면 다음 사실을 기억하기 바란다. 기술주건, 부동산이건, 금이건, 돼지 옆구리 살이건, 말레이시아 링깃이건, 당신이 아는 사람들이 무엇인가를 두고 "잃을 수 없다"고 말한다면, 그 투자는 잃을 수 있고, 곧 잃게 될 것이다.

반짝이는 모든 것

장기 예측이 어려운 것처럼, 현재 뜨거운 자산이 언제 차갑게 식을지에 대한 예측도 어렵다. 왜 그럴까? 어떤 자산이 시장을 오랫동안 주도했어도, 앞으로도 계속해서 주도할 수 있기 때문이다. 무엇인가가 '그동안' 뜨거웠다고 해서 앞으로 '반드시' 식어야 하는 것은 아니다. 따라서 어느 자산에 대한 투자 의사 결정에서 그 자산의 가격이 오랫동안 달아올랐다는 것은 매매의 근거가 될 수 없다. 다른 펀더멘털 여건을 고려해야 한다.

내가 이 원고를 쓰고 있는 2011년에는 금이 기막히게 좋은 시절을 누리고 있다. 사람들은 금이 내재가치를 지녔다고 생각하고 싶어 하지만, 금은 여느 상품이나 마찬가지로 상품일 뿐이다. 기억을 조금만 되돌리면 알 수 있다. 금의 가치는 사람들이 지불하고자 하는 만큼 형성된다. 상품 시세는 변동성이 지독하게 크고 호황과 불황을 타기 쉽다. 금도 다르지 않다. 이것은 기본적으로 영원히 진실이다.

그림 6-5가 보여주는 몇 가지 핵심은 내가 좋아하는 것이다. 먼저 이 그래프는 1780년 이래 금의 큰 호황과 불황을 보여준다. 호황은 드물었고 빨리 끝났다. 또 금 가격은 상당 기간 고정되었다! 금이 자

그림 6-5 미국 200년 금값(1781~1981년)

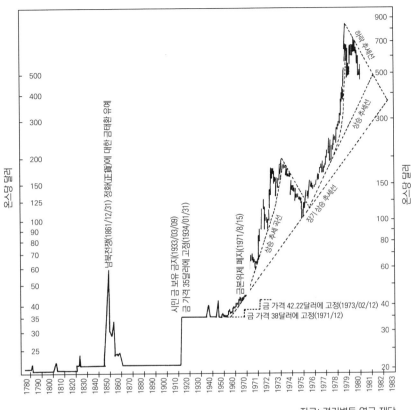

자료: 경기변동 연구 재단

유롭게 거래된 것은 1973년 후반에 이르러서였다. 세계가 금본위제에서 실질적으로 벗어난 것은 1971년이다. 그러나 금 가격 통제는 1973년 후반까지 계속되었다. 과도기를 잘 넘기기 위한 것이었다.

내가 이 그래프를 좋아하는 다른 이유는 약간 기만적이라는 점이다. 기만적인 부분도 가르침을 줄 수 있다. 그래프의 왼쪽 구간은 약

170년에 걸쳐 있고, 오른쪽 기간은 약 30년에 불과하다. 금이 자유롭게 거래되면서 금 가격이 솟구쳤고, 붐이 일어난 뒤 작은 붕괴에 이어 또 붐이 왔다.

금을 좋아하는 사람들은 금이 놀라운 가치 저장 수단이라고 주장한다. 그래서 인플레이션 헤지에 좋고(좋거나) 이러저러한 데 좋다고 주장한다. 그들은 그 근거로 40년 동안 자유롭게 거래된 데이터를 든다. 좋다! 이제 그 데이터가 무엇을 말하는지 살펴보자.

그림 6-6은 금이 자유롭게 거래된 시기의 가격 변동을 보여준다(이 시기는 브레튼 우즈 체제 이후의 통제가 폐지된 1973년 시점에서 시작한다). 그림 6-5와 마찬가지로 두 번의 짧은 호황기를 볼 수 있다. 그다음 불황이 오고 1982년에 작은 붐이 발생한다. 그다음에는 아무 일도 없었다. 1980~1990년대에 투자한 사람들은 누구나 알 텐데, 금은 22년 동안 약간 등락하면서 옆으로 움직였다. 몇 차례 작은 상승세를 보였지만 1980년 정점을 넘어서지 못했다. 심지어 1983년의 작은 피크에도 이르지 못했다. 이렇게 옆으로 가면서 평평한 움직임은 주식에서 나타난 것에 비해 약간 더 길었다(4장 참조). 만약 1978~1982년 사이 어느 시점에서 금을 샀다면 기본적으로 20년 넘게 옆으로 기다가 떨어졌을 것이다(왜 금이 궁극적으로 타이밍을 잘 맞혀야 하는 투자 대상인지에 대한 더 상세한 이야기는 내가 2010년에 쓴 책《투자의 재구성》을 참조하라).

그러다 2005년부터 세 차례 빠른 호황이 이어졌다. 따라서 자유롭게 거래된 금의 역사가 보여주는 것은 다음과 같다. 붐, 횡보, 붐, 붕괴, 붐, 고통스럽게도 긴 횡보와 하향세, 붐.

다른 방식으로 본 결과가 그림 6-7에 담겼다. 1달러를 각각 미국

그림 6-6 금의 경기 순환(1973~2010년)

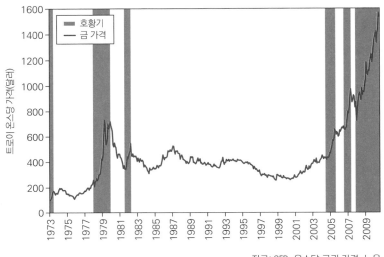

자료: GFD, 온스당 금괴 가격-뉴욕

그림 6-7 1달러 투자의 결과: 주식, 채권, 금(1973~2010년)

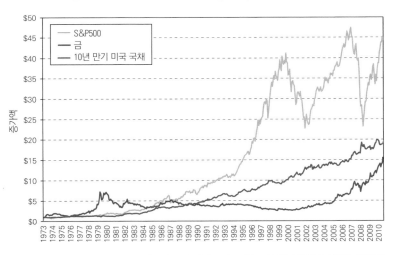

자료: GFD, 온스당 금괴 가격-뉴욕, 미국 10년 만기 국채 총수익률, S&P500

주식, 미국 채권, 금에 투자했을 때를 비교한 그래프다.

주식이 변동성이 큰 것은 맞다. 그러나 주식은 더 자주 플러스 방향으로 등락한다(3장 참조). 모든 변동성과 2000년대의 맥빠진 수익률을 고려해도 주식이 훨씬 나았다.

더 충격적인 발견이 있는데, 금이 자유롭게 거래된 이후 전 기간을 놓고 볼 때 채권이 금보다 수익률이 더 좋았다. 게다가 금은 변동성이 훨씬 더 컸다(그림 6-6 참조). 요동이 심하면 더 높은 장기 수익률을 기대하는 것이 인지상정이다. 그러나 금은 그렇지도 않았다.

금 투자에서 괜찮은 성과를 내려면(산업용 금속과 대다수 상품도 마찬가지다), 붐과 버스트의 타이밍을 잘 잡아야 한다. 타이밍 매매를 하고자 한다면 스스로에게 물어보라. "내가 재미를 본 최근의 단기 타이밍 매매는 무엇이었나?" 이어서 자문해보라. "최근의 단기 타이밍 매매 중 그르친 것은 무엇이었나? 나는 맞힌 경우가 더 많았나, 빗나간 경우가 더 많았나?"

예를 들어 당신은 1990년대 중반에 미국 기술주를 매수했나? 2000년 3월에 기술주를 정리했나? 세계 주식을 2001년에 팔았다가 2003년에 다시 사들여 2007년까지 보유했나? 원유를 2007년 1월 유가가 가파른 오름세를 타기 직전에 매수했다가 2008년 7월에 매도했나? 2008년 신흥 시장 붕괴 때 투자했나? 2009년 투자 심리가 칠흑 같았을 때 세계 주식을 매수했나? 2008년 4월에 유로를 팔고 달러를 사들였나? 2009년 3월엔 그와 반대로 매매했나? 원자재, 에너지, 사치성 소비재 주식에 대한 비중을 약세장 바닥 이후 1년 정도 지난 시점에 확대한 적이 있나? 이들 주식은 약세장 때 가장 많이 떨어졌다가 강세장 때 가장 크게 반등한다는 논리에 따라서 말이다.

상당히 폭넓은 범주에서 꽤 큰 변동이 나타난 이들 투자 대상에서 그렇게 하지 못했다면, 다음 금 호황이 올 때는 어떻게 맞힐 수 있겠는가? 다음 금 불황의 시기 역시 마찬가지다. 과거 실적으로 입증하지 못한다면, 타이밍 투자로 적중한 적이 더 많은 핫 핸드hot hand가 아니라면, 금에 대한 타이밍 투자에는 신경 쓰지 말아야 한다.

수동적으로 장기 투자하는 더 나은 방법

당신은 타이밍 매매를 하지 않을지 모른다. 금에 대해 수동적인 자세로 접근해, 앞으로 오랜 기간 횡보해도 괜찮다고 생각할 수 있다. 그렇다면 장기 수익률이 금보다 더 나은 자산에 수동적으로 투자할 생각은 왜 하지 않나? 그림 6-7의 기간에 주식은 금을 훨씬 능가했다(아울러 거의 모든 중간 기간에도 그랬다.) 미국 주식에 투자한 1달러는 43.84달러가 되었고 세계 주식에 투자한 1달러는 27.4달러가 되었으나 금은 14.82달러에 그쳤다. 미국 국채조차 금보다 나아 19.25달러가 되었다. 변동성이 낮은 국채가 금보다 수익률이 더 높았다!

금이 붕괴될 차례일까? 전혀 알 수 없다. 나는 금을 대상으로 타이밍 매매를 시도하지 않는다. 장기적으로 수익률이 탁월하지도 않으면서 심하게 요동치기 때문이다. 나는 내가 금에 대한 매매 타이밍을 모른다는 사실을 안다. 만약 당신이 정말 금의 매매 타이밍을 맞힐 수 있다고 생각한다면, 내 조언이 필요하지 않을 것이다(자신의 타이밍 기법이 맞든 틀리든 내 조언을 받아들이지 않을 것이다).

장기적으로 접근하면 위험이 줄어든다는 생각에 속으면 안 된다.

투자 대상이 금이건 은이건, 돼지 옆구리 살이건 부동산이건, 에너지주건, 기술주건, 필수 소비재건, 사치성 소비재건 상관없다. 미래는 언제나 미래고, 위험은 상존한다. 무엇인가가 그동안 뜨거웠다는 사실이 의미하는 것은 그것이 뜨거웠다는 사실뿐이다. 그 사실은 위험이나 향후 수익에 대해 아무것도 말해주지 않는다.

역사가 알려주는 타이밍

주식의 장기 수익률이 채권, 현금, 부동산, 금을 능가할 가능성이 높은가? 아주 높다. 역사적 선례, 금융 이론, 사업의 펀더멘털이 모두 그러하리라는 것을 강하게 시사한다. 그러나 주식이라는 넓은 범주의 자산 안에서 한정된 범주에 장기 투자를 한다면, 어떤 기간에는 초과수익률을 올리는가 하면 다른 기간에는 (가끔 오랫동안) 상대적으로 부진할 수도 있다.

이것이 장기의 특성이다. 단기적으로는 물론 수익률의 분포가 넓게 나타나겠지만, 타이밍을 잘 잡으면(완벽하지 않아도 잘 잡으면) 높은 수익률이 가능하다. 시간이 없을 경우 주도주 교체의 타이밍을 맞히지 않아도 된다는 데 주목하라. 주식은 아주 수동적으로 투자해도 원칙만 지키면 대다수 투자자보다 더 나은 수익률을 올릴 가능성이 크다(2장 참조).

그러나 만약 추가 수익을 원하고, 향후 12개월이나 24개월 동안 어떤 주식이 앞서갈지 결정하고자 한다면 역사만큼 유용한 도구도 없을 것이다(재론하건대, 아주 유용한 도구지만 예측에 사용되는 여러 도구 중 하나일 뿐이다. 좁은 범주의 초과수익률을 알아내려면 수많은 경제적 동인, 투자 심리, 정치 변수를 고려해야 한다).

역사를 살펴보면 약세장 바닥을 벗어나는 시기에는 소형주가 좋은 투자 대상이라는 것을 알 수 있다. 물론 이것은 약세장 바닥의 타이밍을 안다는 것을 전제로 한다. 이 타이밍을 알아채는 것이 가능하다면 굳이 소형주로 범주를 좁힐 필요도 없을 것이다. 어찌 되었든 약세장 끝 무렵과 새로운 강세장 초기에는 대개 소형주가 초과수익률을 올린다.

여기에는 다른 측면이 있는데, 강세장이 성숙기에 접어들면 투자자들이 대형주를 보유하려 한다는 것이다. 이러한 경향은 강세장이 진행될수록 강해진다. 물론 어떤 강세장이 초기인지 아니면 성숙기인지는 역사를 살펴보아도 알 수 없다. 강세장의 기간은 예측이 불가능하기 때문이다(2장 참조). 그러나 초기에 소형주를 보유하다가 강세장이 진행된 다음에 대형주를 보유하는 투자 경향은 역사적으로 선례가 많다.

역사가 알려주는 또 하나의 사실은 많은 투자자들이 약세장의 끝 무렵에 주가가 크게 떨어진 주식을 보유하려 한다는 것이다. 그러한 주식은 강세장의 초기에 크게 반등하는 경향이 있기 때문이다. 그림 6-8과 6-9는 각 주식 섹터가 지난 두 차례의 약세장 바닥 전후에 보인 수익률을 나타낸다. 약세장 바닥 전 6개월 동안 실적이 최악이었던 섹터가 이후 6개월 동안 최고 수익률을 기록했다. 따라서 약세장의 말미에 있다고 정말 믿는다면 어느 섹터 주식을 매수할지 알 수

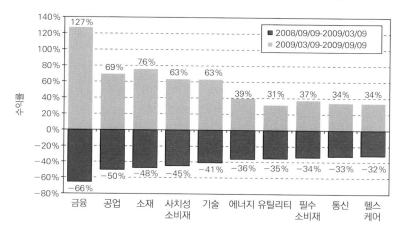

그림 6-8 가장 많이 떨어진 섹터의 반등 양상(2008~2009년)

자료: 톰슨 로이터, 각 섹터의 지수는 MSCI 지수: 예를 들어 금융 섹터는 MSCI 금융 지수

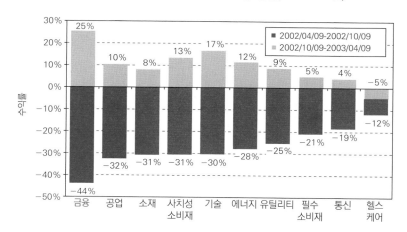

그림 6-9 가장 많이 떨어진 섹터의 반등 양상(2002~2003년)

자료: 톰슨 로이터, 각 섹터의 지수는 MSCI 지수

있다.

역사(그리고 펀더멘털)를 돌아보면 일반적으로 수익률 곡선이 평평해질 때, 즉 장기 금리와 단기 금리의 격차가 좁아질 때 성장주가 가치주보다 더 나은 수익률을 보이는 경향이 있다. 반대 상황이면, 즉 이전보다 장단기 금리 차이가 더 벌어지면(수익률 곡선이 가팔라지면) 가치주가 대개 성장주보다 더 괜찮은 수익률을 보인다. 수익률 곡선이 가팔라진다는 것은 장기 금리와 단기 금리의 스프레드가 커진다는 것이고, 이 경우 은행은 대출로 더 많은 이윤을 올릴 수 있다. 스프레드가 커질수록 잠재 이윤도 커지기 때문에 은행은 더 빌려주려고 한다. 은행의 대출 성향이 강해지면 가치주가 수혜를 본다. 가치주 기업은 대개 주식 발행보다 차입으로 자금을 조달하기 때문이다. 기업이 자본을 더 조달하는 것은 성장해서 이윤을 늘리기 위해서다. 가치주 기업은 이것을 선호한다.

수익률 곡선이 상대적으로 평평해지면 은행은 빌려주고자 하는 의욕이 줄어든다. 가치주 기업은 이 상황을 반기지 않는다. 그러나 투자은행들은 (당연히) 기업의 주식 발행을 통한 자본 조달을 기꺼이 돕는다. 이 상황에서는 성장주가 유리한데, 왜냐하면 차입이 가능하더라도 주식 발행을 통한 자본 조달이 더 용이한 경우가 많기 때문이다. 따라서 은행의 대출 성향이 약해지면 성장주가 수혜를 보는 경향이 있다.

지금까지 제시한 것들은 단지 일부일 뿐이다(내 2006년 책《3개의 질문으로 주식시장을 이기다》와 《투자의 재구성》에 더 많이 나온다). 예측을 위해 다양한 방법으로 역사를 활용할 수 있다. 한번 습관을 들이면 어렵지 않다. 역사 데이터를 활용해 그때 여건이 어땠는지, 그리고 요즘 상황과 어떠한 유사점이 있는지 생각해보라. 그 상황이 어떻게 전개되었으며 섹터마다 어떠한 영향을 받았는지를 살펴보라. 이 방법이 앞으로 무슨 일이 생길지를 알려주는 것은 아니다. 그러한 방법은 없다! 그러나 이 방법은 향후 12개월 정도의 기간에 대해 합리적으로 예상하고 가능성을 계산하는 데 도움을 줄 것이다.

5~10년 뒤 주식 등의 투자 자산이 어떻게 될 것인지 알고 싶다면 매직 8볼(운세를 점쳐주는 장난감)에 운을 맡겨라. 주식 공급 변동을 예측할 수 없다면 말이다.

7장

이데올로기에 눈이 먼 투자자들

투자자들의 기억력이 완전히 엉망이라는 것을 확인하고 싶은가? 정치에 대해 물어보라. 사람들이 한 정당을 다른 정당보다 더 좋아하는 이유는(오도되었든 아니든) 아주 많다. "X 정당이 Y 정당보다 주식과 경제(또는 주식이나 경제) 분야에서 더 낫다"라는 이야기를 들어보았을 것이다.

간단히 말하면, 그렇지 않다. 정파적인 선호에 눈이 먼 투자자들은 '이데올로기가 아닌' 펀더멘털 요인에 의해 움직이는 진짜 패턴을 놓칠 수 있다.

놀랍게도, 최근의 역사를 훑어보는 것만으로도 잘못된 기억의 화를 피할 수 있다. 그러나 유별나게 이념적인 사람들은 "맞습니다. 하지만"이라는 논리를 찾아낸다. "맞아요. 내가 지지하는 X 정당 후보가 당선되었을 때 주가가 호되게 타격을 받았지요. 하지만 장기 평균을 지켜봐야 해요." 문제는 장기 평균을 보더라도(대다수는 그렇게 하지 않지만) 그 말은 여전히 틀리다는 것이다.

인간의 뇌가 작동하는 방식은 이렇다. 사람들은 자신이 가지게 된 편향을 확인해주는 사건, 연도, 선거를 기억하는 경향이 있다. 반면 그 편향을 뒤집는 연도와 선거는 무시하거나 잊는다. 우리는 다른 사람에게 틀렸다는 지적을 받으면, 그들이 객관적인 근거를 대더라도 인정하지 않고 피하려는 경향이 있다. 다른 시간 구간을 잡거나, 그 것은 예외라는 이유를 대거나, 다른 우연을 든다.

'관점 바꾸기'라고 불리는 이 전술은 주식이 자신의 편향에 부합되게 움직이지 않는 경우를 설명하기 위해 자주 활용하는 흔하고 자연적인 방어 기제다. 이것은 투자자들의 기억력에 결함이 있다는 것을 보여주는 또 다른 패턴이며 행동주의자들이 '확증 편향'이라 일컫는 현상의 대표적인 사례. 확증 편향은 흔한 인지 오류다.

그러나 기억의 대상이 되는 시기를 조금 연장하고 시장 역사를 잠깐만 공부해도 이 문제를 극복할 수 있다. 그렇게 하면 다음과 같은 사실을 깨닫게 된다.

- 어느 한 정당이 장기 주식 투자에 실질적인 영향을 주는 일은 없다.
- 이데올로기에 눈먼 사람들은 더 나은 미래를 예측하는 데 도움을 주는 유용한 수단을 놓친다.
- 어느 한 정당이 더 나은 경우는 없다. 가끔 정당이 중요하기도 하지만, 상황은 표변한다.
- 이것은 기이한 일이 아니다. 다른 나라 사람들도 정파적인 선호 때문에 손해를 본다.

이데올로기에서 자유로운 구역으로 들어가라

5장에서 언급한 것처럼, 내 주장을 좋아하지 않는 사람들은 나를 골수 민주당 지지자라고 비판하는가 하면 골수 공화당 지지자라고도 비판한다. 나는 어느 쪽도 아니다. 무당파는 아니지만 오랫동안 어느 정당에 충성을 보이지도 않는다. 나는 어느 한쪽을 지지하지 않으며, 오히려 둘 모두를 비판할(아주 드물게는 박수를 보낼) 이유를 많이 찾는다.

내 개인적인 이데올로기를 차치하면, 내가 민주당원인지 공화당원인지 또는 다른 비뚤어진 정당 지지자인지는 주식 투자에 전혀 중요하지 않다. 자산운용사의 대표로서 나의 목표는 이데올로기에서 불가지론자가 되는 것이다. 정치적인 선호는 또 다른 편향일 뿐이다. 편향은 투자에 치명적이다. 편향을 지니면 분석에 이데올로기의 물이 든다. 투자자들은 특정한 것들에 눈이 머는가 하면 다른 것들에는 과도한 비중을 둔다.

편향 자체가 결함은 아니다. 편향은 우리 뇌가 진화된 결과 가지게 된 정상적인 태도다. 편향은 인지의 지름길이다. 특정 패턴을 따르고자 하는 우리의 의지가 만들어낸 결과물이다. 그러나 특정 범주에 빠져들어 주요 투자에서 실패하는 것과 마찬가지로(6장 참조), 성향이 비슷하다는 이유로 일군의 사람들과 정치적인 사랑에 빠지는 것도 위험하다.

당신은 당신의 정당을 사랑하고 그 정당도 당신을 사랑할 수 있다(비뚤어진 방식으로). 당신이 정치 후원금을 자주 낼수록 더 그렇게 된다. 그러나 당신의 포트폴리오를 사랑하는 정당은 없다.

당신이 지금 내 말을 믿으리라고 보지는 않지만, 조만간 믿기를 희망한다. 지금 당신은 아마 다른 것을 믿을 것이다. 예를 들어 이렇게 생각할 것이다. "내 정당은 내 포트폴리오를 사랑하지 않는 것이 맞다. 하지만 다른 당은 내 포트폴리오를 정말 싫어한다." 나는 당신이 그러한 생각을 바꿀 것도 희망한다. 어느 정당도 자본시장이 어떻게 작동하는지에 대해 열심히 고민하지 않는다. 정반대에 가깝다. 정말이다.

당신네 당도 낫지 않다

자신을 골수 공화당원이라고 여기는 사람들은 공화당이 더 기업 친화적이며 따라서 경제와 주식시장에 더 도움이 된다고 생각하는 경향이 있다. 골수 민주당원은 자기네 당이야말로 경제·시장 친화적이라고 말할 것이다. 둘 다 틀리다. 역사를 보면 장기적으로 어느 당도 주식시장에 더 실질적인 도움을 준 적이 없다. 그런데도 사람들은 계속해서 다음과 같은 잘못된 기억을 되풀이한다.

- 1992년 9월 10일: "어떤 애널리스트들은 이제 투자에서 빠져나갈 것을 권하면서 민주당 후보 빌 클린턴이 11월에 선거에서 이기면 시장이 6개월 동안 곤두박질치게 된다는 이유를 댄다(월스트리트는 비즈니스에 더 도움이 된다고 여겨지는 공화당 정부를 선호한다)."[1] 그러나 주식시장은 클린턴 정부 집권

기간 내내 거의 호황이었다.

- 2009년 8월 16일: "다우지수의 가격 평가라는 단순한 수치로 측정하면, 민주당 대통령 때가 공화당 대통령 때보다 증시에 더 좋았다."[2] 아이쿠, 앞과 반대 주장이다. 4장에서 논의한 것처럼, (다우지수 같은) 결함이 있는 지수를 활용하고 배당을 무시하면서 세운 가설은 논리가 허술할 수밖에 없다.

- 1971년 12월 12일: "만약 선거일 전 월요일에 다우지수가 1972년 첫 거래일에 비해 상승한다면, 분명히 닉슨이 재선될 것이다. 그러나 다우지수가 더 낮은 수준이 된다면 민주당이 집권할 가능성이 아주 높다."[3] 이 말은… 말도 안 된다.

- 1996년 10월 31일: "USA 투데이, CNN, 갤럽의 여론 조사 결과 민주당이 경제, 교육, 의료 등 대다수 핵심 영역을 더 잘 다룰 것으로 평가되었다."[4] 좋다. 그러나 여론 조사는 사람들의 감정과 취약한 단기 기억을 측정할 뿐이다. 그리고 감정은 빨리 바뀐다.

- 2010년 9월 21일: "추가적으로 퓨Pew 조사에 따르면 미국 경제에 어느 정당이 더 나은가 하는 물음을 둘러싼 여론이 공화당 쪽으로 쏠렸다."[5] 알겠나? 감정은 변한다. 빨리. 감정을 믿지 말라. 당신의 감정도, 누구의 감정도.

내가 어느 당도 나을 것 없다고 말하면 많은 사람이 아주 곤혹스러워한다. 저마다 자기가 지지하는 당이 더 낫다고 확신하기 때문이다. 그들은 내 말을 심지어 개인적으로 받아들이기도 한다. 다시 말하건대, 어느 당이건 자신과 동일시하는 것은 정상이고 괜찮다. 미국인 대다수가 그렇게 한다. 또 어느 당에 투표한다고 해서 그 행위 자체로 그가 더 낫거나 못한 투자자가 되는 것도 아니다.

역사를 보면 탁월한 장기 투자자 중에는 민주당 지지자도 있었고 공화당 지지자도 있었다(비록 투자자 그룹은 대개 공화당에 더 기울었지만 말이다. 그 이유는 잠시 후에 설명하겠다. 아무튼 이 역시 하나도 중요하지 않다). 위험한 것은 지지 자체가 아니라 프리즘을 통해 미래를 예측한다는 점이다.

버락 오바마 대통령이 취임했을 때 공화당원들은 미국의 주식시장이 새 대통령의 재임 기간에 심하게 망가질 것이라고 말했다. 그들은 그 근거로 오바마 대통령과 민주당이 추진할 정책을 들었다. 주식시장은 오바마 대통령 취임 이후 몇 주 만에 바닥을 치더니 재임 기간 내내 평균보다 두드러지게 좋은 장세를 보였다. 어떻게 그럴 수 있었을까?

당신이 백악관에 있는 사람을 좋아하거나 싫어하거나, 또는 다수당이 범죄자 집단이라고 생각하거나 말거나 당신의 포트폴리오와는 아무 상관이 없다. 독자들은 오바마케어를 둘러싼 뜨거운 논쟁을 기억할 것이다. 오바마케어를 좋아하건 싫어하건, 당신의 감정은 주식에 티끌만큼도 중요하지 않다. 당신이 과거에 일어나야 '했거나' 일어나야 '한다'고 생각하는 일 또한 중요하지 않다. 오바마케어(또는 다른 입법)로 인해 당신은 들뜰 수도 있고 하늘을 향해 주먹질을 할 수도 있다. 그러나 그 모든 것은 투자 의사 결정 바깥에 두는 것이 좋다. 중요하지 않아서다. 당신이 이 말을 믿기 어렵다는 것을 안다. 불가능할지도 모른다. 그것이 당신의 문제다.

누구를 찍을까 하는 결정은 당신에게 당연히 중요하다. 그러나 '투자와 관련해서는' 다음 사항을 먼저 질문해보자. 마음에 들지 않는 의사 결정이나 정책 방향을 두고 이를 가는 대신 말이다.

- 어떤 정치적 편향과 희망 사항에서 완전히 벗어나 생각해보자. 향후 12개월 동안 결과의 범위가 어떻게 나타날 것으로 보이는가?
- 가능한 모든 수단을 활용했을 때 가장 확실하게 일어날 것 같은 일은 무엇인가? 가장 일어나지 않을 일은? 중간 정도의 일은?
- 대다수 사람이 확실하게 일어날 것으로 보는 일은 무엇인가?
- 내 합리적인 전망과 사람들의 예측 사이에 큰 간극이 있는가?
- 예측한 일이 발생한다면 이후 약 12개월 동안 주식에 어떠한 깜짝 효과를 주게 될까?

주식에는 이러한 질문이 더 중요하다. 누가 백악관의 대통령 집무실에 앉아 있는지에 따라 어느 그룹이 행복해지고 어느 그룹이 불행해지는지는 중요하지 않다. 오바마케어를 다시 예로 들어보자. 다른 모든 입법처럼 오바마케어도 승자와 패자를 가른다. 당신의 감정은 이 결과를 바꾸지 못한다. 대신 어느 산업과 기업이 수혜를 보거나 타격을 받을지 알아내는 데 초점을 맞추도록 하자. 이어 이 기회를 활용할 수 있을지 살펴보자. 오바마케어의 일부는 뒤집히고 많은 부분이 바뀔 것이다. 어느 부분이? 그리고 그것은 어떻게 주식에 영향을 줄까? 자산운용을 하는 동안에는 여기에 신경을 써야 한다.

향후 12~24개월의 시장을 예측하는 일은 대부분 다음 작업의 종합이다. 우선 발생할 확률이 높은 결과의 집합을 생각해야 한다. 또

사람들 대다수가 예측하는 일이 무엇인지 이해해야 한다. 그다음에
는 예측과 미래에 실제 일어날 일의 괴리가, 좋든 나쁘든, 얼마나 될
지를 가늠해야 한다.

경제에 맥이 풀렸거나 기업 이익 수준이 낮은 상황에서도 주식시
장이 급등하는 것은 이 때문이다. 경제 성장률이 탄탄한데도 주식시
장이 엉망인 것 역시 이 때문이다. 무슨 일이 일어났는지, 무엇을 희
망하는지는 중요하지 않다. 사람들이 무엇을 예상하는지, 그리고 예
상과 다른 결과가 나왔을 때 그들이 어떻게 대응하는지가 중요하다.
만약 사람들 대부분이 경제가 엉망일 것이라고 예상한다면 평평하
거나 미적지근한 성장률도 기대를 넘어선 수준이 된다. 이 경우 주가
는 크게 오를 수 있다. 만약 사람들의 예상이 너무 낙관적이라면 결
과가 좋더라도 주가가 맥없이 떨어질 수 있다.

그러므로 다음과 같은 생각은 그만두자. '나는 이 친구가 좋아. 내
생각에 그는 경제에 최적이야. 다른 친구는 바보라서 아마 그를 싫어
할 거야.' 이러한 생각은 집, 칵테일파티, 정치 집회, 트위터 어디에서
든 표출할 수 있다. 그러나 투자 의사 결정과 관련해서는 이데올로기
를 버려야 한다. 편향은 치명적이다.

대통령과 위험 기피

표 7-1은 1926년(S&P500 지수 데이터가 집계되기 시작한 해) 이후 미
국 대통령의 각 재임 연도와 주식 수익률을 보여준다. 대체로 주가

표 7-1 대통령 임기 중 연차별 수익률　　　　(단위: %)

대통령	정당	1년 차		2년 차		3년 차		4년 차	
쿨리지	공화당	1925	N/A	1926	11.1	1927	37.1	1928	43.3
후버	공화당	1929	−8.9	1930	−25.3	1931	−43.9	1932	−8.9
루스벨트-초선	민주당	1933	52.9	1934	−2.3	1935	47.2	1936	32.8
루스벨트-재선	민주당	1937	−35.3	1938	33.2	1939	−0.9	1940	−10.1
루스벨트-3선	민주당	1941	−11.8	1942	21.1	1943	25.8	1944	19.7
루스벨트/트루먼	민주당	1945	36.5	1946	−8.2	1947	5.2	1948	5.1
트루먼	민주당	1949	18.1	1950	30.6	1951	24.6	1952	18.5
아이젠하워-초선	공화당	1953	−1.1	1954	52.4	1955	31.4	1956	6.6
아이젠하워-재선	공화당	1957	−10.9	1958	43.3	1959	11.9	1960	0.5
케네디/존슨	민주당	1961	26.8	1962	−8.8	1963	22.7	1964	16.4
존슨	민주당	1965	12.4	1966	−10.1	1967	23.9	1968	11.0
닉슨	공화당	1969	−8.5	1970	3.9	1971	14.3	1972	19.0
닉슨/포드	공화당	1973	−14.7	1974	−26.5	1975	37.2	1976	23.9
카터	민주당	1977	−7.2	1978	6.6	1979	18.6	1980	32.5
레이건-초선	공화당	1981	−4.9	1982	21.5	1983	22.6	1984	6.3
레이건-재선	공화당	1985	31.7	1986	18.7	1987	5.3	1988	16.6
부시(아버지)	공화당	1989	31.7	1990	−3.1	1991	30.5	1992	7.6
클린턴-초선	민주당	1993	10.1	1994	1.3	1995	37.6	1996	23.0
클린턴-재선	민주당	1997	33.4	1998	28.6	1999	21	2000	−9.1
부시(아들)	공화당	2001	−11.9	2002	−22.1	2003	28.7	2004	10.9
부시(아들)	공화당	2005	4.9	2006	15.8	2007	5.5	2008	−37.0
오바마-초선	민주당	2009	26.5	2010	15.1	2011	−	2012	−
평균			8.1		9.0		19.4		10.9

자료: GFD, S&P500

는 공화당 대통령일 때 연 9.3% 상승했고, 민주당 대통령일 때 연 14.5% 상승했다.

　그러나 기다려보라. 나는 이미 어느 쪽도 낫거나 나쁘지 않다고 말했다. 주식의 평균 수익률이 공화당 대통령 시절에 더 안 좋았던 것은 사실이다. 그러나 이 데이터는 상당 부분이 대공황이라는 초대형 약세장의 거대한 변동성에 기인한다. 게다가 이후 민주당 루스벨트 대통령의 첫 임기 때는 엄청나게 반등했다. 무엇보다 이 모든 것은 오래전 일이다. 이 시소 같은 등락을 제외하면 평균 수익률은 공화당 연 11.1%와 민주당 연 13.6%로 더 가까워진다. 실질적으로 어느 한쪽에 베팅하기에는 충분하지 않은 차이다. 이렇듯 주식시장의 평균을 살펴볼 때는 기억해야 할 트릭이 있다. 예외적인 사례를 제거해서 수치가 크게 달라진다면, 평균 수치에 대해 다시 고려해야 한다.

이제 당신은 민주당이 더 낫다고 생각할지 모른다. 그렇지만 후버와 루스벨트를 빼면 좋았던 시절은 공화당 집권기가 민주당 집권기보다 더 많았다. 평평한 운동장이 아니다. 이데올로기의 우월함을 찾는 것은 그만두고 이들 숫자 속의 놀라운 패턴에 초점을 맞춘다면 제대로 된 일관성을 볼 수 있다.

표 7-1은 각 대통령 임기 중 연차별 수익률을 보여준다. 각각의 수익률은 따지지 말고 표 맨 아랫줄의 평균을 보라. 1년 차와 2년 차 수익률 평균은 각각 8.1%와 9%다. 이에 비해 3년 차와 4년 차는 19.4%와 10.9%다.

충분히 흥미로운 패턴이다. 이제 평균으로 계산된 개별 수치를 살펴보자. 임기 후반, 즉 3~4년 차 수익률은 거의 모두 플러스다. 3년 차는 1939년 이후 마이너스가 하나도 없다. 1939년에도 약간의 마이너스만 기록했다. 4년 차는 마이너스가 4회에 그쳤다. 플러스 수익률의 경우 전부는 아니더라도 자주 두 자릿수를 기록했다.

이제 전반부를 살펴보자. 수익률의 진폭이 더 크고, 1년 차가 더 그렇다. 아주 차이가 크지는 않지만 말이다. 역사적으로 마이너스 수익률의 확률은 1~2년 차가 3~4년 차보다 훨씬 높다(물론 주목할 만한 예외는 있다. 특효약은 없는 법이다).

그래서 어쩌자는 것이냐고 묻는 독자가 있을 것이다. 자본시장처럼 기묘한 무엇인가를 다룰 때는 늘 특이한 패턴이 나타난다. 많은 사람이 차트와 가격 그래프에서 패턴을 찾아내려 한다. 패턴은 우연일 뿐이다. 탄탄한 펀더멘털 변수에 기초한 훌륭한 설명이 있는 것이 아니라면 그 패턴을 기준 삼아 투자해서는 안 된다.

반면 위의 패턴에는 기본 변수를 활용한 탁월한 설명이 있다. 변수는 '입법 위험 기피'고, 이 변수가 커지는지 작아지는지에 따라 주식시장이 영향을 받는다. 입법은 대개 돈과 재산권의 재분배 또는 규제 변화로 귀결된다. 이는 법조문이 얼마나 간단한지 아니면 수천 페이지에 달하는지와 무관하다. 정치인들은 놀라운 사회 발전을 가져올 수 있다며 입법을 추진하곤 한다. 그러나 그들이 실제로 하는 일이라고는 누군가가 가지고 있는(또는 가지게 될) 무언가를 빼앗아 다른 누군가에게 주는 것뿐이다.

학계의 많은 연구에 따르면 인간은 수익을 좋아하는 감정보다 손실을 싫어하는 감정이 두 배 강하다. 25% 수익이 기분 좋은 정도는 10% 손실이 기분 나쁜 정도와 비슷하다는 것이다.[6] 미국인도 그렇다. 유럽인은 더 그렇다. 따라서 입법의 위험이 커지면 대개 대통령임기 1~2년 차에 그러한 것처럼, 손실을 보는 사람들의 기분은 몹시 나빠진다. 게다가 그 과정이 공개된 가운데 공적으로 진행되기 때문에 강도에게 당하는 느낌까지 받는다. 직접 관련되지 않은 사람들도 자기가 다음 대상이 될까 봐 걱정한다. 전반적으로 위험 기피가 팽배해지고 평균이 낮아지는 가운데 변동이 심해진다. 표 7-1에서 보는 결과다. 역사적으로 입법 위험 기피가 감소하면, 집권 3~4년 차에 대개 그러한 것처럼, 주식 수익률은 더 한결같이 플러스로 돌아섰다.

대통령 임기의 정치학

입법 위험 기피가 대통령 임기 전반과 후반으로 나뉘는 현상 뒤에는 무엇이 있을까? 의회가 있다. 의회는 동의할 수도 있고 동의하지 않을 수도 있다.

'정치'라는 단어는, 아마 알겠지만, 다수를 뜻하는 라틴어 'poli'와 피를 빨아 먹는 진드기를 뜻하는 'tics'가 합쳐져 만들어졌다. 내 생각에 지역 정치인들 중에는 선량한 사람들이 많다. 그러나 전국구 정치는 전적으로 다른 게임이다. 내가 본 바로는 가장 합리적이고, 선의가 있고, 정신적으로 건강한 공복(公僕)일지라도 워싱턴에만 가면 5년 안에 폴리틱poli-tic이 된다. 이 진드기들의 유일한 목표는 재선되거나 더 높은 자리에 당선되는 것이다. (그들이 희망하는) 끝없는 선거 캠페인에 들어갈 정치 자금을 조달하는 것이다.

그들은 왜 그토록 폴리틱이 되기를 원하는 것일까? 모르겠다. 어렸을 때 머리에 주입되었을지도 모른다. 나는 설명하지 못한다. 이들 숙녀와 신사 일부는 어쩌다 보니 '인류를 돕는다'는 유사 망상에 시달리고 있는지도 모른다. 내 생각에 그들의 에고가 가장 강하게 작용하는 것 같다. 벨트웨이(워싱턴 순환도로)에 서식하는 무엇인가가 그들을 감염시켜 이상한 춤을 추게 하는 듯하다.

잠시 샛길로 빠졌다. 정치인은 그저 재선되거나 더 높은 자리에 선출되기를 원한다. 대통령은 '헤드틱Head Tic'이라고 부르자. 대통령은 더 높은 자리에 선출될 수 없고, '정말로' 재선되기를 원한다(그래서 우리를 아주 귀찮게 한다). 그의 직장은 최장 8년에 그친다. 재선 기회는 한 번뿐이다. 그는 재선되기를 원한다. 그리고 잠시 후에 보게 될 텐데, 대개 그렇게 된다.

헤드틱은 자본시장이 어떻게 움직이는지 전혀 모를 테지만(아는 대통령을 본 적이 없다), 놀랍게도 정치사는 속속들이 안다. 그는 현대에 들어 대통령이 거의 언제나 중간선거에서 상대 당에 상대적인 권력을 잃어왔다는 것을 안다('아들 부시' 대통령은 2002년 중간선거에서 이러한 양상을 100년 만에 깬 최초의 공화당 대통령이 되었다. 그러나 공화당은 다음 중간선거에서 참패했다. 역사가 시사하는 바에 따른 결과였다). 그래서 대통령은 무엇이든 의회를 통과시키려면 임기 1~2년 차에 승부를 걸어야 한다는 것을 안다. 그가 상대적인 권력을 잃을 경우 후반 싸움이 더 힘겨워진다.

이제 대통령은 '무엇인가를 하는 것'이 소중한 무당파 투표자 같은 누군가를 열 받게 한다는 것을 안다. 그들의 기반이 없었다면 그는 대통령으로 당선되지 못했을 것이다. 그가 선출된 것은 그들이 그를 다른 선택보다 덜 엉망이라고 생각했기 때문이다. 그래서 1~2년 차에 활발한 활동을 보인 후에는 느긋하게 등을 기대고 앉아 가능한 한 열 받는 사람이 생기지 않도록 노력한다(가끔 이 시도는 실패한다. 만약 세상이 잘 돌아가지 않을 경우 그가 적대적인 의회와 함께 할 수 있는 일은 거의 없다). 대신 그는 자신이 아무 일도 하지 않는 것은 야당 탓이라고 비난하며 시간을 보낸다. "나는 국민 여러분 모두에게 무상으로 조랑말을 드리려고 했으나 야당이 그렇게 하지 못하게 막았습니다. 그러므로 나를 재선시키고 우리 당의 동지들을 더 뽑아주십시오. 조랑말을 싫어하는 패배자들을 걷어차십시오. 다음에는 더 많은 공짜 조랑말을 드리겠습니다!"

이것은 단순한 이론이 아니다. 역사가 뒷받침하는 이론이다. 중요한 법안 대부분은 대통령이 취임한 후 2년 이내에 통과된다. 이후 헤드틱이 상대적인 권력을 잃고 법안을 전보다 덜 통과시키게 되면서 정치적 위험 기피는 전반기에 비해 낮은 수준으로 떨어진다. 전체적으로 주식시장은 이러한 하반기를 좋아한다. 그래서 주식시장 수익률은 역사적으로 대통령 집권 3년 차에 거의 한결같이 플러스로 나오고 평균도 가장 높다. 4년 차의 평균도 매우 좋다.

4년 차에는 선거를 앞두고 다소의 정치 행위가 이루어진다(이에 대해서는 잠시 후에 다룬다). 폴리틱들은 당선되면 무엇을 할 '계획'인지에 대해 목청을 높이기 시작한다. 이때 주식이 약간 기겁할 수도 있다. 그러나 대체로 수많은 폴리틱들이 정치 행위를 위해 길에 나서기 때문에 워싱턴에서 많은 입법이 추진되지는 않는다.

일례로 오바마 대통령은 취임 1년 차에 온갖 논란 속에서 의료보험 개혁을 추진했고 2년 차에는 금융개혁법(일명 도드-프랭크법)을 통과시켰다. 3년 차에 통과된 법안 중에는 중요한 것이 없다(정부 부채 상한을 높이는 법안 외에는 없었다. 이 법안은 언제나 논쟁을 불러일으켰지만 언제나 통과되었다). 왜냐하면 2010년 중간선거 이후 의회는 합의할 것이 많지 않았기 때문이다. 이렇듯 3년 차에 들어서면서 통과된 법안도 줄었고 정치 위험 기피 수준도 낮아졌다.

정치 위험 기피가 높은 수준과 낮은 수준을 오가는 것은, 좋든 나쁘든 중요한 변수가 될 수 있다. 다른 동인 역시 영향을 미칠 수 있으므로 정치 위험 기피만으로 미래를 낙관적으로 보거나 비관적으로 보아서는 안 되지만, 이 패턴이 1~2년 차와 3~4년 차에서 확연히 다르게 나타나는 것만큼은 분명한 사실이다.

평균 아래를 보라

1~2년 차를 들여다보아야 한다. 맞다. 1~2년 차는 평균 수익률이 낮다. 그러나 그보다는 변동성이 더 특징적이다. 표 7-1을 다시 보면 1~2년 차 수익률은 마이너스가 아닌 경우에 종종 매우 높아서 거의 대부분 두 자릿수에 이른다. 언제나 그렇지는 않지만, 1~2년 차가 분명히 안 좋을 거라고 가정할 수 없을 정도다.

1~2년 차에 무슨 일이 전개되는 것일까? 정치 위험 기피가 증가하리라고 예상된 해에 반대 현상이 나타날 경우, 이것은 깜짝 이벤트가 되어 더 높은 수익률로 이어질 수 있다. 이를테면 의회가 심하게 교착 상태에 빠져서 정치인들이 돈을 재분배하는 데 덜 열정적일 수 있는 것이다. 다시 한번 강조하건대, 무엇이 평균을 이루는지를 알려면 언제나 평균 아래를 살펴야 한다.

이 패턴의 힘은 대개 너무 적게 고려되고 종종 무시된다는 것도 기억하라. 만약 갑자기 많은 사람이 이 패턴을 말하기 시작한다면, 그것은 이 변수의 영향이 줄어든다는 신호다. 이러한 일은 과거에도 있었다. 그러나 우리 기억은 아주 짧기 때문에 1년이면 잊고 만다. 우리가 잊는 순간 이 변수는 다시 유용해진다.

대선과 인버스 투자

이데올로기는 투자에 위험하다. 정당은 대개 중요하지 않은데, 어떤 면에서는 중요할 수 있다. 어느 정당이 본질적으로 더 낫거나 더 나빠서가 아니다. 자본시장은 사람들이 의사 결정을 내리는 곳이기 때문이다. 자본시장에서는 수억 명이 수십억 건의 결정을 내린다.

사람들은 천성적으로 편향을 가진다. 우리가 이 책에서 거듭 본 것처럼 말이다. 그러나 만약 당신이 편향에서 자유롭고 다른 투자자들의 편향이 언제 그들 자신과 시장의 의사 결정에 영향을 줄지 알 수 있다면, 세상을 더 정확하게 보고 잠재적인 이윤을 찾아낼 수 있을 것이다.

편향은 1년 차와 4년 차, 즉 취임 연도와 선거 연도에 특히 두드러진다. 앞서 말한 것처럼 내 경험과 무수한 설문 조사에 따르면 투자자들은 공화당을 지지하는 성향이 있다(공화당원을 기분 좋게 하거나 민주당원을 화나게 하려는 것이 아니다. 관찰 결과일 뿐이다. 투자할 때는 이데올로기를 버려야 한다는 것을 기억하자).

공화당 정치인들은 자신들이 기업에 더 우호적이라고 생각한다. 선거 운동을 할 때 그들은 기업 친화적인 것들을 말하고 기업 친화적인 개혁을 약속한다. 시장은 대개 그것을 반긴다. 반면 민주당 정치인들은 기업에 덜 우호적이고 시장 지향적이지 않은 사회적 대의에 더 관심을 기울인다고 여겨진다. 시장은 그것을 덜 좋아한다.

따라서 선거 연도인 4년 차에 우리가 공화당 대통령을 뽑았을 때 주가는 연 15.6% 상승했지만 민주당 대통령을 뽑았을 때는 연 6.7%

표 7-2 대통령 선거와 수익률

	선거 연도(4년 차)	취임 연도(1년 차)
민주당 승리	6.7%	14.9%
공화당 승리	15.6%	0.8%

자료: GFD, S&P500

상승했다(표 7-2 참조). 다른 변수가 똑같고, 만약 당신이 공화당 후보가 대통령이 되리라는 것을 미리 안다면 선거 연도에 더 낙관적일 수 있을 것이다. 민주당 후보가 선출되리라는 것을 미리 아는 경우에 비하면 그렇다.

아하! 공화당 후보가 더 낫다는 증거라고?

아니다. 사실은 간단하다. 공화당 후보를 뽑으면 시장은 선거 연도에 좋은 모습을 보인다. 그러나 취임 연도에는 그리 좋은 성과가 나타나지 않는다. 반대로 민주당 후보를 선출하면 시장은 선거 연도에 좋은 모습이 덜 보이지만 취임 연도에는 꽤 좋은 성과가 나타난다. 무슨 일이 일어나는 것일까?

선출되는 순간, 당선자는 더 이상 후보가 아니다. 대통령으로서 그는 재선을 생각하기 시작한다. 그의 재선에는 무당파 투자자들과 부동층에 가까운 민주당 지지자들이 필요하다. 그는 공화당원의 기반은 흔들리지 않는다는 것을 안다. 그래서 공화당 대통령은 일련의 규제 완화와 세금 경감, 또는 다른 약속했던 것들을 밀어붙일 수 없다. 그는 자신의 정당과 싸워야 한다. 오바마 대통령도 2011년에 진보 성향이 강한 민주당원들과 싸워야 했다! 시장은 이제 공화당 대통령이 기대한 만큼 기업에 우호적이지 않다는 것을 알게 된다. 공화당 대통령은 기업에 우호적인 대통령이 아니다. 그저 정치인일 뿐이다. 이 때문에 그가 취임한 해의 시장은 변동성이 더 커진다. 평균 수익률도 민주당 대통령이 취임한 해의 연 14.9%에 비해 연 0.8%에 지나지 않는다(표7-2 참조).

표7-1의 수치들을 다시 보자. 공화당 대통령 중 취임한 해에 수익률이 플러스로 나온 경우는 아버지 부시뿐이다. 나머지 모든 공화당 대통령은 100% 마이너스였다!

민주당 대통령은 다르다고? 그 역시 정치인일 뿐이다. 그는 서민을 위해 월스트리트의 부자들을 단죄하겠다고 다짐하면서 취임한다. 겁먹은 투자자들은 선거 연도에 시장에서 이탈하며, 이것은 그해 수익률이 평균보다 낮아지는 결과로 이어진다. 그러나 그 또한 재선을 원하기에 월스트리트의 부자들이 화낼 일을 만들면 안 된다(그들은 선거 자금을 많이 낸다). 그 역시 재선의 기회를 잡으려면 중도 성향으로 이동해야 한다. 결정을 내리는 것은 중도층이다. 시장은 민주당 대통령이 걱정한 것처럼 기업에 비우호적이지 않다는 사실을 알고 놀란다. 그래서 민주당 대통령이 취임한 첫해의 수익률이 14.9%로 나온 것이다. 수익률의 분포도 크지 않다. 루스벨트 대통령의 두 번째와 세 번째 임기를 제외하면(대공황 시기), 1년 차에 수익률이 마이너스가 된 대통령은 카터가 유일하다(그때도 −7.2%에 그쳤다). 카터는 재선에 실패했다.

오바마 대통령과 관련해 잠시 생각해보자. 그는 이 패턴에 딱 들어맞는다. 공화당원은 분명히 그를 좋아하지 않는다. 그러나 오바마 대통령의 의료 개혁 법안은 그가 처음에 내세운 것보다 훨씬 완화되었

주식시장은 어떻게 반복되는가

다. 금융 개혁 법안도 마찬가지였다. 그래서 그를 지지했던 민주당 진영은 그의 행보에 불만을 가지게 되었다. 이는 상당히 정상적인 현상이다. 같은 일이 빌 클린턴 대통령의 취임 첫해에도 발생했다. 어찌 되었든 주식시장 수익률은 오바마 대통령의 선거 연도에는 나빴지만 취임 연도에는 대단했다. 이것은 특징이자 정상적인 패턴이다.

선거 연도에 공화당 후보가 이길 것이라고 생각한다면 더 낙관해도 된다. 민주당 후보가 이길 것이라고 생각한다면 주의하는 것이 좋다(물론 늘 다른 경제 및 감정 변수를 고려해야 한다). 그리고 이러한 낙관과 주의는 취임 연도에 뒤집힌다.

핵심은 이것이다. 만약 당신이 공화당원이라면 민주당 대통령이 아주 싫다고 해서 주가가 크게 상승할 수 없다고 추정하지 말라는 것이다. 많은 사람이 2009년에 그러한 실수를 저질렀다. 그 상황에서 주가는 오를 수 있고, 대개 오른다. 왜냐하면 그 걱정은 선거 연도에 이미 반영되었기 때문이다. 1장에서 말한 것처럼, 시장은 상황을 따라가지 않고 앞질러간다.

당신이 아는 악마

이 책을 쓰는 2011년 현재 만약 오바마 대통령이 재선되면 2012년 주식시장이 안 좋을 수 있다고 걱정하는 사람들이 있을 것이다. 그러나 여기서도 역사는 좋은 길잡이가 된다. 비슷한 경우가 있었고, 전혀 그렇게 되지 않았다.

나는 오바마 대통령이 승리할지 못할지에 대해 아무 생각이 없다. 생각하기에는 너무 이르기도 하다. 내가 말할 수 있는 것은 현직 대통령인 후보를 꺾기는 무척 힘들다는 사실이다. S&P500 지수가 생긴 이래 현직 대통령 14명이 재선에 나섰다. 실패한 대통령은 포드, 카터, 아버지 부시 이렇게 셋뿐이다. 포드는 하원의원 외에는 선거에서 승리한 경험이 없었다. 게다가 하원의원 지역구는 공화당 텃밭이어서 공화당 후보로 나서면 의원 자리가 거의 확정되는 곳이었다. 이렇듯 포드는 이전에 선거다운 선거를 치른 경험이 없는 약한 대선 후보였다(그에 대해서는 잠시 후에 더 이야기하자).

카터는 이 약체 후보 포드를 물리치고 대통령이 되었다. 운이 좋았던 것이다. 카터의 불운은 고통지수(실업률과 물가상승률을 더하는 등의 방식으로 산출한다 – 역자 주)가 악화된 데다 공화당 사상 최강의 캠페인 역량을 가진 후보와 맞붙었다는 것이었다. 후자가 더 컸는데, 레이건은 '소통의 달인'으로 불렸다.

아버지 부시 대통령은 자신의 임기에 시작된 경기 침체와 싸워야 했는데, 침체를 완화하는 역할을 거의 하지 못했다. 경기 침체는 그의 임기에 끝났다. 그러나 침체를 빠져나왔다는 사실은 감지되지도, 수용되지도 않았다(이러한 시차가 모든 침체에서 발생한다는 사실은 1장에서 언급했다). 심지어 부시는 "경기 침체가 끝났다"라는 발언으로 조롱받기도 했다. 그가 맞았고 대중은 틀렸지만 사실 여부는 투표에서 중요하지 않다. 게다가 아버지 부시 대통령은 민주당 사상 가장 강한 캠페인 역량을 가진 후보인 빌 클린턴과 싸워야 했다. "빌 '나는 당신의 고통을 느껴요' 클린턴Bill 'I feel your pain' Clinton"과 말이다. 클린턴 후보는 침체가 끝났다는 부시의 진단에 대한 대중의 불신을 잘 활용했다. 클린턴 진영의 선거 구호인 "바보야, 문제는 경제야"를 기억할 것이다. 부시 대통령은 전혀 어리석지 않았지만, 클린턴 후보는 그가 그렇게 보이도록 만드는 데 성공했다.

현직 대통령은 이기기 힘들다. 사람들은 오바마 대통령의 낮은 지지율을 가리켰다. 갤럽 조사에 따르면 2011년 8월 현재 그의 지지율은 39%에 그쳤다. 이를 두고 그의 재선 전망이 어둡다고들 말했다. 지지율이 44% 아래였다가 당선된 사례는 한 번도 없었다고 근거를 댔다. 이 말은 맞는데, 조건이 필요하다. 투표일이 바로 내일이라는 것이다. 이 책을 쓴 시점은 선거일까지 1년여가 남은 때였다. 그동안 많은 일이 일어날 수 있고 지지율은 등락이 심하기로 악명이 높다. 당시의 지지율은 의미가 없었다. 사람들은 대통령 지지율이 얼마나 움직일 수 있는지 기억하지 못한다.

클린턴 대통령도 재선을 1년여 남긴 시점에서는 지지율이 가장 낮았다. 레이건 대통령도 비슷했다. 두 대통령은 쉽게 재선되었다. 트루먼 대통령은 같은 시점에서 지지율이 더 높았지만, 루스벨트 사망으로 대통령을 승계한 첫 임기 내내 여러 시점에 지지율이 아주 낮아 33%까지 떨어지기도 했다. 그러나 그는 재선되었다. 같은 시점의 지지율이 제일 높았던 대통령은 누구였을까? 아버지 부시와 린든 존슨이었다(존슨 대통령은 자신의 결정에 따라 재선에 나서지 않았다).

이것이 향후 주식시장에 대해 시사하는 바는 무엇일까? 내가 이 책을 쓴 2011년 시점에는 2012년 전망을 내놓을 준비가 되지 않았다. 그러나 당시 독자들이 듣지 못한 긍정적인 동인 하나가 있었다. 선택지는 민주당 후보를 다시 선출하는 것이나 공화당 후보를 새로 뽑는 것이었다. 두 선택 모두 주식에 좋았다.

선거 연도에 민주당 후보와 공화당 후보의 당선에 따라 주식시장이 각각 어떻게 반응했는지에 대한 내용으로 돌아가자. 선거 연도에 공화당 후보를 선출하면 시장은 대개 강세를 보이고 민주당 후보를 선출하면 겁에 질린다. 그러나 이 현상은 대통령이 재선을 위해 후보로 나섰을 때 약해진다. 공화당 후보를 '새로' 뽑으면 시장이 각별히 높은 기대를 품는다. 과거를 보면 이때 주가는 평균 18.8% 상승했다(표 7-3 참조). 민주당 후보가 '새로' 선출되면 시장이 두려워해 수익률은 평균 –2.7%를 기록했다.

그러나 첫 선거에서 그토록 두려운 존재였던 민주당 후보는 현직 대통령으로서 재선을 노리는 경우 그렇게 두렵지 않게 된다. 우리는 그를 안다. 그를 좋아할 수도 있고 좋아하지 않을 수도 있다. 그러나 이미 그를 안다. 만약 그를 다시 선출한다면, 우리가 그를 나쁘지 않게 평가한다는 뜻이다. 1996년 클린턴의 재선이 그러한 사례고, 주가는 23.0% 상승했다.

민주당 후보가 '재선된' 해에 주가는 평균 14.5% 올랐다(표 7-3 참조). 공화당 후보가 처음 선출된 해만큼 좋지는 않다. 그러나 공화당 후보가 재선된 때의 상승률인 10.6%에 비하면 높다. 시장은 현직 대통령인 공화당 후보의 기업 친화적인 유머에 이전만큼 감동받지 않는다. 시장은 그 역시 정치인일 뿐이라는 것을 잘 안다. 따라서 민주당 후보를 다시 선출하든 아니면 공화당 후보를 새로 선출하든, 두 결과 모두 시장에는 상승 요인이 될 것이다.

이 패턴은 표 7-3에서 볼 수 있는 것처럼 결과를 움직이는 기초 변수를 강조한다. 표 7-4는 취임 연도 패턴이 동일하게 유지되는 것을 보여준다. 시장은 새로 선출된 민주당 대통령이 골수 사회주의자가 아니라는 것에 '정말' 안도해 취임 연도에 평균 22.1% 상승한다. 반면 새로 선출된 공화당 대통령이 그가 떠벌린 정도로 기업 친화적이진 않다는 것이 드러나면서 취임 연도에 시장은 평균 0.6% 하락한다. 정당 효과는 두 번째 임기에 희석된다. 민주당 후보가 재선된 경우 취임 연도 수익률 평균은 8.9%로 좋은데, 대단하지는 않다. 공화당 후보가 재선된 경우 취임 연도 수익률은 2.7%로 부진하지만 마이너스는 아니다. 이들 평균에는 상당한 변동성이 내재되어 있다. 이 요약을 염두에 두고 표 7-1을 다시 보자. 이 트렌드 속에는 일관성이 나타난다. 어떤 민주당 대통령의 취임 연도 수익률은 다른 대통령 때보다 더 좋거나 더 나빴다. 아버지 부시가 취임한 해의 수익률 31.7%

표 7-3 초선 vs. 재선의 수익률 – 선거 연도

	민주당	공화당
초선	-2.7%	18.8%
재선	14.5%	10.6%

자료: GFD, S&P500

표 7-4 역전 현상 – 초선 vs. 재선

	선거 연도(4년 차)	취임 연도(1년 차)
민주당 초선	-2.7%	22.1%
공화당 초선	18.8%	-0.6%
민주당 재선	14.5%	8.9%
공화당 재선	10.3%	2.7%

자료: GFD, S&P500

는 공화당 대통령이 취임한 첫해의 수익률이 평균보다 낮게 나타나는 패턴의 유일한 예외다. 높은 일관성을 보여주는 이 수치들은 기초변수에 대해 입체적으로 접근해야 한다는 것을 강조한다.

실제 역사를 담은 이 데이터 어디에도 공화당이 대체로 민주당보다 낫다는(못하다는) 근거가 없다. 시장의 기대와 이데올로기 편향은 존재하지만 이들 변수는 오래가지 않는다(가끔은 향후 12~24개월을 예측하는 데 유용하다).

우리 중 많은 사람이 정치에 아주 민감하고 오랫동안 이 영역을 지켜보고 있다. 그러나 우리는 정치가 보내는 중요한 메시지를 놓치는데, 우리의 기억이 짧기 때문이다. 우리는 가장 기본적인 패턴을 놓친다. 대통령 임기 중 1~2년 차는 변동성이 큰 반면 3~4년 차는 강세장의 요인 측면에서 강한 특성을 지닌다. 우리는 공화당 후보 선출이 선거 연도에는 좋지만 취임 1년 차에는 그리 좋지 않다는 것을 놓친다. 공화당 후보를 다시 선출하면 비슷한 영향이 나타나는데, 그 정도는 초선 때보다 덜하다. 우리는 민주당 당선자와 관련된 메시지도 놓친다. 민주당 후보가 당선되면 선거 연도에는 수익률이 나쁘지만 취임 1년 차에는 좋고, 그가 재선될 때는 선거 연도와 취임 연도에 모두 좋다. 이 모든 기본 패턴은 수십 년 동안 우리 눈앞에서 전개되었다. 그동안 패턴은 크게 변하지 않았고 일관성을 유지했다. 그런데도 우리는 이 패턴을 놓친다. 결함이 있는 우리의 기억력이 선거 때도 문제를 일으켰기 때문이며, 우리가 우리의 정치적인 견해를 강하게 믿은 나머지 신념과 반대되는 사례에 눈을 감았기 때문이다.

대통령과 주식시장에 대한 데이터는 모으기 쉽다. 그런데도 대다수 투자자가 시도조차 하지 않는다. 오래전부터 마음을 정해두었기 때문이라고 생각한다. 그들은 역사를 공부하지 않기 때문에 스위스 치즈처럼 구멍이 곳곳에 뚫린 자신의 기억력에 의존한다. 앞에서 우리는 그 결과를 살펴보았다. 당신이 싫어하는 후보가 헤드틱이 되더라도 그가 본질적으로 주식시장에 더 큰 충격을 주지는 않는다는 사실을 기억하라.

특정 정책이 경제 성장, 기업 수익성, 사업의 시작과 확장에 타격을 줄 수 있을까? 물론이다. 나는 그 영향을 반박하지 않는다. 그러나 경제 둔화에 대해 어느 한 정당이 전적으로 책임이 있다는 주장에는 근거가 없다고 본다(이것은 글로벌 투자의 충분한 이유가 된다는 것을 기억하라).

잠시 멍청한 정치의 몇몇 사례를 살펴보자. 2002년 7월 공화당 대통령과 의회는 사베인스-옥슬리법(회계 부정을 강력하게 제재하기 위한 법)을 발효시켰다. 이 법은 역사적으로 어리석고 반시장적이며 아직도 미국의 골칫덩이다. 2010년 민주당과 의회는 도드-프랭크법(2008년에 발생한 세계 금융위기의 재발을 막기 위한 금융 개혁 법안)을 발효시켰다. 이 법 또한 비슷하게 멍청하고 비슷한(그러나 정도는 덜한) 영향을 주고 있다. 두 정당이 전적으로 권력을 쥔 가운데 어리석은 정도가 비슷한 두 법이 각각 만들어졌다. 예는 얼마든지 더 들 수 있다. 여하간 어리석은 짓은 어느 당의 전유물이 아니다.

우리가 놓치는 패턴의 일관성

이 책을 쓰고 있는 2011년에는 2012년 대통령 선거 운동이 달아

오르고 있다. 나는 누가 공화당 후보가 될지 알지 못하고, 선거 결과 누가 대통령이 될지도 예상하지 않는다. 나는 정치학을 어느 정도 공부했지만 선거 결과를 예측하는 전문가라고 여겨지는 않는다. 반면 일이 발생한 후에 무슨 일이 일어났는지를 아는 것은 정말 쉽다.

그런데 과연 그럴까? 이제부터는 일이 발생한 이후에도 무슨 일이 일어났는지 알지 못하는 사람들에 대해 이야기하겠다. 2012년 선거에 대한 예측이 아니다. 우리가 이미 잘 아는 것들로 이루어진 패턴의 일관성을 우리가 얼마나 자주 놓치는지를 보여줄 것이다. 우리의 취약한 기억력은 점(點)을 잇지 않는다. 이 패턴에는 예외가 넷 있지만, 법칙을 정당화하는 예외들이다.

공화당의 서부 출신 후보 효과

1948년 토머스 E. 듀이 이래 공화당 대통령 후보는 한 명을 제외하고 모두 뿌리 깊은 진짜 서부 출신이었다. 유일한 예외가 제럴드 포드였다. 그는 네브래스카에서 태어나 미시간에서 하원의원이 되었다. 그는 서부 출신이 전혀 아니었다. 그는 일반적이지 않은 경로로 대통령이 되었다. 선출된 것이 아니라 부통령으로 지명된 뒤 워터게이트 사건으로 닉슨 대통령이 사임하자 자리를 승계했다. 앞서 말한 것처럼 포드는 전국 후보로는 약했다. 현직 대통령이었던 그는 공화당 후보 지명 레이스에서 로널드 레이건에게 밀릴 뻔했다. 현대 미국 정치에서 전례가 없는 형세였다. 서부 출신이 아닌 인물을 후보로 지명하는 것을 공화당원들이 얼마나 싫어하는지를 보여준 사례다(당연히 포드는 대선에서 패했다). 예외가 법칙을 입증한다.

다른 모든 공화당 대통령 후보 지명자는 서부에 탄탄한 뿌리를 두었다. 이 일관성은 1940대에 뉴욕 출신 토머스 E. 듀이와 중서부 출신 로버트 태프트 사이에 벌어진 전설적인 후보 지명전 대결로 거슬러 올라간다.

듀이는 북동부 자유주의 공화당원이었다. 태프트의 중서부는 공화당의 보수적이고 엄격한 구성원들을 대표했다. 듀이는 전투에서 이겼지만, 전쟁에서는 태프트의 세력이 승리했다. 듀이는 드와이트 아이젠하워를 1952년 대통령 선거 후보로 지명하는 데 기여했지만, 텍사스에서 태어나 캔자스에서 성장한 아이젠하워는 서부 출신이었고 서부 지향적이었다(북동부의 자유주의적인 공화당 세력에 맞서는 아이젠하워의 조건이 태프트 지지자들에게 받아들여졌다고 볼 수도 있다).

서부 캘리포니아 출신인 닉슨은 강경 우파 후보로 알려졌지만 사실은 그렇지 않았다. 정치는 대부분 허상이다. 닉슨은 사실상 뉴요커였던 1968년과 1972년에도 캘리포니아 사람 행세를 했다. 닉슨은 공화당 내부의 균열을 이해했고 당의 정신적인 핵심이 서부라는 것을 알았기에 서부 출신으로 비치고자 했다. 골드워터, 레이건, 아버지와 아들 부시, 돌, 매케인 모두 서부 출신이었다. 아버지 부시가 북동부에서 태어났고 공화당의 중도파였다는 것은 맞다. 그러나 레이건의 부통령으로 8년을 재임하기 한참 전부터, 그러니까 공화당 후보가 되기 한참 전부터 그는 텍사스에 항구적이고 탄탄한 뿌리를 심었다(그리고 부츠 차림을 편안해했다).

흥미롭게도 이들 서부 후보들은 북서부, 로키산맥 지역, 평원 지역에서는 나오지 않았다. 캔자스만 예외다. 그러나 캔자스는 미국 역사에서 독특한 정치적 의미를 가지는 지역이다(부록 참조).

공화당원들은 태생적으로 일군의 북서부 자유주의자들을 불신해왔다. 듀이, 넬슨 록펠러, 빌 스크랜턴, 존 린지, 미트 롬니가 불신의 표적이 된 대표적 인물이다. 이 모든 전통은 듀이와 태프트의 대결로 거슬러 올라간다. 남부 공화당원들이 누구를 지지하느냐가 중요한데, 그들은 당의 부동표를 쥐고 있으며 북동부의 중도파를 불신한다. 그들이 누구를 지명할지 나는 알지 못하며, 그러한 예측은 내 포인트가 아니다.

언젠가는 기존 패턴과 다른 일이 최초로 일어날 것이다. 지금이 그때일 수도 있다. 모든 법칙에는 예외가 있다. 정치도 시간에 따라 변하고, 오랫동안 유지된 패턴은 더 이상 유효하지 않으며, 모든 것은 몇 년 이내에 변할 수 있다.

나는 공화당원들이 왜 그렇게 일관되게 서부 출신들을 선택해왔는지를 이해하고 있다고 생각한다. 그러나 내가 맞는지는 확신할 수 없다. 이 가설은 검증될 수 없기 때문에, 내가 맞는지 틀리는지도 알 수 없다. 또한 내 피상적인 정치적 견해는 중요하지 않다. 내가 딱 부러지게 입증하지 못한다면 이 가설을 밀어붙일 이유도 없다.

확실한 것은, 그 이유는 모르지만, 이 패턴이 실제로 존재한다는 사실이다. 하나 더 확실한 것은 아무도 이 패턴을 알아채지 못한다는 것이다. 이 패턴은 60년 넘도록 전개되었는데도 활자로 다루어지지 않았다. 우리 앞에 번연히 나타났고 반복되었는데도 우리의 기억력과 분석력은 그것을 알아차리지 못했다. 사람들은 자신이 잘 알고 관심을 가지는 것도 잊어버린다.

민주당 동부 후보 지명자 효과

이와 대조되는, 그리고 대다수가 놓치는 분명한 패턴은 민주당원이 자기네 대통령 후보를 지명할 때 상당히 특이한 행동을 한다는 것이다. 100여 년 동안 예외는 세 건뿐이었는데, 그들은 미시시피 동쪽에 정치적 근거지를 둔 인물만 후보로 지명했다. 서부 출신을 지명하지 않은 것이다. 눈치챈 적 있나? 남부 출신은? 지명했다(공화당원들은 남부 출신을 후보로 세우지 않는다. 이것은 텍사스가 남부에 포함되지 않는다는 것을 전제로 한다. 나는 개인적으로 텍사스를 남서부로 분류한다). 북동부는? 지명했다. 중서부는? 지명했다. 그러나 진정한 서부는 제외했다. 서부 출신들이 나서지 않았던 것이 아니다. 나선 인물마다 민주당 후보로 지명되지 않았다. 이러한 패턴이 바로 눈앞에서 전개되었지만 대다수는 알아차리지 못했다. 취약한 기억으로 인해 보지 못한 것이다. 심지어 많은 사람이 크게 관심을 기울이는 주제인데도 말이다!

예외가 된 인물은 셋인데, 이들도 법칙을 입증한다. 우선 해리 트루먼이 있다. 캔자스시티에 근거를 둔 그는 루스벨트 대통령의 세 번째 부통령이었다가 루스벨트의 사망으로 대통령이 되었다. 공화당의 제럴드 포드처럼 그는 매우 약한 후보로 여겨졌다. 루스벨트가 사망했을 때 그는 부통령으로 고작 82일 재직한 상태였다. 제2차 세계대전 시기의 수많은 난제를 처리하기에는 그의 업무 경험이 충분하지 않았다.

이것이 그가 미시시피 동부라는 법칙의 예외인 이유다. 그가 일반적이지 않은 경로로 대통령이 되지 않고 자연스러운 방식의 지명전을 치렀다면, 그는 민주당 후보가 되지 못했을 것이 확실하다.

린든 존슨은 더 큰 예외다. 그는 텍사스 출신의 진정한 서부 출신이었다! 그는 서부 미국인들이 자긍심을 가지는 특성들 모두를 갖추고 있었다. 힘들여 쟁취하고, 혼자 힘으로 이루고, 기필코 이기려 하고, 매우 독립적이었다(내가 나에 대해 자랑스러워하는 특성들이다). 그는 트루먼과 포드처럼 부통령 경로를 밟아 1964년에 대통령이 되었다. 그 경로가 아니었어도 그가 민주당 대통령 후보가 되었을지는 분명하지 않다.

세 번째 예외는 휴버트 험프리다. 그는 존슨이 물러난 1968년에 부통령이었다. 뉴햄프셔 예비 선거에서 유진 매카시가 뜻밖에 강세를 보이자, 존슨은 자신의 기반이 후보로 지명되고 선거에서 이길 만큼 강하지 않다는 것을 깨달았다. 일반적이지 않다! 게다가 당시 캘리포니아 예비 선거는 지금보다 훨씬 더 중요했다. 로버트 케네디는 이 선거에서 이긴 뒤 지명 레이스에서 선두로 치고 나갔다(그날 암살되었다).

로버트 케네디가 암살되지 않았더라도 험프리가 후보로 지명되었을지는 분명하지 않다. 그는 당시 여론 조사에서 한참 뒤처졌기에 아마도 후보가 되지 못했을 것이다. 작지만 흥미로운 포인트가 있다. 험프리의 정치 근거지인 미네소타는 미시시피를 기준으로 정확히 2마일 서쪽이다. 법칙의 예외인데, 작은 예외라고 할 수 있다(험프리는 대통령 선거에서 떨어졌다).

이들 예외를 제외하면 민주당원들은 미시시피 동쪽 인물만 후보로 뽑았다. 아주 먼 예외는 네브래스카 출신인 윌리엄 브라이언(1860~1925)이다. 그러나 아주 먼 옛날이었다. 그리고 아주 서부도 아니었다(전설적인 소설《오즈의 마법사》에서 그가 한 역할은 부록을 참조하라).

그저 내 이론일 뿐이다. 과학적인 방법으로 입증될 수 없고 정말 중요하지도 않다. 또 공화당 관련 이론과 마찬가지로 펀더멘털은 미래에 바뀔 수 있고, 이 현상이 희미해질 수도 있다.

꽤 그럴듯한 이 두 가지 패턴은 정치에 계속 관심을 가졌고 그 결과를 아는 사람들 앞에서 전개되었지만 대다수가 뚜렷하게 알아차리지 못했다. 우리의 기억과 분석은 동조가 잘 이루어지지 않고, 그래서 우리는 가끔 간단한 패턴조차 잘 파악하지 못한다. 역사를 통하면 우리는 기억의 실패를 넘어 더 의미 있는 양상을 볼 수 있다. 이를테면 대통령 임기 분석을 통해 패턴을 더 근본적인 요인으로 설명할 수 있는 것이다.

중국의 경제 통제

정치 위험 기피가 시장에 줄 수 있는 영향을 살펴보았지만 여전히 다음과 같이 생각할 수 있다. "흥미롭지만 그것은 여전히 우연일 뿐이지." 맞는 말이다. 하지만 다른 곳에서도 폴리틱들이 자본시장과 경제에 영향을 줄 수 있고 또 주고 있다는 신뢰할 만한 증거가 있다.

미국 폴리틱들이 폴리틱스럽다고 생각하겠지만, 그들은 세계 다른 나라의 폴리틱들에게는 한참 못 미친다. 예를 들어 우리는 미국의 썩어빠진 정치 지도자들에 대해 불평할 수 있지만 중국은 여전히 공산주의 국가다. 중국에는 정당이 공산당 하나다. 다른…, 음, 없다. 정의상 그렇다!

공산당 폴리틱들은 '정말' 자리를 지키고 싶어 한다. 미국의 대통령이나 의원은 사람들을 열 받게 할 경우 자리에서 쫓겨난다. 이후 그들은 강연이나 로비로 돈을 많이 번다. 공산주의 국가에서는 자리에서 쫓겨나면 종종 감옥에 가거나 죽는다.

중국은 자유시장을 향해 개혁을 해오고 있지만 여전히 상명하달의 경제다. 미국 정치인들은(그리고 다른 선진국 정치인들도) 경제를 통제할 수 있다는 환상을 품는데, 중국 정부는 실제로 그렇게 한다(대단하다고 생각하기 전에, 기억하라. 공산주의자들이다).

중국은 5년마다 선거를 치러 전국인민대표자회의(이하 전인대)를 구성한다. 전인대는 중국 정부의 단일 입법 기구다. 중국 주석은 전인대에서 선출되지만 과정이 아주 투명하지는 않다. 누가 다음 주석이 될지를 놓고 비공개로 많은 실랑이가 벌어진다. 전인대의 지역 대표 선거는 미국 하원의원이나 상원의원 선거와 크게 다르지 않다. 다만 공산당이 유일한 정당이다. 이러한 제도적 기반을 좋아하지 않을 경우, 견해는 속으로만 간직하는 것이 최상이다.

국내 불안을 최소화하고 인민들을 고분고분하게 만들기 위해 중국 정부는 선거 연도에 모든 수단을 최대한 동원해 경제 성장을 도모한다. 중국 경제는 이렇듯 정치인들에게 유용한(거의 알려지지 않은) 방식으로 순환한다.

그들은 순환을 일으켜 실익을 얻는다. 이 게임을 위해 그들은 선거 직전 연도에는 늘 성장률과 물가상승률을 낮춘다. 선거 연도에 물가상승을 자극하지 않는 선에서 경기 부양책을 내놓기 위해서다. 파티

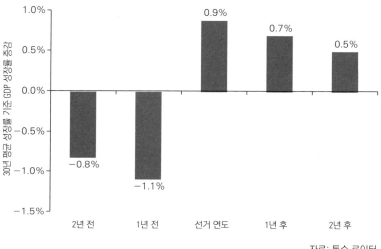

그림 7-1 중국의 선거 주기와 경제 성장

자료: 톰슨 로이터

를 열어 술을 잔뜩 마시게 한 뒤 사람들이 너무 취하거나 숙취에 시달리기 전에 투표하게 하는 것과 조금 비슷하다.

그림 7-1은 이 효과를 보여준다. 중국은 30년 동안 꽤 빠른 성장률을 기록했다(연 10%). 선거 연도에는 여기에 0.9%가 추가되었다. 반면 선거 직전 연도에는 성장률이 가장 낮았는데, 연 -1.1%였다. 브레이크를 힘껏 밟았다가 연료를 가득 채워 넣는 것이다.

나는 이러한 방식이 어리석다고 생각한다. 그러나 그들은 오랫동안 그렇게 해왔다. 그들의 문화가 그러한 방식을 계속 구사하게 하는 것인지도 모른다.

정치보다 기업 운영이 세상에 더 이롭다

정치인들이 나쁜 의도 때문에 잘못된 길로 접어들었다고 보지 않는다(적어도 민주주의 국가들에서는 아니라고 본다. 공산주의와 사회주의 국가들에서는 계획된 악의가 있을 수 있다. 내 의견이다). 이 지점에서 나는 이데올로기적인 사람들과 다르다. 그들은 자기네가 싫어하는 정치인은 악당이라고 생각하고 좋아하는 정치인은 성인이라고 생각한다. 무엇보다 나는 정치인 대부분이 경제 문맹이고, 정치에는 정통하지만 이기적이고 자기중심적인 나르시시스트라고 생각한다.

대부분의 직업 정치인들은 개인 사업자들의 수익성에 영향을 주는 결정을 그날그날 내리지 않는다. 정치인들은 실무로 평가받지 않는다. 그들은 이윤과 주주 가치 증대를 원하는 이사회에 대해 책임을 지지 않는다. 그들은 정해진 기간에 이윤을 내는 데 실패해도 잘리지 않는다. 맞다. 그들에게 (일종의) 책임을 묻는 사람은 유권자들이다. 그러나 유권자들을 즐겁게 하는 것과 이윤을 내야 하는 기업을 경영하는 것은 비교 대상이 아니다(정말 나쁜 짓을 하고도 잘리지 않고 오랫동안 활동하는 '많고 많은' 정치인들을 생각해보라).

대다수 직업 정치인들은 기업을 경영한 적이 없고 민간 부문에 몸담아본 적도 없다. 그래서 세계 경제에 영향을 주는, 숱하고 제멋대로이며 이해가 거의 불가능한 동인들을 알지 못한다. 나는 어떤 정치인의 두뇌도 들여다볼 수 없다(그러한 으스스한 일은 원하지도 않는다). 그런데 그들 절대다수는 경제를 한 방향이나 다른 방향으로 쉽게 밀고 당길 수 있는 대상이라고 여기는 듯하다. 그들은 위험의 대부분을 통제할 수 있다고 자신하면서 유권자들이 다음과 같은 말을 믿고 재차 자신을 뽑아주리라 기대한다. "제게 표를 주시면 당신을 보호해드리겠습니다. 다른 후보는 당신 돈을 훔치고 당신 개를 걷어차려고 합니다!"

사업을 해본 적이 있는 폴리틱들도 워싱턴에서 5년을 지내다 보면 교훈을 잊어버린다(폴리틱들은 대다수 투자자보다 기억력이 더 짧다). 그들의 기억의 대부분은 당시 대중의 변덕으로 채워져 있다. 그들에게 승리를 안겨준 '33%의 투표 참여자 중 과반'에 해당하는 대중 말이다. 그들은 더 이상 주주 가치 제고와 고용 확대를 위해 노력하는 CEO가 아니다. 그들 역시 직업 정치인으로서 이렇게 생각한다. '누구에게 호의를 베풀어야 선거 후원금으로 돌아오게 될까?'

당신은 상당수 정치인들이 나쁘다고 생각할 것이다. 그러나 이러한 반박이 제기될 수 있다. 공직자들은 대체로 사회를 돕기 위해 노력하지 않나? 아마 그럴 것이고, 사회를 돕는 것은 일부 정치인들의 동기(적어도 처음에는)일지도 모른다. 그러나 사회를 돕고자 한다면, 사업을 시작해 사람들을 고용하고 그들에게 급여를 많이 지급하는 것이 어떨까? 그리고(또는) 경쟁자보다 저렴하게 유용한 무엇인가를 제조해 사람들이 돈을 절약하게 해주면 어떨까? 또는 생명을 구하는 백신, 암 치료, 당뇨병 치료, 의료 기기 등을 연구할 수도 있고 값진 서비스를 제공할 수도 있다. 예를 들어 금융업을 시작해 백신, 저렴한 운동화, 안전한 차, 유용한 소프트웨어, 돈을 절약하는 기기를 만들고자 하는 사람들에게 돈을 대출해주면 어떨까? 사회적 부를 키우고 삶의 질을 높이는 측면에서는 민간 부문이 정부보다 훨씬 더 많은 것을 이루어왔다.

나는 의학박사였던 할아버지 아서 L. 피셔(1875~1958)를 무척 존경한다. 그는 존스 홉킨스 의과대학의 4회(1900년 클래스) 졸업생이었다. 존스 홉킨스는 부유한 집안(농장과 다른 사업체 보유) 출신으로, 사업과 현명한 투자를 통해 부를 기하급수적으로 늘렸다. 그는 1873년 세상을 떠나면서 막대한 재산을 남겼는데, 그중에는 병원도 포함된다. 이와 관련해 그는 몇 가지 지침을 두었다. 최상의 재능을 지닌 인재를 찾아내고, 연구를 계속하며, 인종을 불문하고 가난한 사람에게는 무상으로 의료 서비스를 제공하라고 했다. 당시에는 상당히 놀라운 지침이었다. 이 지침에 따라 현재의 존스 홉킨스 병원은 세계적인 의료 기관으로 성장했다.

그 누구도 홉킨스에게 재산을 불리라고 하지 않았고, 그 어느 정부도 그에게 전 재산을 자선 사업에 넘기라고 하지 않았다. 그는 원래 그러한 사람이었다. 그가 세상에 미친 영향은 막대하다. 다른 사례도 수없이 많다. 홉킨스라는 한 사람이 한 일은 정치인 1만 명이 한 일보다 더 위대하다. 그리고 그 출발점은 단지 부자가 되는 것이었다. 부자가 없으면 자선 사업도 없다. 세계의 자선 사업에서 미국의 부자들이 차지하는 비중은 압도적이다.

홉킨스의 자선 사업은 잊자. 성공한 기업가가 회사를 운영하면서 행한 좋은 일만 생각해보자. 우선 〈포브스〉가 선정한 400대 부자에 선정된 창업자 CEO들을 살펴보자. 그들이 고용한 인원이 몇 명이고, 직원들에게 지급한 급여가 얼마며, 복리 후생에 지출한 비용이 얼마인지 더해보자. 주주들은 어떤가. 창업자 CEO들 덕분에 전체 주식의 일부를 소유하게 된 그들의 재산은 얼마나 증식되었을까. 창업자 CEO들이 세운 기업과 거래하는 업체들도 마찬가지다. 중간재를 판매하거나 핵심 소프트웨어(또는 의자, 회계 서비스 등등)를 구매해 얻은 이익은 얼마일까(거래 업체들이 고용한 직원들도 생각해보라). 창업자 CEO들의 기업이 제조하는 제품들 덕분에 세계가 얼마나 더 나아졌고, 빨라졌고, 저렴해졌고, 멋져졌고, 건강해졌고, 즐거워졌는지 합산해보라. 못할 것이다. 상상도 못할 수준이다.

간단한 사례를 들겠다. 마이크로소프트가 없었다면 나는 내 회사를 운영하지 못했을 것이다. 불가능했다. 나는 델 컴퓨터의 화면을 보면서 자판을 치고 있고, 내 옆에는 시스코의 IP폰이 있으며, 나는 블랙베리로 통화한다. 본격적인 이야기는 아직 시작도 하지 않았다. 정치인들은 기업과 당신에게 세금을 걷어서 그 돈을 우리가 어떤 종류의 전구를 써야 하는지 가르치는 데 쓴다. 이보다는 민간인이 민간기업을 운영하는 것이 세상에 훨씬 더 이롭다.

아마 당신은 동의하지 않을 것이다. 좋다! 당신은 내가 정치인들에 대해 너무 냉소적이라고 생각할 수 있다. 덧붙이자면 나는 이러한 종류의 발언을 할 때 다른 사람이 나에 대해 어떻게 생각할지에 대해 신경 쓰지 않는다. 또 나는 내 주장이 완전히 틀릴 수 있다고 생각한다. 나는 정량적으로 증명될 수 없는 견해를 드러내고 있을 뿐이다. 그러나 바라건대 독자가 이 장을 읽고 다음 주장에 대해 확신하면 좋겠다. "시장과 관련해서 투자 의사 결정을 내릴 때만이라도 이데올로기를 배제한다면 역사에서 교훈을 보게 될 것이다. 선거 캠페인 배지를 다는 것보다는 수지맞는 선택이다."

정치도 시장과 다르지 않다. 돈은 잊지 않지만 사람들은 잊는다. 이 사실을 기억하기 바란다.

주식시장은 어떻게 반복되는가

8장

언제나 글로벌했던
세계 경제

언론 매체에서 다음과 같은 보도를 종종 접하게 된다. "세계는 그 어느 때보다 더 유기적으로 연결되어 있다!" "… 점점 더 글로벌해지는 세계…."

거의 언제나 사실이다. 세계는 10년 전보다 서로 '더 연결되어' 있고, 10년 전에는 20년 전보다 더 연결되어 있었으며, 20년 전에는 30년 전보다 더 연결되어 있었다. 이상한 것은 사람들이 '지금'의 연결에 몹시 들뜬다는 것이다. 사람들은 '지금'을 매우 예외적인 시기로 여기는 듯하다(3장 참조). 세계가 얼마나 글로벌한지를 이제야 알게 된 것일까? 글로벌화가 새로운 현상이라고 생각하는 것은 기억이 매우 짧은 시기에 그치고 미국 밖의 통계와 역사를 도외시한 결과다. 사실 세계는 언제나 상당히 글로벌했고, 대다수가 생각하는 것보다 더 글로벌했으며, 대다수가 짐작하는 것보다 훨씬 더 오래 전부터 글로벌했다.

이것을 기억하지 못하면 큰 투자 실패에 이를 수 있다. 미국 주식시장은 세계 시장의 43%에 불과하다.[1] 그러나 미국의 평범한 투자자는 포트폴리오의 14.4%만을 해외에 배정한다.[2] 그나마 개선된 비중이 이 정도다. 1990년대만 해도 미국에서 가입할 수 있는 뮤추얼펀드 중 '글로벌하다고 여겨진 것'은 122개뿐이었다.[3] 상장지수펀드(이하 ETF)는 잊자. ETF는 1990년대 중반까지 존재하지 않았다. 2011년 현재 글로벌 펀드는 2,758개가 되었다. 그러나 투자자들은 아직도 그들이 할 수 있는 만큼, 그들에게 필요한 만큼 글로벌하지 않다.

제대로 된 글로벌 기반에서 투자한 최초의 뮤추얼펀드는 누구의 것이었을까? 물론 존 템플턴 경의 것이었다. 그가 전설이 될 수 있었던 것은 진보에 대한 확신, 틀을 깬 사고와 함께 글로벌 비전을 가지고 있었기 때문이다. 그는 미국인들이 글로벌 투자를 간과해 놓치는 것을 분명히 보았고, 이 엄청난 가능성을 가진 투자를 실행하게 되었다.

많은 미국인들이 해외 주식을 회피하거나 해외 투자에 대해 생각조차 하지 않는다. 2009~2010년의 신흥 시장, 2010~2011년의 PIIGS처럼 굵직한 이슈가 있을 때나 잠깐 관심을 보일 뿐이다.

미국 투자자들만 그러한 것이 아니다. 영국인들은 (세계 시가총액의 8.3%에 불과한) 영국에만 투자한다. 일본인들은 '단연' (7.8%에 불과한) 일본에만 투자한다. 독일인들은 (3.5%에 불과한) 독일에만 투자한다. 부탄인은 부탄에만 투자한다. 무슨 말인지 알 것이다.

많은 투자자가 해외 시장이 해외에 있다며 두려워한다. 개인만 그러한 것이 아니다. 상당수의 전문가가 해외 주식을 별도의 자산 종류로 다룬다. 주식, 채권, 현금, '해외'로 구분한다. 해외 주식을 권하는 전문가 대부분이 '조금만 배정하라'고 조언한다(아마 자산의 10%에서 최고 20%일 것이다). 그러나 세계 주식의 57%는 미국 밖에 있다.

많은 투자자(당신은 아니기를)의 생각과 다르게 해외 경제와 자본시장은 그렇게 생소한 것이 아니다. 세계는 오늘날 더 긴밀히 연결된 것이 아니다. 언제나 연결되어 있었고, 불규칙하게 더 연결되어왔다. 사람들이 그저 잊어버리거나 보는 법을 모를 뿐이다. 만약 당신이 이 추세에 대해 불편해한다면 상황이 계속 불리해질 것이다. 세계는 앞으로 지금보다 더 연결될 것이기 때문이다.

우리는 우리가 아는 것보다 훨씬 더 오래 전, 150여 년 전부터 연결되어왔다. 이것은 우리의 기억이 150여 년 동안 제대로 작동하지 않았다는 이야기이기도 하다.

의미론으로 비칠지 모르겠으나, 나는 투자에서 '해외'라는 단어를 좋아하지 않는다. 나는 '글로벌'을 더 선호한다. '해외'라는 단어는 '우리 대 그들'을 내포한다. 반면 '글로벌'은 더 전체적이고, 하향식이며, 유연한 접근이다. 글로벌은 '해외 투자 대 국내 투자' 사이의, 이 것과 저것 사이의 선택이 아니다.

당신은 가능한 방법을 모두 동원해 글로벌하게 생각해야 한다. 왜 그럴까?

- 글로벌의 힘은 대다수 사람들이 이해하는 것보다 더 오랫동안 영향을 미쳐왔다. 그 증거가 있다.
- 글로벌을 무시하면 투자 성과에 영향을 주는 중요한 요인을 무시할 위험이 있다. 이 위험은 '설령' 당신이 한 나라에만 투자하더라도 상존한다.

- 글로벌 투자로 위험 관리와 수익률 개선의 기회를 늘릴 수 있다. 역사가 이를 가르쳐준다.

거스를 수 없는 글로벌 트렌드

나는 역사를 많이 공부한다. 독자가 이 책 전반에서, 특히 앞 장의 끝부분으로 넘어가면서 이것을 인정해주기를 바란다. 매우 훌륭한 역사가들조차 글로벌화가 제2차 세계대전 이후에 시작되었다고 생각하는 것이 놀라울 뿐이다. 이러한 견해는 역사적으로 보면 우스꽝스럽다. 부분적으로는 제1차 세계대전 이후의 '글로벌' 트렌드인 극단적 보호주의만 보아도 알 수 있다. 보호주의 추세는 내가 보기에 스무트-홀리법이라는 재앙으로 절정에 달했다(이 법에 대해서는 잠시 후에 더 논의한다). 비록 개개 국가가 이론적인(실제로 존재한 적도 있다) 장벽을 쌓아 글로벌화를 정지시키려 시도했지만, 거시적인 글로벌의 힘이 국경을 넘는 것을 막지는 못했다. 세계는 제1차 세계대전 한참 전에 고도로 글로벌해졌다. 대다수가 놓치는 포인트다. 언제나 탁월한 조지메이슨 대학의 도널드 부드로 교수는 예외다. 그가 2008년에 펴낸 《Globalization글로벌리제이션》은 오늘날 글로벌 경제가 어떻게 작동하는지에 관심이 있는 사람이라면 누구나에게 필요한, 빠르고 쉽게 읽히는 책이다.

그림 8-1은 《90개 차트로 주식시장을 이기다》에서 인용한 것이다. 이 그림은 원래 웨슬리 C. 미첼의 것이다. 미첼은 1920년에 NBER을

설립했다. NBER은 경기 침체와 확장을 판별하고 다양한 경제 통계를 다룬다(이 책에 많이 인용되었다). 그는 NBER을 25년 동안 이끌었고 전미통계학회도 설립했다. 그는 또한 로저 뱁슨과 함께 최초로 경제 통계를 표준화했다고 인정받았다. 이전 시기에는 손가락으로 바람을 느낀 뒤 짐작하는 식의 경제 분석이 많았다(요즘도 많이들 그렇게 할 것이다. 특히 정식으로 훈련받지 않은 사람들은 대부분 그러할 것이다).

그림은 1790년까지 거슬러 올라가 주요 선진국의 경기 순환 양상을 보여준다. 처음에는 미국과 영국만 등장하는데, 해당 시기에는 두 나라만이 신뢰할 만한 통계를 작성했기 때문이다. 1840년에는 프랑스가, 1853년에는 독일이 들어온다. 눈길을 아래로 내려보자. 침체와 불황을 나타내는 짙은 색 부분이 대부분 비슷한 시기에 겹친다. 경기 확장을 표시하는 밝은 색과 회색 부분도 마찬가지다. 주기가 완전히 겹치지는 않는데, 어떤 나라들은 먼저 새로운 순환 국면에 들어가고 다른 나라들은 확장을 더 누리거나 침체에 더 오래 머문다. 이러한 패턴은 지금도 진행된다. 세계의 다른 나라들이 성장하면 그 성장세가 개별 국가들을 이끈다. 반대로 몇몇 국가가 감기에 걸리면 다른 나라들은 적어도 코를 훌쩍인다. 지금도 대체로 비슷하다. 정도가 더 하다는 점은 인정한다(이 그림은 1927년에 인쇄되었다. 현대의 우리도 여전히 체감하지 못하는 글로벌화인데, 당시 사람들에게는 어떻게 보였을지 상상해 보라).

그림 8-1에는 몇 가지 추가 포인트가 있다. 첫째, 주요 국가는 이 추세를 거스르지 못한다. 당신이 무인도에 살면서 문을 걸어 잠그지 않는 한 글로벌 트렌드를 거스를 수 없다. 쿠바도 불가능하다. 중국

그림 8-1 여러 나라의 경기 순환 동조화 현상(1790~1925년)

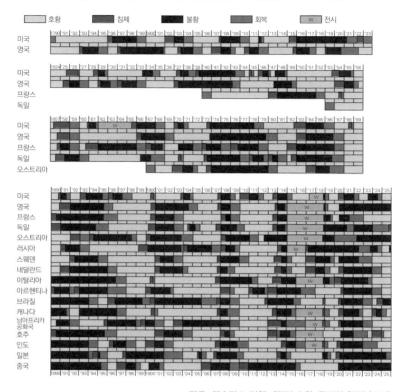

자료: 웨슬리 C. 미첼, 《경기 순환, 문제와 환경》(1927)

은 이 교훈을 마오쩌둥의 '대약진'을 거친 뒤 배웠다(대약진은 위대하지도 않았고 약진도 아니었다). 마오쩌둥은 집단주의와 자급자족을 지시했다. 철강이 필요했을 때 그는 싸고 좋은 철강을 수입하는 대신 인민들에게 뒤뜰에 용광로를 만들어 고철을 녹이라고 했다. 결과는? 수천만 명이 기아로 숨졌다. 서로 엮이지 않은 세계에서 살기를 원하지 말라. 미국에서는 그렇게 살지 못한다.

둘째, 많은 정치인들이 성장은 자기네 공으로 돌리고 경기 하강은 반대편 탓으로 돌린다. 노력이 가상하다. 그림을 보라. 글로벌하게 침체하는 중이면 개별 국가는 이 추세를 멈추지 못한다. 주요 국가의 정치인이 할 수 있는 일이라고는 국내 상황을 세계 다른 국가들보다 조금 더 낫게 만드는 것뿐이다. 어찌 되었든 그 나라 경기는 여전히 세계와 동조해 순환할 것이다. 침체는 글로벌하다. 확장도 그렇다.

한 나라가 침체에 빠져든다고 해서 우리가 자동적으로 방어에 나서야 하는 것은 아니다. 세계는 한 방향으로 가는 경향이 있지만, 완벽하게 딱 맞물려 가지는 않고 그 속도도 동일하지 않다. 한 나라가 침체에 빠져 안으로 붕괴하는 동안 다른 세계는 즐겁게 행진할 수도 있다. 특히 그 한 나라의 규모가 작을 때 이러한 양상이 나타난다. 모든 경기 순환에서 각 나라들은 다른 속도로 움직인다. 확장기에도 부진한 나라가 있을 수 있고, 수축기에도 상대적으로 선방하는 나라가 있을 수 있다. 그러나 세계가 뚜렷하게 한 방향으로 갈 경우에는 큰 글로벌 동인이 모든 국가에 어느 정도 영향을 주고 있다고 보아야 한다. 세계가 위나 아래로 움직일 경우, 정도의 차이는 있겠지만, 주요 선진국은 대부분 그 방향으로 향할 것이다.

여러 세기 동안 글로벌해온 자본시장

경제는 강하게 연결되어 있고, 자본시장도 마찬가지다. 자본시장은 우리가 제대로 측정할 수 있게 된 시기 이전부터 세계적으로 연결되어 움직였다. 그림 8-2는 미국과 미국을 제외한 선진국의 40여 년간 주식시장 수익률을 보여준다. 수익률 크기는 다르지만 방향이 다

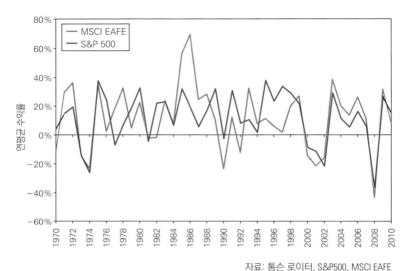

그림 8-2 S&P500 지수와 MSCI EAFE 지수 연평균 수익률의 상관관계

른 경우는 드물다. 수익률 차이 역시 잠깐 벌어지다가도 빠르게 좁혀진다.

사람들은 종종 해외 주식이 더 위험하다고 생각한다. 그러나 만약 그것이 사실이라면 미국과 다른 나라의 주식이 그렇게 비슷하게 움직이지 않았을 것이다. 미국 주식이 오를 때 해외 주식은 떨어지거나 횡보했을 것이다. 적어도 그래프에서 볼 수 있는 것처럼 동조하며 등락하지는 않았을 것이다.

6장과 연결된 흥미로운 포인트가 더 있다. 미국 주식시장의 수익률은 연 10.0%고, 양질의 데이터가 작성된 시점 이후 미국 이외 지역의 주식시장 수익률은 연 9.4%다. 꽤 비슷한 수준이다.[4] 왜 그럴까?

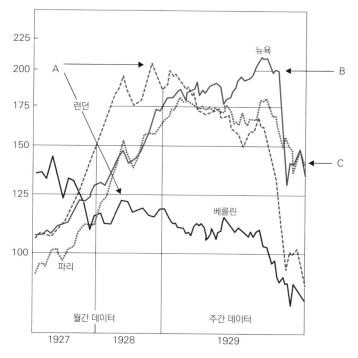

그림 8-3 파리, 런던, 베를린, 뉴욕 주식시장(1927~1929년)

자료: 어빙 피셔,《주식시장 붕괴와 그 이후》

금융 이론에 따르면, 잘 구성된 범주는 중간 경로가 다르더라도 시간이 흐르면서 비슷한 수익률로 수렴한다. 이 사례도 이 이론에 따른 것이다.

그림 8-2는 40년이 넘는 주식 역사를 보여준다. 상당히 긴 기간이다. 그림 8-3은 더 엄청난 사례를 보여준다. 런던, 뉴욕, 베를린, 파리의 주식시장이 함께 상승했다가 1929년 이후 함께 붕괴한다.

이 그래프도 1987년에 낸 책《90개 차트로 주식시장을 이기다》에서 가져왔다. 이 그림에 담긴 역사는 국내 투자만 할지라도 생각은 글로벌하게 할 필요가 있다는 것을 웅변한다. 1929년 주식시장 붕괴와 대공황을 다룬 책은 대개 미국 주식과 미국 경제에 초점을 맞추고 있다. 마치 우리가 당시 섬에 있었고 나쁜 일은 이 미국이라는 섬에서만 일어났던 것처럼 말이다. 완전한 허구다. 증시 붕괴와 대공황은 전적으로 글로벌한 현상이었다. 주식시장은 글로벌하게 곤두박질쳤고, 처음에는 미국 밖에서 시작되었다. 미국에서는 전혀 가르치지 않는 역사다.

그림 8-3을 보라. 1928년 런던과 베를린이 먼저 정점을 찍었다는 사실에 주목하자! 1929년에 들어서, 미국이 계속 오르는 동안 파리는 변덕스럽게 횡보했다. 다른 나라 시장이 경고하고 있었지만 편협한 미국인들은 알아채려고 들지 않았다. 글로벌하게 생각하고, 해외에서 발생한 일이 미국에 영향을 줄 수 있다는 것을 염두에 두어야 한다. 설령 해외에 아무것도 투자하지 않았을지라도 말이다.

이 그림은 원래 경제학자 어빙 피셔(1867~1947)의 책에 실린 것이다. 많은 사람들이(확인도 하지 않은 채) 우리가 친척일 것이라고 생각한다. 그렇지 않다. 그는 1920년대 가장 유명했고 또 존경받았던 미국 경제학자다. 그는 순수한 자유시장을 신봉한 이른바 신자유주의 경제학의 선구자였다. 그의 일파는 이후 수십 년이 지나면서 케인스학파로 대체되었다.

그는 20세기 경제학의 중요한 초석 중 하나인 화폐 '수량설'을 공식화했다는 평가를 받는다. '인플레이션 벌레'와 경제학자들은 'MV=PQ' 공식을 알 것이다. M은 화폐 공급, V는 화폐의 유통 속도,

P는 가격, Q는 거래 횟수다. V는 경제에서 돈이 얼마나 빨리 움직이는지, 달리 말하면 1년에 얼마나 많이 회전하는지를 표시한다. P는 인플레이션이라고 생각해도 된다. 이 공식에 실제 수치를 넣으려 하지 말라. 이 이론은 순수한 이론일 뿐이다. 그러나 밀턴 프리드먼이 "인플레이션은 언제 어디서나 화폐적인 현상이다"라는 말을 하게 한 이론이기도 하다. 이 말의 의미는 인플레이션이 '화폐 공급이 너무 많거나, 화폐 유통 속도가 너무 빠르거나, 또는 이 둘의 조합'에 의해 발생한다는 것이다.

사람들은 인플레이션이 여러 기묘한 요인에 의해 발생한다고 말하며 유가, 무역 적자, 재정 적자 등을 거론한다. 이들 중 어느 것도 화폐 공급이나 유통 속도와 직접 연결되지 않는다. 요약하면 인플레이션은 너무 많은 돈이 시끄럽게 돌아다니지만 경제 활동으로 흡수되지 않을 때 발생한다. 대다수 통화주의자들은 상품보다 화폐를 더 많이 만들어내면 '속도'가 결국 정상으로 느려지면서 인플레이션이 발생한다고 말한다(속도에 대해, 여러 상황에서 속도에 대해, 그리고 무역의 영향에 대해 많은 논쟁이 있다. 그러나 여기서 그쪽으로 갈 필요는 없다. 우리의 주제에서 중요하지 않은 논쟁이기 때문이다).

그러나 어빙 피셔의 책《The Stock Market Crash and After 주식시장 붕괴와 그 이후》는 후일 사상 최악으로 평가받게 될 시장 예측을 포함하고 있었다. 1930년에 출간된 이 책에서 피셔는 주가가 곧 오를 것이라는 견해를 내놓았다. 어이쿠! 대중은 짜증 냈고, 심하게 조롱했다. 내가 경제학과 대학생이었을 때는 이미 40년이 지난 뒤였는데도, 많은 사람들이 온갖 방법으로 그의 명성을 깎아내렸다. 그의 초기 기여에 대해 마지못해 제한적인 존경을 보내기는 했지만 말이다.

사실 그는 훌륭한 예측가가 결코 아니었다. 강단 경제학자들 중에 그러한 경우는 드물다. 그는 또 약간 이상했다. 결핵을 앓았던 그는 염소수염을 기른 건강 괴짜가 되었다. 적극적인 채식주의자로서(이 것은 이상한 부분이 아니다) 그는 건강·다이어트·운동 분야의 베스트셀 러 작가가 되었다. 《How to Live: Rules for Healthful Living Based on Modern Science어떻게 살 것인가: 현대 과학에 기초를 둔 건강한 삶의 규칙》라는 책이 었다.

모두 1929년 전 이야기다. 그런데 그는 정신병이 치아 뿌리의 전 염성 물질로 인해 생긴다는 엉터리 이론인 포컬 세프시스focal sepsis 같은, 온갖 이상한 것을 믿었다. 또 그는 우생학도 믿었다. 그가 1930 년대에 그토록 조롱당한 것은 1929년 주식시장 붕괴가 아닌 다른 행 태 때문이었다. 히틀러가 부상하면서 우생학 신봉자들은 미국과 대 부분 세계에서 배척되었다.

그는 포컬 세프시스에 대한 환상으로 딸이 엉터리 수술을 받게 했 다. 딸이 조현병으로 진단받자 그는 포컬 세프시스 의사를 시켜 딸을 수술하게 했고 결국 딸은 숨지고 말았다. 현대 의학에 감사를. 오늘날 에는 그러한 수술을 할 수 없다. 1930년대 그의 인기에 도움이 되지 않은 마지막 요소는 그가 열렬한 주류 판매 금지론자였다는 것이다.

비록 그는 기묘한 측면이 많았지만, 대공황 이전 주식시장에 대해 탁월한 견해를 제시했다. 해외 시장의 주가 폭락과 그로 인한 매도가 뉴욕증권거래소의 주가를 압박했다는 것이다. 아마도 그랬을 것이 다! 당시 해외 시장을 주시해온 사람이라면 그 충격이 다가오고 있는 것을 보았을 것이다. 그림 8-3을 다시 보라. A 시점은 런던과 베를린 주식의 정점을 보여준다. 뉴욕과 파리는 비슷한 시기에 B에서 최고치를 기록한 뒤 C로 무너져 내렸다.

당시 주식시장 붕괴는 전적으로 글로벌했고, 이어서 닥친 대공황도 그랬다. 이는 대다수 경제학자와 역사학자들이 거의 언급하지 않는 포인트다(알기나 하려나). 지역에 따라 조금씩 달랐지만 동일한 동인이 글로벌하게 존재했다.

원인과 결과의 주객전도

재앙이었던 스무트-홀리 관세법이 대공황의 주요 동인 중 하나라는 분석이 널리 받아들여지고 있다. 이 법은 수백 개 수입 상품에 새로운 관세를 부과하고 기존 관세를 올렸다. 많은 사람이 1929년의 증시 붕괴가 대공황을 '일으켰다고' 믿지만, 아니다. 그들은 잊어버렸다. 당시 주식시장은 지금과 다르지 않았다. 당시 주식시장은 경제보다 앞서 움직였고 다가오는 상당히 재앙적인 일련의 정책을 가격에 반영하고 있었다. 스무트-홀리법은 1930년에야 통과되었다. 그러나 대통령 후보였던 후버는 선거 캠페인에서 미국 농부를 '보호하기' 위해 농산물에 대한 관세를 인상하겠다고 약속했다. 의회는 이법이 통과되기 한참 전부터 논쟁을 벌이고 있었다. 하원은 자체 법안을 1929년 5월 중순에 통과시켰다! 세계 주식시장은 이 법이 다가오는 것을 지켜보았다.

멍청한 보호주의 정책은 더 멍청한 보호주의 정책을 낳는다. 언제나 그렇다. 스무트-홀리법은 보복적인 관세 대응을 전 세계에 퍼뜨렸다. 사람들이 빨리 잊는다면, 정치인들은 정말 빨리 잊는다. 무엇인가가 더 비싸지면 무슨 일이 생길까? 사람들은 그것을 덜 소비한다! 정치인들은 어리석은 임의적 관세로 무역을 더 어렵게 만들었고, 세계 무역량이 줄었다. 세계 무역 규모는 1929~1934년에 3분의 2나 줄었다.[5] 이에 따라 세계 성장률이 강하게 타격을 받았다. 간단히 말해, 미국 무역 장벽 전쟁에는 적어도 양자가 있었다. 미국이 관세를 올리면 그들도 올렸다. 그들이 올리면 미국도 올렸다.

게다가 연준은 희한하게도 1928~1933년에 통화 공급의 3분의 1을 흡수했다. 오늘날 대다수 사람들은 경제 활동 둔화를 막고 디플레이션과 침체의 충격을 물리치는 방법 중 하나가 통화 공급을 '늘리는 것'이라는 사실을 이해한다. 피셔의 등식을 생각해보라. 만약 경제가 둔해지면서 V가 느려진다면 통화 공급인 M을 증가시켜 등호 양쪽의 균형을 다소 맞출 수 있다(그렇게 디플레이션으로 이르는 죽음의 소용돌이를 막을 수 있다). 이것은 완벽한 과학과 거리가 한참 멀다. 그러나 지금은 그 어느 통화 당국도 속도가 느려지는 상황에서 돈을 흡수하는 조치를 취하지는 않는다. 재앙 같은 통화 정책이 명청한 정치인의 보호주의와 결합하자, 정상적인 침체로 충분했을 경기가 대공황으로 악화되었다. 세계 증시는 이것이 다가오는 모습을 보았다(통화 정책이 어떻게 대공황에 영향을 미쳤는지, 현대 경제 정책이 미국에 어떤 영향을 주었는지에 관심이 있다면 밀턴 프리드먼의《A Monetary History of the United States, 1867~1960 미국의 통화 역사, 1867~1960》를 읽어야 한다).

제2차 세계대전과 관련한 생산이 대공황을 끝냈다고 믿는 사람이 많다. 그렇다면 전쟁이 끝난 다음 미국과 세계 경제가 다시 대공황으로 빠져들지 않은 이유는 무엇인가? 세계가 장기적인 경제 활력을 회복하도록 도운 가장 주요한 요인은 스무트-홀리법이 난센스라는 사실에 세계가 조용히 동의한 것이었다. 세계는 1944년 브레튼 우즈 협약을 시작으로 관세를 낮추어왔다. 그 결과 평균 관세율이 낮아졌다. 이후에도 지역적으로는 어리석은 조치가 취해졌지만, 대체로 세계 무역은 꾸준히 자유로웠다. 아울러 오래전부터 진행되어온 세계화가 거침없이 지속되었다. 흥미롭게도 스무트-홀리법은 기술적으로는 여전히 미국의 법률 리스트에 올라 있다.

진짜 위험은 해외 투자를 하지 않는 것이다

많은 사람들이 세계에 대해 잘못 생각하고 있으며 세계가 얼마나 오랫동안 글로벌했는지 알지 못한다(또는 잊는다). 그래서 어떻다고? 그러다가는 심각한 투자 실책에 빠질 수 있다. 위험을 관리하고 성과를 키울 기회를 잃을 수 있다. 해외 투자는 위험하다고 생각하는 사람들이 많지만, 진짜 위험은 해외 투자를 하지 않는 것일 수도 있다. 어떤 이유에서든 미국의 미래가 그리 밝지 않을 경우 특히 그렇다. 한 나라에만 투자하면서 글로벌을 간과하는 것 역시 당신의 국가에 크게 영향을 주는 요인을 무시하는 것이다. 당신의 국가가 미국이든, 영국이든, 독일이든, 일본이든, 부탄이든 말이다.

글로벌 동인이 집어삼킬 수 있다

당신이 미국에만 투자하기로 결정했다고 가정하자. 당신은 미국인이다. 당신은 여기에 살고 여기에서 일한다. 당신은 여기에서 '지낸다'. 그렇다면 미국이 제일 중요한 것 아닌가. 꼭 그렇지는 않다. 거시 동인 대부분이 전적으로 글로벌하다. 해외에서 일어나는 일은 여기에서 중요할 수 있고, 그 반대도 성립한다. 세계의 다른 나라들이 빠르게 성장하는데 미국만 반대 방향으로 가는 경우는 없다. 국내에 안 좋은 일이 있더라도, 예를 들어 멍청한 정치인들, 수많은 사회 문제, 부실한 교육, 파괴된 가정 같은 문제가 산적하더라도 미국만 성장하지 않을 수는 없다. 마찬가지로 세계의 다른 나라들이 침체를 향해 갈 경우 미국은 적절한 조치를 모두 취하더라도 그 침체를 피하지 못할 것이다. 최선을 다한다면 충격을 조금 덜 받겠지만 말이다.

개별 국가에 한정된 동인이 있다. 세율, 규제, 통화 정책(어느 정도) 등이다. 아주 종종 이들 동인이 새어 나가 다른 나라에도 영향을 미치기도 한다. 예를 들어 규제나 세제 변화가 다국적 기업의 사업 장소와 방식을 바꿀 수 있다. 또는 미국 대통령 임기의 변동이 세계 전역에 영향을 끼칠 수도 있다. 그러나 국내에 한정된 동인은 세계적으로 덜 중요하다. 만약 어느 국가에 특정된 동인이 부정적이라면(그리고 당신이 글로벌 투자자라면) 당신은 그 나라의 투자 비중을 줄일 수 있다. 그러나 언제나 개별 국가보다 세계를 먼저 생각해야 한다. '설령 당신이 한 나라에만 투자하더라도' 세계에서 일어나는 일은 특정 지역의 주식시장에 영향을 줄 수 있으며 실제로 영향을 주고 있다.

지역에 대한 과도한 강조

세계 문제에 비해 국내 문제에 얼마나 더 가중치를 두고 있는지 잘 살펴보아야 한다. 좋은 사례가 있다. 세율 조정이다. 정치인은 세금을 놓고 논쟁하기를 좋아한다. 자기네 방안이 얼마나 훌륭한지를 웅변한다. 그러면서 상대편 정치인들은 일자리를 파괴하고, 빈자와 아이들과 '당신을' 싫어하는 무시무시한 사람들이라고 비판한다.

조세 정책 논쟁을 접할 때마다 사람들은 기존의 결론을 놓고 불평한다. 투자자들이 압도적으로 믿는 것이 있다. 높은 세율은 주식시장에 타격을 주고 낮은 세율은 마술과도 같은 만병통치약이라는 것이다. 그렇지 않다. 세율과 시장의 역사는 뒤섞인 모습으로 나타난다. 영향력 차원에서 글로벌이 먼저이기 때문이다. 지역의 변수는 그다음이다. 설령 멍청한 일을 하더라도, 반대로 똑똑한 일을 하더라도 미국은 글로벌 트렌드를 거스르지 못한다.

그림 8-4, 8-5, 8-6, 8-7은 주요 자본소득세율 조정의 역사를 보여준다. 그림 8-4를 보면 1981년에 자본소득세율이 28%에서 20%로 인하되었다. 주가가 두드러지게 올랐으리라고 생각할 것이다. 그렇지 않다. 법이 발효된 이후 12개월 동안 주가는 오히려 22% 하락했다. 그림 8-5는 1987년에 자본소득세율이 28%로 되돌려진 상황을 보여준다. S&P500 지수는 1987년 붕괴 전까지 치솟았다. 세율 조정과 전혀 상관없이 움직였다.

그림 8-6을 보면 1997년에 자본소득세율이 28%에서 20%로 다시 인하되었고 주식시장은 강세장을 이어갔다. 그림 8-7을 보면 2003년에는 자본소득세율이 15%로 더 인하되었다. 그러나 주가는 잠깐 가

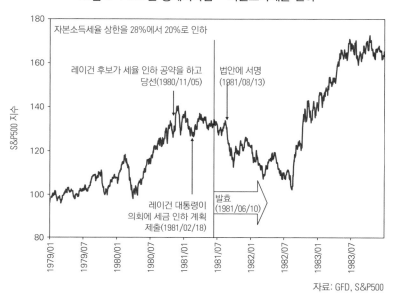

그림 8-4 1981년 경제회복법 − 자본소득세율 인하

자본소득세율 상한을 28%에서 20%로 인하

레이건 후보가 세율 인하 공약을 하고
당선(1980/11/05)

법안에 서명
(1981/08/13)

레이건 대통령이
의회에 세금 인하 계획
제출(1981/02/18)

발효
(1981/06/10)

자료: GFD, S&P500

그림 8-5 1986년 경제개혁법 − 자본소득세율 인상

자본소득세율 20%에서 28%로 인상

법안에 서명
(1986/10/22)

상원 금융위원회가 자본소득세율
인상안 제안(1986/05/07)

레이건 대통령이 자본소득세율
인하 계획 소개(1985/05/28)

발효
(1987/01/01)

자료: GFD, S&P500

그림 8-6 1997년 조세경감법 – 자본소득세율 인하

자료: GFD, S&P500

그림 8-7 2003년 일자리와 성장을 위한 조세경감법 – 자본소득세율 인하

자료: GFD, S&P500

파르게 떨어지다 이후 5년 동안 강세장이 이어졌다. 세율 조정과 거의 관계가 없는 움직임이었다.

주가는 세율 인하 후에 크게 떨어졌고 세율 인상 후에는 엄청나게 올랐다. 다른 두 건의 세율 인하 이후에는 이전 경로를 이어갔다. 이들 사례가 보여주는 것은 무엇인가. 비록 정치인들, 학자들, 이웃, 매형은 세율 조정이 시장과 크고 강한 상관관계가 있다고 강조하지만, 세율 조정은 대개 아주 제한적인 영향력을 행사하며 부가적인 변화만 준다. 그에 비해 세계적으로 벌어지는 일은 주식시장에 큰 변화를 준다. 미국 주식시장은 세계 주식시장과 동조해 같은 방향으로 움직였다. 미국 주식시장은 세계 주식시장과 매우 긴밀한 상관관계를 보였다. 이들 기간에 주간으로 살펴본 미국 주가와 미국 이외 지역의 주가는 상관계수 98% 이상으로 나타났다. 단순한 사실이다.

세율 인하가 실행될 때는 언제나 거창하지만 '경제에' 미치는 긍정적인 영향은 부가적이다(작은 예외는 있다. 예를 들어 부(負)의 소득세라고 불리는 보조금 조정을 생각할 수 있다. 또 세율 인하에 따라 경제학자들이 '비경제적인 대체 효과'라고 부르는 선택이 많아지는 경우도 있겠다. 그러나 이것은 이 책의 주제에서 벗어나는 것이기에 더 논의하지 않는다). 중요한 것은 다음과 같은 측면일지 모른다. 미국의 조세 정책이(영국이나 독일, 일본, 부탄의 조세 정책이라고 해도 된다) 국경 너머 다른 나라에 영향을 미치는 경우는 거의 없다. 공격적인 조세 정책은 기업들이 다른 곳으로 사업장을 옮기게 할 것이다. 그러나 한 나라의 손실은 다른 나라의 이득이고, 글로벌 차원에서는 실질적인 차이가 거의 없다.

조세 정책은 특정 산업 같은 좁은 범주의 영역에서 변화를 만들어

널 수 있다. 그리고 승자와 패자, 비효율도 만들 수 있다. 예를 들어 영국이 자국 은행에 가혹한 세금을 때리면 영국 이외 지역의 은행이 상대적으로 더 유리해진다. 그러나 세계 전체를 놓고 보았을 때 전체적인 은행 업무의 수요나 역할은 달라지지 않는다. 사소한 부분만 바뀐다. 더 넓은 시장에서는 더 거시적이고 글로벌한 동인이 한 나라의 조세 정책을 압도한다. 세율 변화는 상당히 주변적이기 때문에 특히 더 그렇다. 예를 들어, 법인세와 소득세를 대폭 줄여준다고 해도 채산성이 세계적으로 나빠지는 상황에서는 큰 도움이 안 된다. 화폐 유통 속도가 갑자기 떨어져서 디플레이션이 일어나거나 세계적인 경기 침체가 진행되는 경우에도 마찬가지다. 반대 상황도 생각할 수 있다. 세금 인상 법안이 제출되었더라도 세계적으로 기업 채산성이 향상되고 경제가 활발하게 움직인다면 해당 국가는 그 추세를 따라갈 것이다.

따라서 언론 매체가 조세 정책이나 기타 지역 이슈를 내세우며 세상이 종말을 맞게 되었다고 한탄하더라도 사람들이 두려워하는 만큼의 영향은 없을 것이라고 생각하면 된다(반대의 경우도 마찬가지다).

위험은 관리하고 성과는 높이고

내가 이 책을 쓴 2011년에는 해외 투자가 더 인기를 끌었다. 신흥 시장 주가가 2009~2010년에 놀라운 오름세를 보이자 나타난 현상이다. 신흥 시장이 더 넓은 시장에 비해 뒤처지면(그러한 상황은 결국 발생한다. 리더십은 언제나 순환한다), 미국 이외의 지역에 처음 발을 들여놓았던 투자자들이 되돌아올 것이다. 그리고 그들은 '해외는 너무 위험하다'고 여길 것이다.

최악이다! 한 종목에 투자하는 것보다는 한 바구니에 여러 종목을 아무렇게나 담는 것이 더 안전하다. 그 한 종목이 1,000% 오를 수 있다! 가능하다. 그러나 하향 위험도 통째로 발생한다. 방대한 학계의 연구는 분산 투자의 장점을 입증했다. 오랜 기간에 걸친 실험적인 증거도 있다. 사람들은 분산 투자를 섹터에만 적용하는 것으로 이해하는 경향이 있다. 섹터에 분산 투자한 다음 단계는 글로벌 투자다. 해외 주식을 고를 때는 이미 한참 전에 달궈져 뜨거워진 것을 좇으면 안 된다. 그 주식이 언제나 뜨거우리라는 법은 없다. 정말 사야 하는 범주는(템플턴 경이 그랬던 것처럼) 아직 뜨거워지지 않은 것이다.

나는 《3개의 질문으로 주식시장을 이기다》와 《투자의 재구성》에서 글로벌 투자의 수많은 장점을 세세하게 설명했다. 내 동료 아론 앤더슨의 2009년 책 《Own the World 세계를 소유하라》도 글로벌 투자를 왜 해야 하며 어떻게 하면 되는지를 썩 잘 설명한다. 글로벌 투자가 처음이라면 이 세 권의 책을 추천한다. 이 책들을 읽었다면 이 장은 건너뛰어도 된다.

간단히 말해 더 넓게 투자할수록 주식 위험을 분산할 기회도 더 많아진다. 학자들과 전문가들이 모두 동의하는 것이다. 그리고 세계보다 더 광범위한 투자 대상은 없다. 은하계에 투자할 수는 없다. 따라서 세계로 나가기를 권한다. 그렇게 하면 위험 관리 단계를 하나 더 더하고 특정 국가의 위험을 분산할 수 있다. 미국의 미래가 과거만큼 좋지 않다고 걱정하는 많은 사람 중에 당신이 포함된다면 글로벌 투자가 논리적인 대안이다. 그러나 그 사람들은 해외에 투자하기를 제일 싫어한다. 미국 경제가 부진하면 다른 나라의 경제도 그렇게 될 수밖에 없다는 잘못된 생각을 가지고 있기 때문이다.

아마겟돈을 피하는 경우를 생각해보자. 재앙에 가까운 조세 정책이 국내에서 시행된다면 당신은 심하게 타격을 받지 않을 것이다. 미래의 어느 대통령이 영화배우 찰리 신을 연준 의장으로 발탁할 경우, 당신은 포트폴리오에서 미국의 비중을 줄이면 그만이다. 다른 나라가 찰리 신을 임명하면 당신은 그 나라의 비중을 줄이면 된다.

투자 범위를 세계로 확대한다고 해서 시스템 리스크까지 피할 수 있는 것은 아니다. 가끔 시장은 드라마처럼 하락한다. 그렇더라도 글로벌 투자는 훨씬 넓은 범위에서 위험을 분산하는 기회를 제공한다. 이것은 전적으로 위험 관리다.

실적 측면에서는 넓은 영역으로 갈수록 잠재적 성과를 높일 기회를 더 가지게 된다. 독일 제조업 수익률이 평균보다 웃돌 것 같으면 그 분야의 투자 비중을 확대하고, 브라질 은행이 좋아 보이면 마찬가지로 그쪽 비중을 확대하는 것이다. 모든 투자가 적중할 필요는 없다. 그것은 불가능하다. 확신이 없다면 적극적인 투자를 하지 않아도 된다. 벤치마크로 삼을 수 있는 글로벌 인덱스를 따라가는 수준이면 충분하다. 그렇게만 하더라도 시일이 흐르면 대다수 투자자보다 더 좋은 성과를 얻게 될 것이다. 이것은 2장에서 논의한 바 있다.

시간이 지나면서 틀릴 때보다 맞을 때가 더 많아지면 벤치마크를 버리고 자체적인 판단으로 투자를 할 수도 있다. 물론 어려운 일이다. 어찌 되었든 글로벌 투자는 단일 국가의 좁은 범주보다는 더 많은 기회를 준다. 미국처럼 큰 단일 국가에 대해서도 마찬가지다.

표 8-1 1990~2010년 주식 수익률 상위 5개국 　　(단위: %)

연도	1위		2위		3위		4위		5위		미국 수익률
2010	그리스	90.4	영국	10.3	홍콩	9.2	오스트리아	6.7	노르웨이	1.1	-2.1
2009	홍콩	49.5	오스트리아	35.6	미국	31.3	싱가포르	25.0	뉴질랜드	20.8	31.3
2008	홍콩	32.3	스위스	18.1	미국	7.4	싱가포르	6.3	네덜란드	3.4	7.4
2007	홍콩	116.7	핀란드	83.2	뉴질랜드	70.0	싱가포르	68.0	스위스	46.7	10.1
2006	핀란드	52.5	노르웨이	24.1	일본	21.6	스웨덴	18.8	아일랜드	14.5	2.0
2005	스위스	45.0	미국	38.2	스웨덴	34.1	스페인	31.2	네덜란드	28.9	38.2
2004	스페인	41.3	스웨덴	38.0	포르투갈	36.4	핀란드	34.7	홍콩	33.1	24.1
2003	포르투갈	47.4	스위스	44.8	이탈리아	36.4	그리스	36.2	덴마크	35.0	34.1
2002	핀란드	122.6	그리스	78.1	벨기에	68.7	이탈리아	53.2	스페인	50.6	30.7
2001	핀란드	153.3	싱가포르	99.4	스웨덴	80.6	일본	61.8	홍콩	59.5	22.4
2000	스위스	6.4	캐나다	5.6	덴마크	3.7	노르웨이	-0.4	이탈리아	-0.8	-12.5
1999	뉴질랜드	9.5	호주	2.7	아일랜드	-2.7	오스트리아	-5.0	벨기에	-10.2	-12.0
1998	뉴질랜드	26.1	오스트리아	17.3	호주	-0.3	이탈리아	-6.3	노르웨이	-6.7	-22.7
1997	그리스	69.5	스웨덴	66.1	독일	64.8	스페인	59.2	오스트리아	57.8	29.1
1996	오스트리아	72.3	노르웨이	54.5	그리스	46.1	벨기에	44.9	아일랜드	43.1	10.7
1995	캐나다	28.9	노르웨이	25.7	일본	25.6	덴마크	25.3	오스트리아	25.2	5.7
1994	스페인	50.2	포르투갈	48.4	아일랜드	47.6	싱가포르	46.7	노르웨이	46.3	15.3
1993	핀란드	50.1	홍콩	41.2	독일	35.9	그리스	32.9	노르웨이	32.4	6.0
1992	일본	-29.1	스위스	-29.9	미국	-37.1	스페인	-40.1	프랑스	-42.7	-37.1
1991	노르웨이	88.6	호주	76.8	싱가포르	74.0	스웨덴	65.9	홍콩	60.2	27.1
1990	스웨덴	34.8	덴마크	31.1	홍콩	23.2	싱가포르	22.2	캐나다	21.2	15.4

자료: 톰슨 로이터

나는 사람들에게 표 8-1을 자주 보여준다. 단일 국가에만 초점을 맞추는 사람들 상당수는 이 자료를 접하지 못하기 때문이다. 나라별 수익률 우위는 자주, 늘 바뀐다. 당신은 6장의 그림 6-1에서 동일한 내용을 이미 접했다.

표 8-1을 보면 톱 5는 거의 언제나 매년 크게 바뀌었다. 미국은 간

혹 들어갔다. 위험을 관리하고 성과를 향상시킬 수 있는 넓은 세계가 있고, 투자자는 선택만 하면 된다.

역사에만 의존해서는 안 된다

독자 여러분에게 작별을 고한다. 이 책이 조금이나마 재미있고, 교육적이며, 투자에 도움이 되기를 바란다.

독자 여러분은 '과거는 결코 미래를 예측하지 않는다'는 것을 이해하기 바란다. 이 책을 읽었으니 내 말을 이해할 것이다. 나는 오직 이 문구만 반복해서 적혀 있는 1만 쪽짜리 책을 인쇄해 집집마다 돌아다니며 사람들이 이 문구를 읽고 잊지 않도록 하는 데 100만 달러를 쓸 수도 있다. '그렇게 해도' 어떤 사람들은 이렇게 말할 것이다. "켄 피셔는 괴짜이며 시장의 역사만 알면 주가를 예측할 수 있다고 생각한다!"

그래서 다시 말한다. 과거는 미래를 예측하지 않는다. 과거에 어떠한 일이 특정한 방식으로 발생했다 해서 그것이 미래에 똑같이 일어나지는 않는다. 만약 역사에만 의존해 시장을 헤쳐나갈 경우(차트를 추가할 수 있겠다), 상당히 자주 길을 잃을 것이다.

시장의 역사는 실험실이다. 가설을 검증하는 곳이다. "X가 발생한 다음에 Y가 발생한다는 것은 우리 모두가 알고 있지"라고 전 세계가 말할지라도 믿으면 안 된다. 역사를 통해 X와 Y의 상관관계가 높은지를 점검해야 한다. 상관관계가 높지 않다면 지금 그렇게 될 가능성은 낮다. 그 낮은 확률을 깨뜨릴 무엇인가에 대한 다른 요인이 없다면 말이다. 가끔은 X가 Y로 이어진다. 그러나 내 오랜 경험에 비추어 보면 사람들이 예상하는 일은 드물게 발생하며, 발생하더라도 사람들이 흔히 믿는 것과 전혀 다른 이유를 가진다. 순전한 우연이거나.

만약 전 세계가 X를 보고 Y를 예상하는데 당신 혼자 역사 테스트를 통해 그렇지 않다는 것을 알게 된다면, 사람들과 반대로 투자해 돈을 벌 수 있다. 더 나아가 X 다음에 무엇이 '오는지'를 발견할 수 있고 무엇이 실제로 Y를 일으키는지를 찾아낼 수도 있다. 그렇게 하려면 먼저 역사를 실험실로 활용하는 방법을 배워야 한다. 합리적인 기대를 형성하는 데 역사를 활용하려면, 그 기대가 실현될 확률을 헤아리려면 현재의 경제적·정치적·감정적 동인에 대한 이해를 활용해야 한다.

아울러 기억하기 바란다. 단지 합리적으로 생각해 무엇인가가 일어날 것이라 예측해서도 안 된다. 자본시장은 믿기 어려울 정도로 복잡하다. 가끔 전혀 예상하지 못한 일이 발생한다. 또 가끔은 당신의 역사 해석이 틀린 것으로 드러날 수도 있다! 그러나 투자는 확실성이 아닌 확률의 게임이며, 당신은 어떻게든 합리적인 확률을 산정하는 작업을 해야만 한다.

기억해야 할 것이 하나 더 있다. 당신의 이해와 분석이 아무리 훌륭하다고 해도 가끔 '틀릴 수 있다'는 것이다. 자주 틀릴지도 모른다. 이 책에서 반복해서 강조한 것처럼 100%의 정확성은 가능하지 않으며 기대해서도 안 된다. 그러나 적절한 시장 역사를 정기적으로 공부한다면 세계를 더 정확하게 보고 실패 확률을 낮출 수 있게 될 것이다. 이것이 역사가 가르치는 바다.

　마지막으로 강조하고 싶은 것은 당신의 기억력이 엉망이라는 것이다. 그러나 당신만 그러한 것이 아니다. 모두의 기억력이 엉망이다. 나는 잊어서 문제가 된 사례를 반복해서 보여주었고 당신은 그것을 반복해서 읽었지만, 이 책을 덮고 나면 당신 역시 잊게 될지 모른다. 그러한 일이 생겨서는 안 된다. 시장에 대한 당신의 기억이 형편없다는 것을, 직접 겪은 역사일지라도 다시 공부해야 한다는 것을 잊어서는 안 된다. 돈과 시장은 절대 잊지 않지만, 사람들은 반드시 잊는다. 이번에도, 다음에도, 당신 삶의 언제라도 다르지 않을 것이다.

　행복한 투자를.

부록

캔자스 같은 곳은 없다

정치는 자본시장에 중요한 동인으로 작용하며, 캔자스주는 미국 정치에서 매우 중요하다. 캔자스가 공화당 대통령 후보를 두 명이나 배출했기 때문만은 아니다.

캔자스는 《오즈의 마법사》 주인공인 도로시의 고향으로 미국의 포퓰리즘을 전형적으로 보여준다. 오늘날 미국인 대부분은 '오즈의 마법사' 이야기를 동화라고 알고 있다. 원작 소설은 기본 금본위제와 은화 자유 주조 사이의 정치적 갈등이라는 무거운 주제를 상징적이고 포퓰리즘적으로 다루었다. 다음 내용은 내 책《3개의 질문으로 주식시장을 이기다》에서 발췌한 것이다.

오즈(Oz)의 마법사와 금의 단위 온스(Oz)

L. 프랭크 바움이 《오즈의 마법사》를 집필하기 시작했을 때(이 책은 1900년에 출간되었다. 1939년에 제작되어 불멸의 명성을 얻은 동명의 영화에는 주디 갈랜드, 레이 볼

저, 버트 라르가 출연했다), 그는 아이들을 위한 마법 이야기를 쓸 의향이 전혀 없었다. 그는 이 책이 1890년대의 정치와 경제를 풍자한 소설이자 우화로 읽히기를 바랐다.

감추어진 의미를 찾기 위해 영화를 분석할 필요는 없다. 영화는 가벼운 볼거리로 제작되었다. 대신 원작 소설을 읽어보기 바란다. 출간 당시에는 도로시의 은색 구두가 담고 있는 의미를 놓치는 사람이 거의 없었다. '오즈(Oz)'가 금의 단위인 '온스(Oz)'라는 것을 바로 떠올릴 수 있었기 때문이다.

1890년~20세기 초에 미국에서 격하게 벌어진 논쟁이 있었다. 한 진영은 기존의 금본위제를 지지했고 맞선 진영에서는 금은본위제나 은본위제로 전환할 것을 주장했다. 미국은 1879년에 금본위제로 돌아간 이후 파괴적인 디플레이션이 뒤따랐다. 전국적으로 물가와 임금이 하락했다. 국내와 국외에서 추진된 여러 정책이 실패하면서 경기가 악화되었고, 급기야 1893년에는 공황으로 고꾸라졌으며, 이어 세계 경기 침체가 닥쳤다.

당시의 경기 악화는 역사적으로 가장 심각한 등급은 아니었다. 그러나 충격이 작지는 않았다. 지금 우리는 그 경기 악화의 원인이 하나가 아니었으며 더 큰 세계 흐름의 일부였다는 것을 알고 있지만, 당시 미국에서는 금본위제가 도마에 올랐다.

은화 주조에 대한 규제를 풀어야 한다는 주장이 갑자기 인기를 끌었다. 윌리엄 제닝스 브라이언(당시 하원의원, 1860~1925)은 웅장한 음성으로 이 주장을 실현하기 위해 '은화 자유 주조' 운동에 나섰다. 이를 비판하는 사람들은 그것이 지독한 물가 상승을 유발할 것이라고 예상했다. 지지자들은 다소의 인플레이션은 감당할 수 있는 것이라고 보았다. 대중 매체는 이 운동을 '민중'과 동부 금융가들 사이의 투쟁이라는 프레임에 넣었다. 민중은 은본위제와 높아진 물가상승률로 이득을 볼 것이고, 정치인들을 마음대로 주무르던 동부 금융가들은 기존 상태를 유지해야 이득을 볼 것이라는 단순한 프레임이었다. '평범한 사람들' 대 '거물 사업가'라는 프레임은 지금도 통한다.

바움은 자신의 소설에서 그로버 클리블랜드(미국 22·24대 대통령, 1837~1908), 윌리엄 매킨리(미국 25대 대통령, 1843~1901) 등 금본위제 지지자들과 그들에 대해 반감을 가진 사람들의 대립 구도를 형상화했다. 그가 창조한 모든 등장인물들은 세기 전환기의 독자들에게 익숙했을 것이다.

가난하지만 씩씩한 도로시는 어디서나 만날 수 있는 평범한 캐릭터(척박한 캔자스에 사는 농부의 딸)다. 용감하고, 순수하고, 마음이 따뜻하고, 젊고, 에너지 넘치고, 희망에 차 있는 도로시는 '순수 미국인'이다. 오즈라는 나라는 미국 전체를 상징하지만 특히 미국 동부, 구체적으로는 맨해튼을 의미한다. 금본위제를 고집하는 나라인 것이다. 소설에 나오는 노란 벽돌 길 역시 금을 의미한다.

동쪽 마녀는 금본위제를 지지한 그로버 클리블랜드를 표현한 캐릭터다. 클리블랜드는 포퓰리즘 진영의 시각에서는 딱 악당이었다. 왜냐하면 그는 1892년에 대통령으로 선출되었고 미국은 1893년에 공황에 빠져들었기 때문이다(당시 그는 또다시 대통령이 된 상태였다. 이전 임기는 1885~1889년이었다. 그는 1888년 대선에서 벤저민 해리슨에게 패배했다). 그가 악당인 이유는 또 있었다. 포퓰리즘 진영의 시각에서 민주당원은 금본위제를 지지한 공화당원과 대립해야 했는데, 그는 민주당 대통령이었는데도 포퓰리즘을 저버리고 금본위제를 지지했다. 클리블랜드가 정치적으로 넘어진 것처럼, 동쪽 마녀는 회오리(은본위제 운동)로 날아간 도로시의 집에 깔려버렸다. 남은 것은 소중한 은 구두뿐이었다. 오즈의 동쪽 근교에서 체제에 순응해 사는 난쟁이족인 먼치킨들은 은 구두의 힘을 이해하지 못했다. 동부 촌뜨기들인 먼치킨들은 심지어 지도에서 캔자스를 찾지도 못했다.

그래서 그들은 도로시를 마법사에게 보냈다.

도로시의 첫 동행자는 허수아비였다. 허수아비는 얕잡아 보였던 서부 농부를 상징했다. 이 서부 농부는 행복하게도 은본위제 논쟁을 모르고 지냈다. 오즈의 사람들은 이 서부 농부가 은본위제를 이해하기에는 너무 단순했다고 생각했지만, 도로시와 은 구두가 그를 무지로부터 벗어나게 해주었다. 그다음에 합류한 동행자는 심장을 원하는 양철 나무꾼이었고, 평범한 노동자를 상징했다. 잔혹한 동부의 이해관계는 이 노동자를 기계화해 그의 기술을 앗아갔고 그와 함께 심장도 빼앗았다. 1890년대의 수많은 노동자들과 마찬가지로 한때 정열적이었던 이 노동자는 일자리를 잃어버렸다(녹이 슬어 도끼를 들어 올릴 수 없었다). 마지막으로 합류한 동행자는 용기가 필요한 사자였다. 사자가 상징한 인물은 바로 은화 자유 주조 운동을 주도했던 윌리엄 제닝스 브라이언이었다. 그는 1896년과 1900년에 민주당의 대통령 후보로 나섰다가 두 번 다 윌리엄 매킨리에게 패배했다.

브라이언은 사실 위엄 있는 외침을 가지고 있었다. 그러나 그는 결국 패자였고, 사자의 능력이나 용기가 없었다. 1890년대 말에 경제가 호전되자 그의 지지자들은 분열했다. 일부는 그가 더 시급한 정치적 사안에 집중해야 한다고 생각했다. 다른 지지자들은 그가 동부의 이익에 굴복하지 않고 계속해서 은본위제 투쟁을 이끌어야 한다고 생각했다. 그는 용기를 잃었다.

마법사가 사는 에메랄드 궁전은 물론 백악관이다. 그곳은 고분고분한 관리들로 채워져 있었다. 마법사는 우호적으로 보였지만 네 친구를 서쪽 마녀에게 보내버렸다. 서쪽 마녀는 그들의 대의에 우호적이지 않았다. 마법사는 마커스 알론조 한나(마크 한나, 1837~1904)였다. 한나는 매킨리 대통령을 '막후에서' 조종했다고 여겨진 인물이다. 오하이오 출신인 한나는 미국 역사상 궁극의 막후 정치 실세였다. 그는 1890년대 공화당 정치와 매킨리 대통령을 조종했다. 마법사가 실제 권력을 사용하지 않고 환상을 불러일으킨다는 설정은 정치가 환상에 지나지 않는다는 것에 대한 풍자다.

서쪽 마녀는 윌리엄 매킨리 대통령이다. 그도 오하이오 출신이다. 오하이오 출신이 어떻게 서쪽 마녀일까? 간단하다. 바움의 관점에서 보면 세상은 사악한 뉴욕 기반 은행업의 이익에 따라 통제되었고, 뉴욕의 허드슨강 서쪽은 모두 서부에 속했다. 당시에는 미네소타와 위스콘신을 흔히 '북서부'라고 불렀다. 노스웨스트항공 본사가 미네소타에 있는 이유다. 단어가 같이 진화한 것이다. 또 우리는 오늘날 오하이오를 '중서부'라고 부른다. 그러나 단어와 달리 미국에 '중서부'는 존재하지 않는다.

매킨리는 확고한 금본위주의자였고, 관세주의자였으며, 포퓰리즘 진영에게는 클리블랜드보다 더 악한 존재였다(매킨리는 푸에르토리코, 괌, 필리핀, 하와이를 미국으로 합병했다. 그는 정적들에게 다가서는 노력을 거의 하지 않았는데, 그들은 그를 탐욕스러운 제국주의자라고 여겼다). 이 마녀는 일련의 시도(앞서 언급한 합병과 스페인-미국 전쟁)를 통해 네 친구를 떼어놓아 그들이 단결하지 못하게 했다. 그리고 도로시가 은 구두의 힘을 알아차리기 전에 그 구두를 빼앗고 도로시를(아울러 은본위제를) 죽이려고 했다. 남쪽의 착한 마녀 글린다는 지팡이를 흔들어 네 친구의 문제를 해결해주었다. 남부가 포퓰리즘 운동을 북돋아주었던 것처럼 말이다. 도로시는 은 구두 없이 캔자스로 돌아왔다.

이 이야기에는 정치적이고 통화 우화적인 다른 비유가 더 들어 있다. 날아다니는 원숭이, 노예가 된 윈키들(Winkies, 오즈의 원주민), 양귀비 꽃밭(금으로 된) 등이다(이들은 MGM 영화에서는 나오지 않는다). 심지어 마법사가 우리의 영웅들에게 주는 선물도 그렇다(술을 입에도 대지 않는 사자에게 주는 소량의 '용기' 액체가 무엇인지 모르는 독자는 없었다. 브라이언은 주류 판매 금지론자로 유명했다).

휴 로코프가 1990년에 쓴 놀라운 논문이 있다. '통화 우화로서 오즈의 마법사'(《정치경제저널》 98, 1990. 8. 739~760쪽)라는 논문이다. 로코프는 이 이야기의 세부 내용을 파고들어 캐릭터들과 이야기를 따라가면서 경제, 통화 제도, 정치와 관련된 배경을 드러낸다. 이 논문을 읽은 뒤 바움의 고전을 다시 읽어 보라. 눈이 뜨일 것이다. 작가의 의도와 다르게 읽히는 동화가 가끔 있다.

주석

1장.

1. Bill Gross, "On the 'Course' to a New Normal," Pimco Investment Outlook.

2. "Tech Turnaround Energizes Volunteers," Charlotte Observer.

3. "Welcome to the New Normal," Fast Company.

4. Time cover.

5. "Measuring the Economy by Realism, Not Pessimism," Calgary Herald.

6. "How Economies Grow," New York Times.

7. "Produce More or Use Less," Wall Street Journal.

8. Alison Fitzgerald, "Obama Fears 'New Normal' of High Profits Without Job Growth," Bloomberg, November 7, 2010.

9. Tom Raum, "Higher Jobless Rate Could Be New Normal," Press-Enterprise, August 8, 2011.

10. Joshua Zumbrun, "Strong Growth Could Come With High Unemployment," Forbes, July 15, 2009.

11. Stephen Gandel, "Is Inflation Causing Americans to Stop Spending?" Time, March 28, 2011.

12. "Analyst: 'This Is What We Call a Jobless Recovery,'" Dallas Business Journal.

13. "Jobless Claims Fall Slightly, Trade Gap Widens," Reuters.

14. David Leonhardt, "US Jobless Rate at 5.9% in June; A Slight Increase," New York Times.

15. Sue Kirchoff, "Economic Reports Suggest Recovery Faltering," Boston Globe.

16. "CFO Survey: Economic Recovery Accelerating," SmartPros.com.

17. Robert A. Rosenblatt and Stuart Silverstein, "State's December Jobless Rate Dips 0.4%; Analyst Says Picture Is Bleak," Los Angeles Times.

18. Associated Press, "Jobless Rate Holding Fast at 7 Percent," Times-News.

19. Julia Lawlor, "More Jobs, But Not Good Ones," USA Today.

20. Kathy Partin, "Cooper Says Program Cutbacks Hurt, But Economy Is the Real Problem," Daily News.

21. "Stock Market's Nose Dive Fuels Fears of 'Double-Dip' Recession," Washington Times.

22. Sue Kirchoff, "GDP Grew a Weak 1.1% in Quarter Anemic Showing Stirs Worries of Double-Dip Recession," Boston Globe.

23. Associated Press, "Markets Spooked by Possibility of Double-Dip," USA Today.

24. David Leonhardt, "Recession, Then a Boom? Maybe Not This Time."

25. Associated Press, "Double Dip Recession Is Feared," Tuscaloosa News.

26. Anne Swardsen, "Fed Fears Double-Dip Recession," The Bulletin.

27. John D. McClain, "Retail Sales Bounce Back," The Telegraph.

28. Associated Press, "National Economy Stalled on Brink of Double-Dip Recession," Lodi News-Sentinel.

29. Associated Press, "Economists Backing Off on Recession Predictions," Youngstown Vindicator.

30. Louis Rukeyser, "Whatever Happened to the Double-Dip Recession?" Milwaukee Journal.

31. FI PCG(The Fisher Investments Private Client Group) GTR(Global Total Return) 전략의 운용 개시일은 1995년 1월 1일이고 벤치마크는 MSCI 월드다. 1995/01/01~2010/12/31 투자 총수익률(운용보수, 각종 수수료 차감, 배당과 기타 이익 재투자 반영)은 S&P500은 물론 MSCI 세계 지수도 능가했다. 과거 실적이 미래 실적을 보장하지는 않으며, 주식 투자에는 손실 위험이 따른다.

2장.

1. Alexandra Twin, "Recharging the Rally," CNN Money.

2. Adam Shell, "Many Wonder If This Stock Market Rally Is Sustainable," USA Today.

3. David Craig and Beth Belton, "As Economy Slows, Dow Jumps 245 in Four Days," USA Today.

4. "Wall Street Runs Hot, Cold and Down," Chicago Tribune.

5. Paul Jarvis, "Investors Ponder 'Peaking Pattern,'" Bangor Daily News.

6. Jack Lefler, "Paramount Market Question: Upswing Real Thing, Is It a Buying Point?" Daytona Beach Morning Journal.

7. Sterling F. Green, "Apprehension Over Business Outlook Gone," Gettysburg Times.

8. Robert E. Bedingfield, "The Stock Market: How It Works," New York Times.

9. "Stocks Post Rise Despite Late Selling," Chicago Daily Tribune.

10. "Volume Is Second Heaviest in History of NY Exchange," Pittsburgh Post-Gazette.

11. Associated Press, "Market Posts Moderate Gains," Sumter Daily Item.

12. Associated Press, "Stock Market," Argus-Press.

13. "Market Dips With New Year Profit Sales," Union Democrat.

14. "A Closing High: Dow Rises 21.96 to 3,397.99," New York Times.

15. Associated Press, "Stocks Withstand Bond Sell-Off," Milwaukee Sentinel.

16. Art Pine, "Greenspan Warns of Market's Surge," Los Angeles Times.

17. "Experts' Outlook," Dallas Morning News.

18. Jeff Sommer, "Is the Recent Rally Irrational Exuberance?" New York Times.

19. Patrice Hill, "Dow Rages Over 10,000; Economy Struggles," Washington Times.

3장.

1. Dave Carpenter, "Can Stocks Put Together a Fourth-Quarter Drive?" MSNBC.com.

2. Steven Pearlstein, "The Dust Hasn't Settled on Wall Street, But History's Already Repeating Itself," The Washington Post.

3. Matthew Philips, "Fast, Loose, and Out of Control," Newsweek.

4장.

1. David Rosenberg, "No Free Lunches in Debt-Fuelled Bear Rally," Financial Times. (2011/02/04)

2. Gregg S. Fisher (no relation), "Stocks Versus Bonds and the Absurdity of Static Benchmarking," Investment News. (2009/09/27)

3. Stephen Foley, "It Won't Take Much for Fears of a Lost American Decade to Become Reality," The Independent. (2010/07/31)

4. Simon Kennedy, "Pimco's El-Erian Says Industrial Economies Risk 'Lost Decade,'" Bloomberg Businessweek. (2010/10/11)

5장.

1. The Daily Southern Cross. (1868/09/15)

2. "Value - Added Tax for US," Los Angeles Times. (1988/02/18)

3. McArthur, "Bush Wants US to Borrow Its Way to Prosperity," Toronto Star. (1991/11/22)

4. Stephanie Anderson - Forest, Ann Therese Palmer, Douglas Robson and Laura Cohn, "Will Refis Help Refloat the Economy?" BusinessWeek. (2001/04/02)

5. Ian Verrende, "Japan's Catastrophic Economic Aftershock," The Age. (2011/03/15)

6장.

1. Jeremy Warner, "High Energy Prices Need Not Mean Doom," Sydney Morning Herald.
   (2011/01/21)
2. Ibbotson & Associates, NCREIF Property Total Return Index. (1977/12/31~2010/12/31)
3. Thomson Reuters, MSCI World Index 순수익. (1977/12/31~2010/12/31; Global Financial
   Data, Inc., S&P500 총수익 1977/12/31~2010/12/31)
4. Federal Housing Finance Agency's FHFA Home Price Index 모든 거래와 분기 데이터.
   (1977/12/31~2010/12/31)

7장.

1. "Stock Report: Today's Stock Market Resides in the State of Indecision," News Tribune.
   (1992/09/10)
2. "Parties Battle Over Best Wall Street Results," Asbury Park Press. (2009/08/16)
3. Nick Poulos, "Does Stock Market Action Predict Presidential Vote?" Chicago Tribune.
   (1971/12/12)
4. Richard Benewdetto, "In Poll, Dems Score Better on Key Issues," USA Today. (1996/10/31)
5. Danny King, "Would Higher Taxes for the Wealthy Help or Hurt the US Economy?" Daily
   Finance. (2010/09/21)
6. Daniel Kahneman and Amos Tversky, "Prospect Theory: An Analysis of
   Decision Under Risk," Econometrica. (1979/03)

8장.

1. Thomson Reuters, MSCI All Country World Index. (2011/06/30)
2. The Investment Company Institute. (2010/12/31)
3. Thomson Reuters.
4. Thomson Reuters, MSCI EAFE Index net return, S&P500 Index 총수익. (1969/12/31~
   2010/12/31)
5. US Department of State.

주식시장은 어떻게 반복되는가

초판 1쇄 | 2019년 6월 10일
　　12쇄 | 2024년 1월 10일

지은이 　| 켄 피셔, 라라 호프만스
옮긴이 　| 이건, 백우진

펴낸곳 　| 에프엔미디어
펴낸이 　| 김기호
편집 　| 김형렬, 양은희
디자인 　| 채홍디자인

신고 　| 2016년 1월 26일 제2018-000082호
주소 　| 서울시 용산구 한강대로 295, 503호
전화 　| 02-322-9792
팩스 　| 0303-3445-3030
이메일 　| fnmedia@fnmedia.co.kr
홈페이지 | http://www.fnmedia.co.kr

ISBN 　| 979-11-88754-16-8

이 도서의 국립중앙도서관 출판예정도서목록(CIP)은
서지정보유통지원시스템 홈페이지(http://seoji.nl.go.kr)와
국가자료공동목록시스템(http://www.nl.go.kr/kolisnet)에서 이용하실 수 있습니다.
(CIP제어번호: CIP2019021261)